일상의
모든 표현을
한권으로!

퍼펙트 일본어 회화사전

水野俊平 지음

J PLUS

머리말

이 책은 기초적인 일본어를 이미 습득한 학습자가 보다 일본어다운 일본어를 할 수 있도록 편찬되었습니다.

외국어를 습득하는 데 필요한 요소로는 문법, 어휘, 언어 습관의 세 가지가 있는데, 이 중에서 "언어 습관"에는 인사말, 경어법, 맞장구, 감탄사, 종조사(終助詞)의 쓰임새 등이 광범위하게 포함됩니다. 한 언어를 습득하여 실제로 그 언어를 모국어로 하는 상대(네이티브 스피커)와 대화할 경우, 이러한 "언어 습관"에 관한 지식이 없어서는 안 됩니다.

그런데 이 "언어 습관"은 아주 포괄적이며 다양한 분야에 걸쳐 있기 때문에 필수적인 학습 사항만을 체계적으로 편찬한 교과서나 일반적인 사전만으로는 쉽게 습득할 수 없는 경우가 많습니다. 이러한 다양한 "언어 습관"에 관한 정보를 담은 "회화집"은 그래서 더욱 필요하다고 생각합니다.

따라서 이 책은 문법이나 문형 등의 난이도에 치우치지 않고 보다 많은 "언어 습관"을 담는 것에 주안점을 두었습니다. 이 책의 특징은 다음과 같습니다.

① 일본어로 직장 업무를 수행할 때 필요한 표현을 수록하였습니다.
② 일본어를 모국어로 하는 상대와 접촉하면서 일본어로 일상생활을 할 경우 필요한 표현을 수록하였습니다.
③ 친구 등 격식을 갖추지 않아도 되는 상황에서 쓰는 표현을 수록하였습니다.
④ 한국의 문물을 일본어로 소개할 때 쓰는 표현을 수록하였습니다.
⑤ 언어생활에 관해서 최소한 알아두어야 할 일본의 문화나 관습을 간략하게 설명하였습니다.

반면에 최대한 많은 정보를 수록하기 위해 기초적인 문법 설명은 생략하였고, 한글로 찾아보기 쉽도록 부록에 한글 색인을 덧붙여 놓았습니다. 이 책이 보다 수월한 일본어 생활을 하는 데 작은 도움이 되기를 바랍니다.

목차

PART 1 호칭에 관한 말

PART 2 회화달인의 장

PART 3 비즈니스회화의 장

PART 4 서비스 접객표현

PART 5 스피치, 수상소감

PART 6 네이티브 따라잡기

PART 7 사람에 대해

PART 8 비교어휘의 장

PART 9 문화소개의 장

PART 1
호칭에 관한 말

01 우선 어떻게 불러야 할까?

호칭에 관한 말 - 반말표현

MP3 1-01 ▶

~야

Tip 한일사전 등에는 「～や」, 「～よ」 등으로 나와 있지만, 이들 종조사(終助詞)는 일상 생활에서는 거의 안 쓴다. 만약 일상 회화에서 쓰면 희곡 같이 일부러 꾸며낸 것 같은 어색한 표현이 된다. 일본에서는 친구끼리 서로 부를 때 이름이나 성(姓)만 부르는데, 젊은 사람들끼리는 이름을 부르는 경우가 많아졌다. 또, 부모가 자식을 부를 때도 이름만 부른다.

- 斎藤(さいとう)！ 사이토야~! - 남자
- 久美子(くみこ)！ 구미코~! - 여자

너

Tip 흔히 남자는 「おまえ」, 여자는 「あんた」라고 한다. 친한 친구 사이에서는 이름에 「～ちゃん」를 붙이거나 별명을 부르기도 한다. 또, 간사이(関西)지방(大阪·京都·奈良·和歌山를 중심으로 한 지역)에서는 상대방을 「じぶん(自分)」이라고 표현하기도 한다.

Tip 남자의 경우 「きみ」라는 표현도 있지만, 이것은 친한 사이에서는 거의 안 쓰는 말이다. 또, 직장 등에서 윗사람이 아랫사람을 '자네' 하고 부를 때도 「きみ」라고 한다.

나(반말)

Tip 남자는 「おれ」, 여자는 「あたし」를 쓴다. 「あたし」는 「わたし」보다 거친 표현으로 친한 사이에서는 많이 쓰는 표현이다. 남자는 「ぼく」라는 말도 쓰지만 이것도 약간 격식을 차릴 때 쓰는 말로 친한 친구 사이에서는 쓰지 않는다. 격식을 차리거나 정중하게 말해야 할 때는 「わたし(わたくし)」를 써야 한다.

걔

Tip 남녀 구분 없이 「あいつ」라는 표현을 쓴다. 단, 이 말은 상당히 거친 표현이기도 하기 때문에('저 놈') 감정 없이 그냥 '걔(그 애)'라고 할 때는 「あの子(こ)」라고 한다.

- あいつ、意外(いがい)とけちだな。
  저놈, 생각보다 짠돌이네.
- あの子(こ)、最近(さいきん)、化粧(けしょう)濃(こ)いんじゃない?
  걔, 요즘 화장 진하지 않니?

형, 언니, 선배

Tip 한국에서는 친한 선배에게 '언니', '형'이라고 부르지만, 일본에서는 「お兄(にい)さん」, 「お姉(ねえ)さん」이라는 말은 친형·친언니 이외에는 쓸 수 없기 때문에 선배를 부를 때는 성(姓)에 「~さん」이나 「~先輩(せんぱい)」를 붙여서 부른다. 그냥 '선배(님)!' 하고 부를 때는 「先輩(せんぱい)」라고 하면 된다.

- 栗原(くりはら)さん、いっしょに行(い)きませんか。
  구리하라 형, 같이 안 갈래요?
- 先輩(せんぱい)、それ、わたしのなんですけど。
  선배, 그거 내 거예요.

02 회화에서 가장 많이 쓰는 호칭

일반적인 호칭

MP3 1-02▸

~씨

~さん

Tip 남녀 구별 없이 가장 많이 쓰는 경칭(敬称)이다. 보통 성(姓)에 붙여서 쓰지만 아주 친한 사이일 때는 이름에 붙여서 쓰기도 한다.

- 星野(ほしの)さん、いっしょに食事(しょくじ)しませんか。
  호시노 씨, 같이 식사 안 할래요?

~님

~さま

Tip '~님'에 해당되는 말은 「~さま(様)」이지만 이 말은 고객을 부를 때나(가령 백화점의 안내 방송 등으로) 편지에서 받는 사람 이름 옆에 쓰는 경우가 대부분이며 일상 회화에서는 그다지 많이 쓰이지 않는다.

- 伊藤様(いとうさま)、1階(かい)の案内所(あんないしょ)までおこしください。
  이토 손님, 1층 안내데스크로 오십시오.
- 伊藤(いとう) 友子(ともこ) 様(さま)
  이토 토모코 님 귀하 - 편지에서

~군

~君(くん)

Tip 주로 손아래 남자를 부를 때 쓰는 말이지만, 직장에서 상사가 여자 직원을 부를 때도 쓸 수 있다.

- 森君(もりくん)、これコピーして。
  모리 군(씨), 이거 복사해요.

선생님

先生(せんせい)

Tip 선생님이나 교수님 모두 직접 부를 때는 그냥 「先生(せんせい)」라고 하면 된다. 「先生さん」 「先生さま」, 「教授(きょうじゅ)さん」 「教授(きょうじゅ)さま」라는 말은 없으므로 조심해야 한다. 그밖에 손윗 사람을 부를 때는 보통 「○○さん」 또는 「○○さま」라고 한다.

선배, 선배님

先輩(せんぱい)

Tip 직접 '선배(님)'라고 부를 때는 「先輩(せんぱい)」라고 하거나 성에 「先輩」를 붙여 「○○先輩」라고 불러도 된다. 친하게 지내는 선배를 부를 때는 성(姓) 또는 이름에다 「~さん」을 붙여서 부르기도 한다.

저, 나

私(わたし・わたくし)

Tip 가장 일반적인 말은 「私(わたし·わたくし)」지만, 이밖에도, 「ぼく」(남자만), 「あたし」(여자만), 「俺(おれ)」(남자만·친한 친구끼리)와 같은 말도 있다. 「あたし」, 「俺(おれ)」와 같은 말은 친한 사람이나 가족끼리만 쓰는 말이므로, 격식을 갖춘 자리나 손윗 사람과 대화할 경우에는 쓰지 않는다.

03 회사에서 가장 많이 쓰는 호칭

비즈니스에서 혹은 사내에서

MP3 1-03▶

귀사

おたくさま・そちらさま

Tip 상대방의 회사를 부를 때 「貴社(きしゃ)」 또는 「御社(おんしゃ)」라는 말이 있지만, 이것은 문서나 서간문(書簡文)에서 많이 쓰고, 일상 회화에서는 「おたくさま」, 「そちらさま」라고 하는 것이 무난하다.

Tip '귀중(貴中)'에 해당하는 표현으로는 「御中(おんちゅう)」라는 말을 쓰는데, 회사뿐만 아니라 관공서에 대해서도 쓸 수 있다.

- ○○株式会社営業部御中（かぶしきがいしゃえいぎょうぶおんちゅう）
  ○○ 주식회사 영업부 귀중
- ○○市役所住民課御中（しやくしょじゅうみんかおんちゅう）
  ○○시청 주민과 귀중

당사, 폐사

当社(とうしゃ)・弊社(へいしゃ)

Tip 이 표현과 함께 「小社(しょうしゃ)」라는 말도 많이 쓰는데, 둘 다 문장에서 쓰는 표현이고, 회화에서는 「私(わたくし・わたし)どもの会社」(저희 회사)와 같이 말한다.

저희~

私(わたくし・わたし)どもの

Tip 「わたしども」보다 「わたくしども」가 더 정중한 표현이다. 「～ども」는 복수(複数)를 나타내는 접미어지만 자기 이외의 대상에 붙이면 그 사람을 깔보는 듯한 인상을 주므로 주의해야 한다.

우리

私(わたし・わたくし)たち

Tip 남녀 누구나 일반적으로 많이 쓰는 말이다. 이밖에 회화에서는 「ぼくたち」(남자만), 「あたしたち」(여자만), 「俺(おれ)たち」(남자만·친한 친구끼리), 연설이나 문장에서는 「我々(われわれ)」라는 말도 쓰인다.

Tip 사전에는 「我(われ)」라는 말도 실려 있지만 「我(われ)」단독으로는 거의 안 쓰이고, 「我々(われわれ)」(우리들)로는 쓰는데, 약간 딱딱한 말투이다.

사장님

社長(しゃちょう)

Tip 자기 회사·남의 회사를 불문하고 사장은 「社長(しゃちょう)」라고 부르거나 성씨(姓氏)에 「社長」를 붙여서 「○○社長」라고 부른다. 「社長さま」라고 할 필요는 없지만 친근감을 나타낼 경우에는 「社長さん」이라고도 한다.

04 모르는 사람이나 이웃을 부를 때

실례가 되지 않는 호칭

MP3 1-04▶

저기요!

すみません。

Tip 상점이나 식당에서 점원을 부르거나, 모르는 사람에게 말을 걸 때 쓰는 표현. 「すみません」, 「すみません、お願(ねが)いします」라고 하면 된다. 이때 「すみません」은 사죄 표현이 아니다.

- あのう、ちょっと すみません。
  저기, 잠깐 실례합니다.
- あのう、失礼(しつれい)ですが…。
  저, 실례지만….

손님!

お客(きゃく)さん

Tip 손님을 부를 때는 일반적으로 「お客(きゃく)さん」이라고 하고, 좀 더 정중하게 말할 때는 「お客(きゃく)さま」라고도 한다.

학생! 얘야!

ほら・ちょっと・こら

Tip 사전에는 '학생'은 「学生(がくせい)」, '아이'는 「子供(こども)」, '꼬마'는 「ちび(ちびっこ)」라고 나와 있지만, 직접 대놓고 이렇게 부르지는 않는다.

- こら、さわるな! 얘야, 만지지 마!
- ほら、これ食(た)べて! 꼬마야, 이거 먹어!
- ちょっと…。 잠깐만….

아줌마 · 아저씨

おばさん(おばちゃん) · おじさん(おじちゃん)

Tip 아이가 어른을 부를 때 이렇게 말한다. 또, 친구의 엄마(아빠)를 부를 때는 나이를 불문하고 「おばさん(おじさん)」이라고 한다. 「おばちゃん(おじちゃん)」은 「おばさん(おじさん)」보다 친근감이 있다.

할머니 · 할아버지

おばあちゃん · おじいちゃん

Tip 「あばあさん」, 「おじいさん」은 회화에서는 잘 쓰이지 않는다. 또, 「おばさん(おばちゃん)」, 「おじさん(おじちゃん)」은 아이가 어른을 부를 때 쓰는 말로, 어른이 어른에게 쓰면 실례가 되지만, 「おばあちゃん」, 「おじいちゃん」은 성인이 써도 무방하다.

그 사람 · 그 분

その(あの)人 · その(あの)方

Tip 우리말은 모두 '그'로 표현하지만, 일본어에서는 서로 아는 사람이라면 「あの」, 어느 한쪽만 아는 사람이라면 「その」로 표현한다.

A きのう、鈴木さんという人に会いました。その人はとてもハンサムなんです。
어제 스즈키라는 사람을 만났는데, 그 사람 참 잘 생겼어요.

B その人は○○銀行に勤めている人ですか。
그 사람은 ○○은행에 근무하는 사람입니까?

A ええ、そうです。
네, 그렇습니다.

B ああ、あの人なら、よく知っています。
아, 그 사람이라면 잘 알아요.

A あの人はまだ独身なんですって。
그 사람은 아직 결혼 안 했대요.

05 가족끼리는 어떻게 부를까? ①

명칭과 호칭

MP3 1-05▸

시댁	**夫(おっと)の実家(じっか)** Tip 「夫(おっと)の実家(じっか)」가 가장 일반적이지만, 「婚家(こんか)」, 「嫁(とつ)ぎ先(さき)」, 「夫(おっと)の家(いえ)」라고도 한다. • 시댁식구　婚家(こんか)の家族(かぞく) • 시어머니　姑(しゅうとめ) • 시아버지　舅(しゅうと) • 시누이·처형　小姑(こじゅうとめ) • 시숙·처남　小舅(こじゅうと)
친정(처가)	**実家(じっか)** Tip 「実家」란 결혼을 하거나 입양하여 태어난 집을 떠나 있을 때, 자신이 태어난 집, 부모님이 살고 있는 집을 말한다. 남편 입장에서 '처가'라고 할 때는 「妻(つま)の実家」 또는 「家内(かない)の実家」라고 해야 한다.
할머니 · 할아버지	**おばあちゃん・おじいちゃん** Tip 직접 부를 때는 친가나 외가 모두 이렇게 부른다. 단, 일반적인 명칭은, 친할머니·친할아버지는 「祖母(そぼ)·祖父(そふ)」, 외할머니·외할아버지는 「(母方の)祖母」·「(母方の)祖父」라고 한다. • 母方(ははかた) : 엄마 쪽, 외가 쪽

어머니, 엄마

おかあさん・かあさん・おかあちゃん・ママ

Tip 집에서는 이렇게 부르지만, 일반적인 명칭은 「母(はは)」이다. 며느리가 시어머니(姑:しゅうとめ)에게 '어머님', 또는 사위가 장모(義母:ぎぼ)에게 '장모님'이라고 할 때는 「おかあさん(お義母さん)」이라고 한다. 간사이(関西)지방에서는 「おかあちゃん」 또는 「おかん」이라고도 한다.

아버지, 아빠

おとうさん・とうさん・おとうちゃん・パパ

Tip 일반적인 명칭은 「父(ちち)」이다. 시아버지(舅:しゅうと)나 장인(義父:ぎふ)을 직접 부를 때는 「おとうさん(お義父さん:아버님, 장인어른)」이라고 한다. 또, 간사이(関西)지방에서는 「おとうちゃん」이라고도 한다.

사위

婿(むこ)

Tip 일반적인 명칭은 「婿(むこ)」지만, 직접 '○○서방' 하고 부를 때는 「正雄(まさお)さん」처럼 이름에다 「さん」을 붙이면 되고, 남의 가족(집안)에 대해서는 「お婿(むこ)さん」(사위 되시는 분)이라고 한다.

- 婿養子(むこようし) = 入(い)り婿(むこ)　　데릴사위

며느리

嫁(よめ)

Tip 일반적인 명칭은 「嫁(よめ)」지만, 시어머니가 며느리에게 '아가야', '에미야' 하고 직접 부를 때는 「奈美子(なみこ)さん」처럼 이름에 「さん」을 붙이면 되고, 남의 가족(집안)의 며느리에 대해서는 「お嫁(よめ)さん」(며느님)이라고 한다.

06 가족끼리는 어떻게 부를까? ②

명칭과 호칭

MP3 1-06▸

남편	**夫(おっと) · 主人(しゅじん) · 旦那(だんな) · 亭主(ていしゅ)** Tip 모두 아내 입장에서 자신의 남편을 일컫는 말이다. 상대방의 남편은 「ご主人(しゅじん)」 「ご亭主(ていしゅ)」 「旦那(だんな)さん」이라고 해야 '부군 되시는 분'의 뜻이 된다. 부인이 집에서 남편을 부를 때는 「あなた」라고 하고, 아이가 있을 때는 「おとうさん」(아빠)이라고도 부른다.
아내	**妻(つま) · 家内(かない) · 嫁(よめ)さん · 女房(にょうぼう)** Tip 모두 남편 입장에서 자신의 아내를 일컫는 말이다. '와이프'란 말은 잘 안쓰고, 상대방의 부인을 말할 때는 「おくさん」(부인) 또는 「おくさま」(사모님)라고 한다. 남편이 집에서 아내를 「おまえ」(너)나 「おい」(어이)라고 부르고, 애가 있으면 「おかあさん」(엄마)도 많이 쓴다.
형님(동서)	Tip 일본어에서는 둘 다 「성(姓)+さん」으로 부른다. '동서'에 해당하는 일본어는 따로 없다.
올케	**兄嫁(あによめ) · 弟嫁(おとうとよめ) · 義姉(ぎし)** Tip 시누이가 올케에게 '올케언니' 하고 직접 부를 때는 「おねえさん」(「お義姉さん」으로 표기)이라고 한다.
시누이 · 시동생	**小姑(こじゅうと) · 義弟(ぎてい)** Tip 시동생은 「義弟(ぎてい)」이며, 시누이는 「小姑(こじゅうと)」라고 한다. 「小姑(こじゅうと)」란 '작은 시어머니'란 뜻이다. 명칭은 이렇게 있지만, 보통 직접 부르거나 그 사람을 칭

할 때는「이름+さん」으로 부르는 것이 일반적이다. 참고로 시숙이나 아주버님, 서방님(결혼한 시동생), 도련님(미혼인 시동생), 아가씨(미혼인 시누이)와 같은 호칭은 따로 없으므로「이름+さん」으로 부르면 된다.

사촌

いとこ(従兄・従弟・従姉・従妹)

Tip 사촌동생이나 사촌오빠 모두「いとこ」라고 하고, 직접 부를 때는「おにいさん(おにいちゃん)」(오빠, 형)「おねえさん(おねえちゃん)」(언니,누나), 윗사람이 아랫사람을 부를 때는「이름+ちゃん」(~야)과 같이 부른다. 상대방의 사촌은「おいとこさん」이라고 한다.

조카

甥(おい)(남자) · 姪(めい)(여자)

Tip 조카가 어릴 때는 이름에「~ちゃん」이나「~くん」을 붙이고, 컸을 때는「이름+さん」으로 부른다.

07 가족끼리는 어떻게 부를까? ③

명칭과 호칭

MP3 1-07▸

삼촌·외삼촌	**おじ(伯父・叔父)** Tip 「おじ」는 발음은 같지만 부모님의 형님이나 오빠는 「伯父」, 부모님의 남동생에 해당하는 사람은 「叔父」로 표기한다. 하지만, 직접 부를 때는 양쪽 모두 「おじさん(おじちゃん)」이라고 한다.
고모 · 이모	**おば(伯母・叔母)** Tip 「おば」는 「おじ」와 마찬가지로, 부모님의 언니나 누나는 「伯母」, 부모님의 여동생에 해당하는 사람은 「叔母」로 표기한다. 고모나 이모라는 호칭은 따로 없으므로, 굳이 표현할 때는 '~의 언니', '~의 동생'과 같이 표현하고, 직접 부를 때는 양쪽 다 「おばさん(おばちゃん)」이라고 한다.
고모부 · 이모부	**おじさん(おじちゃん)** Tip 고모부, 이모부 역시 따로 호칭은 없고, 직접 부를 때 이렇게 부른다. 상대방을 부를 때 「おじさん」 대신 「おじちゃん」으로 부르면 더 친근한 느낌이 든다.
형부 · 매형	**おにいさん** Tip 직접 부를 때 이렇게 부르고, 표기할 때는 「お義兄(にい)さん」이라고 쓴다.
처제 · 처남	이름 + **さん** Tip 따로 호칭이 없고 이름에 「~さん」을 붙여 부른다.

손자 · 손녀

孫(まご)

Tip 손자 손녀 구별없이 「孫(まご)」라고 한다. '손녀딸'이란 뜻의 「孫娘(まごむすめ)」라는 말이 있지만 잘 안 쓴다.

큰 애 · 작은 애

上の子 · 下の子(うえのこ · したのこ)

Tip 보통 큰 아이, 작은 아이라고 할 때는 이와 같이 표현하고, 아이가 세 명 이상일 때는 「一番目(いちばんめ)の子(こ), 二番目(にばんめ)の子(こ)…」와 같이 표현한다.

맏딸, 맏이

Tip 보통 「一番(いちばん)上(うえ)の子(こ)」라고 한다.

- 외아들 — 一人息子(ひとりむすこ)
- 외동딸 — 一人娘(ひとりむすめ)
- 무남독녀 — 一人娘(ひとりむすめ)
- 장손 — 初孫(はつまご)
- 종손 — 宗家(本家)の一番上の孫(そうけ(ほんけ)のいちばんうえのまご)
- 대들보 — 大黒柱(だいこくばしら)

식구

家族(かぞく)

- 식구가 많다 — 家族が多い(かぞくがおおい)
- 네 식구(4인가족) — 四人家族(よにんかぞく)
- 식구가 늘다 — 家族が増える(かぞくがふえる)
- 핵가족 — 核家族(かくかぞく)
- 딸린 식구 — 扶養家族(ふようかぞく)

아내와 남편의 호칭에 대해

흔히 아내의 경우 자기 남편을 가리켜서 「主人(しゅじん)」, 남편의 경우 자기 아내를 가리켜서 「家内(かない)」라고 일반적으로 설명하지만, 실제 언어생활에서의 상황은 좀 더 복잡하다. 일본의 '旭化成(あさひかせい)共働(ともばたら)き家族(かぞく)研究所(けんきゅうしょ)'가 전국의 남녀 875명에게 제 3자와 이야기를 할 때 자기 배우자를 어떻게 부르냐에 대해 조사한 결과 아내는 친구·동료와 이야기할 때 자기 남편을 「旦那(だんな)」, 「主人(しゅじん)」, 「夫(おっと)」와 같이 표현하고, 상사·선배와 이야기할 때는 주로 「主人(しゅじん)」이라고 한다는 사실이 밝혀졌다. 한편 남편은 친구·동료와 이야기를 할 때 자기 아내를 「女房(にょうぼう)」, 「嫁(よめ)さん」 등으로 표현하고, 상사나 선배와 이야기를 할 때는 「妻(つま)」, 「家内(かない)」를 많이 쓰고 있는 것으로 밝혀졌다.

아내가 남편을 지칭할 때			남편이 아내를 지칭할 때		
명칭	친구·동료	상사·선배	명칭	친구·동료	상사·선배
旦那(だんな)	32.5	6.0	女房(にょうぼう)	22.8	19.6
主人(しゅじん)	27.4	56.3	嫁(よめ)さん	17.4	9.8
夫(おっと)	18.3	25.8	かみさん	15.2	5.4
お父(とう)さん	13.7	2.3	家内(かない)	15.2	27.2
이름으로 부른다	13.6	7.0	妻(つま)	14.1	33.7
うちの人(ひと)	10.6	3.6	奥(おく)さん	7.6	4.3
彼(かれ)	5.2	1.2	奥様(おくさま)		
パパ	4.3	0.1	ワイフ(wife)	5.4	5.4
つれあい	3.6	2.2	お母(かあ)さん	2.2	2.2
亭主(ていしゅ)	1.6	0.4	つれあい	2.2	2.2
配偶者(はいぐうしゃ)	0.4	0.9	ママ	1.1	0.0
ハズ(husband)	0.3	0.0	配偶者(はいぐうしゃ)	1.1	2.2

또, 같은 조사에서 상대방의 배우자를 어떻게 표현하는가에 대해 조사한 결과 남편의 경우는 「ご主人(しゅじん)」, 「旦那(だんな)」, 아내의 경우는 「奥(おく)さん·奥様(おくさま)」가 압도적으로 많았다. 그러나 상사나 선배의 남편·아내에 대해서는 「ご主人(しゅじん)」, 「奥(おく)さん·奥様(おくさま)」가 일반적인 것으로 나타났다.

상대방의 아내에 대해 말할 때			상대방의 남편에 대해 말할 때		
명칭	친구·동료	상사·선배	명칭	친구·동료	상사·선배
奥さん·奥様	81.1	88.9	ご主人(しゅじん)	47.2	65.9
つれあい	3.2	1.9	旦那(だんな)	31.8	16.5
嫁(よめ)さん	2.4	0.6	이름을 부른다	9.1	7.1
妻(つま)	1.4	1.8	つれあい	3.7	2.3
女房(にょうぼう)	1.0	0.8	彼(かれ)	3.3	0.6
かみさん	0.8	0.5	お父さん	2.2	1.4
家内(かない)	0.8	0.5	夫(おっと)	2.1	1.0
お母(かあ)さん	0.8	0.1	うちの人(ひと)	0.7	0.2
ワイフ(wife)	0.5	0.0	亭主(ていしゅ)	0.6	0.1
ママ	0.2	0.0	パパ	0.6	0.1
配偶者(はいぐうしゃ)	0.2	0.9	配偶者(はいぐうしゃ)	0.1	0.3
			宅(たく)	0.0	0.1

소자화(少子化 : しょうしか)

소자화란 태어나는 아이들의 출생률·출생 수가 감소하는 현상을 말한다. 최근 일본의 출생률·출생 수가 현저히 감소하고 있는 데서 생긴 말로, (참고로 1996년의 통계로는 독일이 1.30명, 이탈리아 1.19명이다) 일본 총무청(總務廳 そうむちょう)의 통계에 따르면 1999년 4월 1일 현재 연소(年少 ねんしょう)인구(만0세~14세)는 1888만명으로 18년 연속으로 전년도보다 감소하고 있는 실정이라고 한다. 총인구 중 연소인구가 차지하는 비율은 1965년에는 24%였으나 1999년에는 14.9%로 나타나 처음으로 15%대를 밑돌았다. 더욱이 앞으로 연소 인구가 계속 감소할 것으로 예상되고 있어, 2025년에는 1660만명, 2050년에는 1300만명이 될 것으로 내다보고 있다.

*2019년 12.1%(일본 인구통계자료2021)

일본에서 여성 한 명이 평생에 낳는 자녀 수의 평균은 1973년을 끝으로 해마다 감소하고 있는데, 가령 제1차 베이비붐이 일어난 1949년에는 4.32명이었으나 현재는 그 절반도 안 되고, 출산율이 급격히 감소한 1966년에는 1.58명이었다. 이러한 출생률 저하의 한 원인으로 만혼(晩婚 ばんこん)에 따른 초산(初産 しょさん)의 고령화인데, 1950년에는 24.4세였던 평균 초산 연령은 1998년에는 27.98세까지 올라갔다. 1996년에는 여성 한 명

이 낳는 자녀 수의 평균이 10년만에 잠깐 전년도를 웃돌았으나 1997년에는 다시 과거 최저치를 갱신했다. 참고로 2000년도는 1.35로 다소 회복세를 보였으나, 2020년 1.33, 2021년 1.30으로 감소추세다.

그 원인은 여성의 만혼화(晩婚化 ばんこんか), 만산화(晩産化 ばんさんか), 결혼을 원하지 않는 여성의 증가, 육아나 교육 비용의 부담의 대한 거부감, 주택 사정의 악화, 자녀 출산에 대한 여성의 인식 변화(임신·출산을 여자가 결정한다) 등을 들 수 있는데, 1999년에 일본 총리부(總理府 そうりふ)가 실시한 '소자화(少子化 しょうしか)에 관한 여론조사'에 의하면, 조사 대상이 된 18세~29세의 여성 중 '결혼해도 아이를 낳지 않겠다'고 대답한 비율이 20.2%에 달하였고, 육아에 대한 사회적인 지원책으로는 미혼 여성의 44.8%가 '남녀 모두가 마음껏 일할 수 있는 환경 조성'이라고 응답한 것으로 나타났다. 이러한 조사 결과를 바탕으로 일본 정부는 탁아소·보육원 등 육아 시설의 확충이나 육아휴가 제도의 도입 등 여러 대책을 마련하고 있으나 결정적인 해결책을 찾지 못하고 있는 실정이다.

PART 2
회화달인의 장

01 아침부터 저녁까지

매일 쓰는 인사말

MP3 2-01▶

처음 뵙겠습니다.

はじめまして。

Tip 처음 만났을 때는 「こんにちは」 같은 인사는 생략하고 「はじめまして」(처음 뵙겠습니다)라고 하는 것이 일반적이다. 하지만, 「はじめてお目(め)にかかります」 라는 표현도 쓴다.

- はじめまして。田中(たなか)です。どうぞよろしく。
  처음뵙겠습니다. 다나카입니다. 잘 부탁드립니다.
- はじめまして。田中(たなか)と申(もう)します。どうぞよろしくお願(ねが)いします。
  처음 뵙겠습니다. 다나카라고 합니다. 잘 부탁드리겠습니다.

일찍 나오셨네요.

今日(きょう)は(お)早(はや)いですね。

Tip 「お」를 붙이면 더욱 정중한 표현. 반말로 '일찍 왔구나'는 「今日(きょう)は早(はや)いね」 또는 「今日(きょう)は早(はや)くきたね」라고 한다.

안녕하세요?

こんにちは。

Tip 거의 매일 보는 사람끼리 가장 일반적으로 많이 쓰는 인사말이다. 단, 아침에는 「おはようございます」, 밤에는 「こんばんは」라고 한다.

다녀오겠습니다.

いってきます。

Tip 조금 격식을 차릴 때는 「いってまいります」라고 해야 한다. 반말은 「いってくる」(갔다 올게).

다녀오세요.

いってらっしゃい。

Tip 「いっていらっしゃい」의 준말. 아랫사람에게도 이렇게 말한다.

다녀왔습니다.

ただいま。

Tip 정중하게 표현할 때는「ただいま帰(かえ)りました」(지금 돌아왔습니다.)라고 한다.

이제 오니?

お帰(かえ)り。

Tip '이제 오니?' '어서 와라' 에 해당하는 말. 퇴근하는 남편에게는「お帰(かえ)りなさい」라고 한다.

A ただいま。 엄마 나 왔어.(남편이 나 왔어.)

B おかえり。 어서 와.

おかえりなさい。 이제 와요?

어서 오십시오.

いらっしゃいませ。

Tip 가게에서 쓰는 말. 점원이나 가게 주인, 종업원들이 손님을 맞이할 때 쓰는 인사말이다. 따라서 자기 집에 찾아온 손님에게는 이 인사말을 못 쓴다.

어서 오세요.

どうぞ、お入(はい)りください。

Tip 집이나 사무실에서 손님을 맞을 때 쓰는 말. 친구나 아는 사람한테는「いらっしゃい」라고도 한다.「いらっしゃいませ」는 가게에서 쓰는 말이므로 구분해서 써야 한다.

02 학교나 회사에서

헤어질 때

MP3 2-02▸

벌써 갈려구?

もう、行(い)くの?

- まだ、いいじゃない。 아직 괜찮잖아?
- ゆっくりしていってよ。 더 놀다 가지.

안녕(헤어질 때)

バイバイ。

Tip 「さようなら」는 주로 노랫말 등에서 들을 수 있는 인사말이고, 보통은 「バイバイ」, 「またね~」, 「それじゃ」라고 하고, 간사이(関西)지방에서는 「ほな」라고 한다.

안녕히 주무세요.

おやすみなさい。

Tip 가족끼리는 「おやすみ」라고 한다. 「~なさい」는 명령표현이지만 「おやすみなさい」와 「ごめんなさい」(미안해요) 「お帰(かえ)りなさい」(잘 다녀오셨어요?)와 같은 말은 인사말로 굳어진 것이다.

안녕히 계십시오.

では、これで失礼(しつれい)します。

Tip 친구나 잘 아는 사이라면 「ではお元気(げんき)で」도 무난하다. 회사에서 먼저 퇴근하거나, 모임에서 먼저 자리를 뜰 때는 「お先(さき)に失礼(しつれい)します」라고 한다.

A お先(さき)に失礼(しつれい)します。 먼저 들어가 보겠습니다.

B お疲(つか)れさま(でした)。 수고했어요.(수고하셨습니다.)

이따가 또 보자.

また、あとで。

Tip 「じゃあ、あとでね。」라고도 한다. 잠시 후에 다시 만날 때 쓰는 말.

A じゃ、あとでね。 그럼 이따가 보자.

B じゃね。 그래.

잘 가.

じゃあ、また。

Tip '그럼, 또'라는 뜻이므로, 윗사람에게 이렇게 말해도 크게 실례가 되진 않는다. 「気(き)をつけて」, 「バイバイ」도 많이 쓰는 말. 단, 「よく行(い)って」라고는 하지 않으므로 주의해야 한다.

조심해서 가세요.

(お)気(き)をつけて。

Tip 「気(き)をつける」는 '조심하다'는 뜻이므로, '살펴 가세요.' '조심해서 가세요.' 하고 말할 때 쓰는 말이다.

- またね。 또 보자.
- じゃね。 그럼 또.
- おいとましなければ。 가야겠어.
- もう行(い)かなくては。 이제 가야 돼.
- こどもが待(ま)っているので。 애가 기다리고 있어서.
- じゃあ元気(げんき)でね。 그럼 잘 지내.
- あとで電話(でんわ)して。 나중에 전화해.
- 手紙(てがみ)をちょうだい。 편지 해 줘.
- 田村(たむら)さんによろしく伝(つた)えておいてね。 다무라 씨한테 안부 전해 줘.

03 상황별 작별 인사

마음을 전하는 한마디

MP3 2-03▸

용건을 마치고 헤어질 때

Tip 용건이 일단락되고 헤어지려고 할 때는 먼저 「では」, 「それでは」 등을 써서 작별 인사를 꺼낸 다음 다음과 같이 표현한다.

- それでは、そろそろ…。 그럼, 슬슬….
- では、失礼(しつれい)いたします。 그럼, 가보겠습니다.
- では、失礼(しつれい)します。 그럼, 가보겠습니다.
- では、そろそろ失礼(しつれい)します。 그럼, 이제 그만 가보겠습니다.
- では、今日(きょう)はこのへんで。 그럼, 오늘은 이쯤에서….

시간이 오래 걸렸을 때

Tip 시간이 오래 걸리는 용건이었거나 상대방의 시간을 많이 뺏었다고 생각될 때는 다음과 같은 표현을 많이 쓴다.

- もう、こんな時間(じかん)ですか。つい長居(ながい)をしてしまいました。
  벌써 시간이 이렇게 됐군요. 그만 너무 오래 있었네요.
- おや、ずいぶん遅(おそ)くなりました。
  어이쿠, 시간이 많이 지났네요.
- すっかりおじゃまいたしました。
  대단히 실례가 많았습니다.(시간을 많이 뺏었습니다.)
- どうも長々(ながなが)と…。
  어이쿠, 벌써 시간이 이렇게 됐군요.

Tip 長居(ながい) : 오래 머무는 것

시간을 내줘서 고맙다고 할 때

- お忙(いそが)しいところをお世話(せわ)になりました。
- お忙(いそが)しいところをありがとうございました。
- ほんとうにお世話(せわ)になりました。
- お忙(いそが)しいところお時間(じかん)ちょうだいいたしまして。

Tip お忙(いそが)しいところ : 바쁘신 가운데, 바쁘신데

다시 만날 약속을 하거나 앞으로 계속 관계가 유지되기를 바랄 때

- これを御縁(ごえん)に、今後(こんご)ともよろしくお願(ねが)いいたします。 이것도 인연인데 앞으로도 잘 부탁드립니다.
- これからもごひいきに(ごひいきくださいますように)。 앞으로도 잘 부탁드리겠습니다.
- では、いずれ、また。
  그럼, 나중에 또 뵙겠습니다.
- またおじゃまさせていただきます。
  또 들르겠습니다.
- それでは次(つぎ)は月曜日(げつようび)におじゃまいたしますので。
  그럼, 다음은 월요일에 찾아뵐게요.

Tip ごひいき : 특별히 돌봐줌. 개인에 관한 것보다는 평소 거래하는 기업이나 단체에 대하여 쓰는 경우가 많다.

다른 사람에게 안부를 전할 때

- 田中(たなか)さんによろしくお伝(つた)えください。
- (田中(たなか)○○さんに)くれぐれもよろしくお伝(つた)えください。

주위에 다른 사람이 있을 때

Tip 주위 사람들에게 시끄럽게 해서 방해가 되었다고 생각될 때는 다음과 같이 말한다.

- どうもおさわがせしました。 시끄럽게 해서 미안합니다.

04 오랜만에 만났을 때

또는 소개받는 자리에서

MP3 2-04▶

만난 적이 있을 때

Tip ‘만나뵙다’는 「お目(め)にかかる」나 「お会(あ)いする」라고 한다.

A 前(まえ)に一度(いちど)お目(め)にかかったことがあるようですが。

전에 한번 뵌 것 같은데요….

B 「かけはし」でお会(あ)いしたことがあるようですが。

‘카케하시’에서 한번 뵌 것 같은데요.

만나뵙게 되어 영광입니다.

お会(あ)いできて光栄(こうえい)です。

Tip ‘영광’은 일본어로는 「光栄(こうえい)」라고 한다. 순서가 한국어와 반대다.

말씀 많이 들었어요.

お話(はなし)はかねがねうかがっております。

Tip 「お話(はなし)」 대신 「お噂(うわさ)」라고 해도 좋다. 또, 「かねがね」를 「つねづね」로 바꿀 수도 있다.

- ああ、あの時(とき)おっしゃっていたあの方(かた)ですか。

  아, (이분이) 그때 말씀하시던 그분이군요.

- 前(まえ)から一度(いちど)お会(あ)いしたいと思(おも)っていました。

  예전부터 한번 만나뵙고 싶었습니다.

반갑습니다.

お会(あ)いできてうれしいです。

Tip ‘만나뵙게 되어 반갑습니다.’란 뜻이다.

A ひさしぶり～。元気(げんき)だった?　　오랜만이다. 잘 있었어?

B 元気(げんき)、元気(げんき)。きみは?　　응, 그래 그래. 너는?

반갑다

Tip ‘반갑다’에 해당하는 말은 「嬉(うれ)しい(기쁘다)」, 「懐(なつ)かしい」, 「よろこばしい」 등이 있다.

- 반가운 소식　　嬉(うれ)しいニュース
- 반갑지 않은 손님　　来(き)てもらいたくない客(きゃく)
- 반가운 사람들　　懐(なつ)かしく嬉(うれ)しい人(ひと)たち
- 반가워하다　　嬉(うれ)しがる, 懐(なつ)かしがる
- 반갑게　　嬉(うれ)しく, 喜(よろこ)んで
- 반갑게 손님을 맞이하다　　喜(よろこ)んで客(きゃく)を迎(むか)える
- 반갑게도　　嬉(うれ)しいことに

안녕하셨어요?

お元気(げんき)でしたか。

Tip ‘그 동안 잘 계셨어요?’라는 뜻이다. 「お変(かわ)りありませんか」(별고 없으셨어요?)도 많이 쓴다.

A お元気(げんき)でしたか。　　잘 지내셨어요?

B ええ、おかげさまで…。　　네, 덕분에요.

하나도 안 바뀌셨네요.

お変(か)わりないですね。

A お変(か)わりないですね。
하나도 안 바뀌셨네요.

B スジさんもお変(か)わりないですよ。
수지 씨도 그대로인데요.

05 오랜만에 만났을 때

친한 사이라면

MP3 2-05▸

잘 있었어?

Tip 친구끼리는 「元気(げんき)だった?」 또는 「元気?」(잘 지내?) 하고 물을 수도 있다. 남자말은 「元気かい?」(잘 있었나?). 정중하게 표현할 때는 「お元気でしたか」라고 한다.

오랜만입니다.

おひさしぶりです。

Tip 친구끼리는 「ひさしぶり!」, 오랫동안 연락을 못하여 상대방에게 죄송한 마음을 전하고 싶을 때는 「ごぶさたしております。」라고 한다.

하나도 안 바뀌었네!

全然(ぜんぜん)変(か)わらないね。

Tip 현재형으로 표현하는 것에 주의. '여전하시죠?'는 「相変(あいかわ)らずですね」라고 한다.

바뀌었네!(변했는데)

変(か)わったね。

Tip 외관이나 분위기 등이 달라졌을 때 '좀 바뀐 것 같애'와 같은 뉘앙스의 말이다.

A おおっ、見間違(みまちが)えるなあ。 어, 몰라보겠는걸?

B そう? そのままなのに…。 그래? 그대론데….

어떻게 지냈어?

どうしていたの?

Tip 어떻게 지냈는지 묻는 말이다. 관용구처럼 익혀두면 편리한 표현. '뭐 하고 지냈어?'라고 할 때는 「何(なに)やってたの?」라고 한다.

A 彼(かれ)はこのごろどうしているの?

그 사람 요즘 어떻게 지내?

B そうね。なんとかうまくやっているみたい。

글쎄. 그럭저럭 잘 지내고 있는 것 같애.

예뻐졌다~.

きれいになったね。

Tip 여자에게 하는 말.

조금 쪘나? · 빠졌나?

すこし太(ふと)った?

痩(や)せた?

A 久(ひさ)しぶり。ちょっと太(ふと)ったんじゃない?

오랜만이네. 좀 살이 찐 것 아냐?

B そう? あの時(とき)より痩(や)せたと思(おも)うけど…。

그래? 그때보다는 빠졌는데….

좋아보이네?

元気(げんき)そうね。

Tip '건강해 보이네, 좋아보인다, 얼굴 좋은데'와 같은 뉘앙스.

06 고마운 마음을 전하고 싶을 때

말 한마디로 천냥 빚 갚기

MP3 2-06▸

감사의 마음

感謝(かんしゃ)の心(こころ)

- 感謝(かんしゃ)の心(こころ)をこめた手紙(てがみ)　감사의 마음을 담은 편지
- 感謝(かんしゃ)の心(こころ)がこもった手紙(てがみ)　감사의 마음이 담긴 편지

감사해하고 있습니다.

感謝(かんしゃ)しています。

Tip 앞에 「いつも」를 붙여서 「いつも感謝(かんしゃ)しています(おります)」라고 해도 훌륭한 표현이다.

고마워(요).

ありがとう・どうも・サンキュー

Tip 가벼운 감사를 나타내거나 친한 사이에서 쓰는 표현. 간사이(関西)지방에서는 「おおきに」라고 한다.

고맙겠습니다.

Tip '~해주시면 고맙겠습니다'와 같이 희망이나 의뢰표현을 나타태는 문형을 익혀두는 것이 좋다.

- 「동사+てくれたらいいんだけど」: ~해 주면 좋겠는데…
- 「동사+てほしいです」: ~해 줬으면 좋겠어요
- 「동사+ていただきたいんですが」: 정중한 표현

- もっと早(はや)く来(き)ていただけますか。
  좀 더 빨리 와 주시면 고맙겠습니다.

Tip 「いただきたいんですが」를 「いただけますか」로 바꾸면 약간 강제성을 띤 표현이 된다.

정말 고마워.

どうもありがとう。

Tip 「本当(ほんとう)にありがとう。」도 같은 표현이다. '이렇게 고마울 때(수)가…'와 같은 말도 「どうもありがとう。」, 「本当にありがとう。」와 같이 표현한다. 또 「すみません。」이라고 표현할 경우가 있는데 이 말은 사죄 표현 이외에 감사 표현에도 쓰인다.

- 涙(なみだ)が出(で)そうです。 눈물이 나올 것 같아요.

정말 감사합니다.

どうもありがとうございます。

Tip 정중한 표현이다. 모르는 사람이 자리를 양보해주거나 했을 때는 짧게 「どうも」라고 해도 된다. 「まことにありがとうございました。」「まことに恐(おそ)れ入(い)ります。」라고 하면 더욱 정중한 표현이다. 「いろいろと ありがとうございます。」도 다양한 장면에서 쓸 수 있는 유용한 표현이다.

흔쾌히 응해 주셔서 감사합니다.

快(こころよ)くお引(ひ)き受(う)けくださいましてありがとうございます。

Tip 단순히 「ありがとうございます」라고 한 마디 하는 것보다는 다음과 같은 표현을 첨가하면 효과적이다.

- お礼(れい)の(感謝(かんしゃ)の)言葉(ことば)もございません。
  뭐라 감사 말씀을 드려야 할지…
- 一方(ひとかた)ならぬお世話(せわ)になりました。
  적잖은 신세를 졌습니다.
- ご恩(おん)は一生(いっしょう)忘(わす)れません。
  은혜는 평생 잊지 않겠습니다.
- 一生(いっしょう)、ご恩(おん)に着(き)ます。
  은혜는 평생 잊지 않겠습니다.

07 고맙다는 말을 들었을 때

말없이 있기에는 민망할 때

MP3 2-07▸

천만에요.

どういたしまして。

Tip 상대방이 사례 인사를 할 때 대응할 수 있는 가장 편리한 표현이다.

A ほんとうにありがとうございます。

정말 고맙습니다.

B どういたしまして。

천만에요. (별말씀을요.)

도움이 되셨다니 다행입니다.

お役(やく)に立(た)てて嬉(うれ)しいです。

A ありがとうございます。大変助(たいへんたす)かりました。

고맙습니다. 정말 큰 도움이 되었습니다.

B お役(やく)に立(た)てて嬉(うれ)しいです。

도움이 되셨다니 다행입니다.

감사는 무슨…

お礼(れい)にはおよびません。

Tip 상대방이 감사하다고 인사를 할 때 '감사는 무슨요, 아무것도 아닌 걸요' 정도의 뉘앙스이다.

A ご親切(しんせつ)、なんともお礼(れい)のしようがありません。

친절히 해 주셔서, 뭐라 감사 말씀을 드려야 할지.

B お礼(れい)にはおよびません。

감사는 무슨…. (그런 말씀 마세요.)

이밖에 사례인사에 대한 대응구

- いいんですよ。

  됐어요.

- 大丈夫(だいじょうぶ)ですよ。

  괜찮아요.

- なんでもないですよ。

  아무것도 아니에요.

- 何(なに)をおっしゃいますか。

  무슨 말씀을 하시는 거예요.

- 気(き)にしないでください。

  신경 쓰지 마세요.

은혜를 입은 사람이 사는 방향으로는 발을 뻗지 않는다?

일본에서는 잠을 잘 때 은혜를 입은 사람이 사는 방향으로는 발을 뻗고 잘 수 없다는 속신(俗信) 때문에 감사 표현을 할 때 「○○さんには足(あし)を向(む)けて寝(ね)られません。」(○○씨가 있는 방향으로는 발을 뻗고 잘 수 없습니다.)와 같이 표현하기도 한다. 그밖에 완곡하게 감사를 표현하는 방법으로 다음과 같은 표현이 있다.

- 持(も)つべきものは友(とも)だちだな。

  '친구는 반드시 갖고 있어야 하는 재산[보배]'이라는 속담을 이용해서 친구에게 감사를 표시하는 방법.

- (○○さんと)お会(あ)いしていなかったら、今(いま)のわたしはありません。

  '~씨와 만나지 않았다면 지금의 저는 있을 수 없었을 것입니다.' 상대방과의 만남이 인생의 전환점이 되었다는 말로 평소 입은 은혜에 감사하는 표현이다.

08 미안한 마음을 전하고 싶을 때 ①

격의없는 표현

MP3 2-08▸

죄송해요.

あっ、すみません。

Tip 가볍게 사과할 때 가장 많이 쓰는 말이다. 더 정중한 표현은「あ、申(もう)し訳(わけ)ありません。」. 반대로「あっ、失礼(しつれい)!」,「あっ、申(もう)し訳(わけ)ない!」는 약간 정중도가 떨어지는 표현이다.

미안해요.

あっ、ごめんなさい。

Tip 가볍게 사과할 때 쓰는 말이다.

미안.

ごめん。(여자말) / **すまん。・すまない。**(남자말)

Tip '미안. 미안. 내가 잘못했어.'는「ごめん。ごめん。俺(おれ)が悪(わる)かった」(남자말).「ごめん。ごめん」 대신「すまん。すまん」이라고도 한다.

A ごめん、また遅(おく)れた。 미안 또 늦었어.

B もう嫌(いや)になっちゃう。 정말 짜증나.

미안하다니깐…

すまないと言(い)っているじゃないか。(남자말)

ごめんって言(い)っているじゃない。(여자말)

A お前(まえ)のせいでこんなに遅(おく)れたじゃないか。

너 때문에 이렇게 늦었잖아!

B すまないと言(い)っているじゃないか。

미안하다고 했잖아!

이거 어떡하지? 미안해서….

どうしましょう(どうしよう)。

Tip ‘미안해서’는 굳이 표현 안 해도 된다.

A 明日(あした)までには、できるんでしょうね。
내일까지는 끝나겠죠?

B どうしましょう。いくら急(いそ)いでもあさってまでかかりそうなんですが。
어떡하죠? 아무리 서둘러도 모래까지 걸릴 것 같은데요….

그럴려구 그런게 아닌데…

わざとやったのではなかったんですが。

Tip 「わざと」는 ‘일부러’, ‘고의로’란 뜻의 부사이다.

- こんなことになるとは思(おも)わなかったんですが…。
이렇게 될 줄은 몰랐어요.

Tip ~とは思(おも)わなかった : ~줄은 몰랐다

입이 열 개라도 할 말이 없군.

まったく弁解(べんかい)のしようもない。

おわびする言葉(ことば)もない。

Tip 「ない」를 「ございません」이나 「ありません」으로 바꾸면 정중한 표현이 된다.

한번만 봐주라.

一回(いっかい)だけ許(ゆる)してくれ。(勘弁(かんべん)してくれ。)

Tip ‘보아(봐)주다’는 「許(ゆる)す」, 「見逃(みのが)す」, 「勘弁(かんべん)する」라고 한다.

A 俺(おれ)の大事(だいじ)なカメラを失(な)くしたって?
나의 소중한 카메라를 잃어버렸다고?

B すまない。一回(いっかい)だけ許(ゆる)してくれ。
미안하다. 한번만 용서해 주라.

09 미안한 마음을 전하고 싶을 때 ②

정중하게 사과할 때

MP3 2-09▸

죄송합니다.

申(もう)し訳(わけ)ありません。

Tip 「すみません」보다 훨씬 정중한 표현이다. 비즈니스에서 정중하게 사과할 때는 「申し訳ございません。」이라고 한다. 한국어에서 잘 쓰는 '죄송하게 됐습니다'는 직역하면 「申し訳ないことになりました。」지만 일본어로는 「本当(ほんとう)に申し訳ありません」이라고 하는 것이 더 효과적이다.

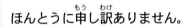

정말 죄송합니다.

ほんとうに申(もう)し訳(わけ)ありません。

- それはどうもすみませんでした。
  정말 죄송하게 됐습니다.
- 先日(せんじつ)は失礼(しつれい)いたしました。
  지난 번에는 죄송했습니다.
- おわびのしようもありません。
  뭐라 사과말씀 드려야 할지 모르겠습니다.
- お手数(てすう)をおかけしました。
  수고를 끼쳐 드려 죄송합니다.
- ご迷惑(めいわく)をおかけして申(もう)し訳(わけ)ございません。
  폐를 끼치게 되어 정말 죄송합니다.
- お待(ま)たせしてすみません。
  기다리시게 해서 죄송합니다.

고의가 아니었습니다.	故意(こい)ではありません。 わざとではありません。 Tip 「わざと」는 '고의로' '일부러'(부정적인 뉘앙스)란 뜻이고, 「わざわざ」는 뜻은 같지만 긍정적인 뉘앙스로 쓰인다. • わざわざありがとうございます。 일부러 감사합니다.('일부러 와 주셔서' 등)
면목이 없습니다.	面目(めんぼく)ございません。 Tip 손 아래 사람에게 말할 때는 「(まったく)面目ない。」라고 한다.
사과 드립니다.	おわび申(もう)し上(あ)げます。 Tip 「このとおり、おわび申し上げます。」도 같은 표현. 「このとおり」는 '이와 같이'라는 뜻이다. 「心(こころ)からおわび申(もう)し上(あ)げます。」(진심으로 사과 드립니다.)도 많이 쓴다.
송구스럽게 생각합니다.	申(もう)し訳(わけ)なく存(ぞん)じます。 • 思(おも)いがけない物議(ぶつぎ)を醸(かも)し、申(もう)し訳(わけ)なく思(おも)います。 뜻하지 않게 물의를 빚어 대단히 송구스럽게 생각합니다. Tip '물의를 일으키다'는 「物議(ぶつぎ)を醸(かも)す」.
용서 바랍니다.	お許(ゆる)しください。 (ひらに)ご容赦(ようしゃ)ください。 Tip 「どうか」(부디)라는 말을 써서 「どうかお許(ゆる)しください。」라고 해도 된다. 「ひらに」는 '부디', '아무쪼록'의 뜻.

PART 2 회화 달인의 장

10

사과와 양해를 바랄 때

정중하게 사과할 때

MP3 2-10▶

이해를 바랍니다.

どうか、ご理解(りかい)ください。

Tip ‘너그럽게 이해해 주시면 감사하겠습니다.’ 정도의 뉘앙스이다. 「ご+한자어+ください」는 ‘~해 주시기 바랍니다’.

- ご了解(りょうかい)ください。
  양해해 주시기 바랍니다.

제 실수로

わたくしの過(あやま)ちで

Tip 「過(あやま)ち」를 「過失(かしつ)」, 「間違(まちが)い」로 바꿀 수도 있다.

- わたくしの過(あやま)ちでこのようなことが起(お)こり、申(もう)し訳(わけ)なく思(おも)っております。
  제 실수로 이런 일이 생겨 죄송스럽게 생각합니다.

저의 불찰입니다.

わたくしの不徳(ふとく)のいたすところでございます。

Tip 「不徳(ふとく)」는 ‘부덕하다’란 뜻으로 ‘인덕이 부족해서’라고 할 때 쓸 수 있는 표현이다. 하지만, 이 표현은 형식적인 사죄말이라서 약간 딱딱한 느낌이 들고, 다음 표현은 좀 더 부드러운 표현이다.

- わたくしの不注意(ふちゅうい)でございます。
  저의 부주의였습니다.

- わたくしの不覚(ふかく)でございます。
  제 불찰이었습니다.

제가 잘못했습니다.

すみません。わたしが間違(まちが)えました。

Tip 자신의 잘못을 인정하고 사과하는 표현이다. '저 때문이에요.'라고 할 때는 「わたしのせいです。」라고 한다.

상대방이 사과를 해올 때

Tip 상대방이 사과를 할 때 '괜찮아요!' 라고 말하고 싶을 때는 「いいんですよ」 또는 「大丈夫(だいじょうぶ)です」라고 한다. 이밖에도 자주 쓰는 표현은 다음과 같다.

- いいんですよ。
  괜찮아요. 됐어요.
- 気(き)にしないで。
  됐어. 마음 쓰지 마.
- 気(き)にしなくてもいいです。
  신경 쓰지 마세요.
- 心配(しんぱい)しないでください。
  걱정하지 마세요.
- なんでもなかったです。
  아무것도 아니었어요.
- もうけっこうです。
  이제 됐습니다.

11 기쁜 마음을 표현하고 싶을 때

상을 받거나 좋은 일이 생겼을 때

MP3 2-11▶

너무 기뻐요.

本当(ほんとう)に嬉(うれ)しいです。

Tip 인터뷰 등에서 수상 소감을 말할 때 등 기쁜 마음을 나타내는 표현이다. 젊은 사람들은 「最高(さいこう)!」라고 외치기도 한다.

・今(いま)まで聞(き)いたうちで一番嬉(いちばんうれ)しい言葉(ことば)です。
그거 참 듣던 중 반가운 소리네요.

야, 됐다, 됐어.
야호!

うわー。・やったー。

Tip 기분이 좋을 때나 어떤 일이 잘 됐을 때, 보통은 「やった!」라고 하지만, 「ヤッホ」라고도 한다. 단, 산 정상에서 외칠 때는 「ヤッホー」 하고 길게 빼고, 기쁠 때의 야호는 짧게 말하고, 액센트가 「ヤ」에 있다.

이렇게 기쁠 수가

本当(ほんとう)に嬉(うれ)しい。

정말 잘 됐다.

本当(ほんとう)によかった。

・うまくいった。 일이 잘 풀렸다(잘 됐다).

・うまくいかなかった。 일이 잘 안 풀렸다.

기쁨에 찬 눈물

Tip 기쁠 때 흘리는 눈물은 「うれし涙(なみだ)」라고 한다.

・あまりにも嬉(うれ)しくて涙(なみだ)が出(で)そうです。
너무 기뻐서 눈물이 나올 지경이에요.

환호성을 지르다.

歓声(かんせい)をあげる。

Tip '환성'은 「喚声」(고함소리)라고도 쓴다.

감탄사 いろいろ

- 기쁠 때 : いや~, それはそれは, すごい
- 환호하거나 놀랐을 때 : わあ~
- 실망했을 때 : あ~あ(だめだった[안됐어])
- 설명을 듣고 납득을 했을 때 : あ~そうだったのか(그랬었구나)
- 가볍게 놀랐을 때 : あっ(앗!)
- 많이 놀랐을 때 : あら! まあ! (어머나[여자만])
- 잠시 생각에 잠길 때 : ええと, ええっと(저~, 음~)
- 가볍게 놀라거나 어이가 없다는 감정을 표현할 때 : おやおや(어머, 저런저런, 어머나), ああ(아이구)
- 무거운 물건을 들어올릴 때 : どっこいしょ, よいしょ(영차 영차)
- 가벼운 실수를 했을 때 : おっと(아차!)
- 상대방에게 불만이나 불쾌감을 표시할 때 : ふん(흥!)
- 상대방의 설명을 듣고 납득하거나 생각할 때 : ふーん(そうなんですか) (흠, 그렇군요.)
- 의외의 사실을 알고 놀랐을 때 : へえ~, ほう
- 아랫 사람(부하, 후배)을 부를 때 : おい(남자만), ちょっと
- 주위를 환기시킬 때 : ちょっと(잠깐!)
- 친한 친구를 만났을 경우 : やあ, よっ, よっ(수도 남자가 쓴다.)

12 놀라운 얘기를 들었을 때

좋은 소식 또는 나쁜 소식

MP3 2-12▸

깜짝이야.

わっ、びっくりした。

Tip びっくりする : 깜짝놀라다

거짓말…

うそ(嘘)。

Tip 「うっそー。」라고 하면 더 강조가 된다.

기절초풍하다.

びっくり仰天(ぎょうてん)する。

・驚愕(きょうがく)を禁(きん)じ得(え)なかった。 경악을 금치 못하였다.

난 못 믿겠어.

信(しん)じられない。

Tip 회화에서는 「信(しん)じらんない。」라고도 한다. '어떻게 그런 일이….' 정도의 뉘앙스.

놀랬잖아!

びっくりする(した)じゃない。

・泡(あわ)を食(く)って逃(に)げ出(だ)した。 기겁을 하고 도망쳤다.

Tip 泡(あわ)を食(く)う : 몹시 놀라 당황하다(ひどくあわてる, ひどく驚き慌てる)

설마….

まさか。・まっさか。

Tip 부정적인 뉘앙스.

・まさかそんな…。 설마 그럴리가….

어떻게 그런 일이….	**なんということだ。** Tip 빨리 발음하면 '난테고또다'로 들린다. 「なんちゅうことだ(ことだ = こった)」 라고도 한다.
와, 대단하다	**うわー(わー・へえー)、すごい**
(좋은 일)진짜야?	**(それ)本当(ほんとう)?** Tip 「本当(ほんとう)」는 회화에서는 「ほんと」(혼또)로 짧게 발음될 때가 많다.
그럴리가….	**そんなはずはないでしょう。** ・とんでもない話(はなし)。 황당한 이야기. ・驚愕(きょうがく)を禁(きん)じ得(え)ない表情(ひょうじょう)。 놀라움을 금치 못하는 표정.

놀라움에 관한 표현

・驚(おどろ)いている気配(けはい)がありありと見(み)えました。
놀라는 기색이 역력했습니다.

・驚(おどろ)きを隠(かく)せないでいます。
놀라움을 감추지 못하고 있습니다.

・よくびっくりする。
깜짝 깜짝 잘 놀라다.

・突然(とつぜん)元気(げんき)な姿(すがた)で現(あら)われ周囲(しゅうい)を驚(おどろ)かせた。
갑자기 건강한 모습으로 나타나 주위를 놀라게 했다.

・驚(おどろ)かないで。私(わたし)よ。
놀라지 마. 나야.

13 후회가 될 때

혼자 하고 싶은 말

MP3 2-13▸

괜히 말했어.

言わない方がよかった。

Tip 「要(い)らない(要らぬ)ことを言ってしまった。」(괜한 말을 했어. 쓸데없는 말을 했어.)도 자주 쓰는 표현이다.

그러는 게 아니었는데….

そうするつもりじゃなかったんだけど。

Tip 「동사(원형)+つもりじゃなかったんだけど」는 「~할 생각은 없었는데…」. 「だけど」를 「ですが」나 「ですけど」로 바꾸면 정중한 표현이 된다.

내가 왜 그랬지?

自分でもどうして(なぜ)そうしたのかわからない。

Tip 직역하면 '나도 왜 그랬는지 모르겠어'.

아무려면 어때?

もしそうだったとしても、今さらどうなる?

Tip '설사 그렇다 치더라도, 이제 와서 뭐가 달라져?' 정도의 뉘앙스. 「今(いま)さら」는 '이제 와서'.

아이고 큰일났다.

あっ、大変だ。

Tip 일이 잘 안 됐을 때 「あっ、しまった」라고도 한다.

A あっ、しまった。ガスレンジつけっぱなしだ。

아이고 큰일났어. 부엌의 가스를 안 끄고 나왔어.

B それじゃ、早く帰らないと。

그럼, 빨리 집에 가야지!

어떡하지?

どうしよう。

Tip 정중하게 말할 때는 「どうしましょう」(어떡하죠?)라고 한다.

A どうしよう。財布(さいふ)を忘(わす)れてきちゃった…。
어떡하지, 지갑을 놓고 와버렸어.(계산할 때)

B 明日(あした)でもいいですよ。 내일이라도 갔다 주세요.

후회막급이다.

後悔先(こうかいさき)に立(た)たず。

Tip 속담으로 쓰인다. 이미 저지른 일은 뒤늦게 뉘우쳐도 다시 어찌할 수가 없다는 뜻. (すでにしてしまったことは、あとになってくやんでも取り返しがつかない。)

후회해봤자.

後悔(こうかい)したって

Tip 「~したって」는 '~해봤자'.

- 今(いま)さら後悔(こうかい)してみてもどうしようもないこと。
- 今(いま)さら後悔(こうかい)しても始(はじ)まらない。 이제와서 후회해봤자 소용없는 일.

Tip 「悔(くや)む」(후회하다)라는 동사도 있다. 노래가사 '이제 와서 후회해도 소용없는 일이지만'은 「今さら悔(くや)んでもしかたがないけれど」.

내가 왜 그 생각을 못했지?

そこまで気(き)が回(まわ)らなかった。

Tip '미처 그 생각을 못했군.'이란 뜻이다.

생각이 짧았어.

- そこまで考(かんが)えつかなかった。
- そこまで思(おも)いつかなかった。
- そこまで気(き)がつかなかった。
- 考(かんが)えが足(た)りなかった。

14 화가 났을 때 ①

기분나쁜 감정을 나타낼 때

MP3 2-14▸

나도 몰라.

(俺(おれ)の・あたしの)知(し)ったことか。

Tip 「俺(おれ)」는 남자말, 「あたし(わたし)」는 여자말.

내 버려 둬!

Tip 남을 '내 버려 둬'라고 할 때는 「ほうっておけ」, 나를 '내 버려 둬'라고 할 때는 「ほうっておいて(くれ)」라고 한다. 빨리 발음하면 「ほっとけ」, 「ほっといて(くれ)」로 들린다.

니 맘대로 해.

勝手(かって)にしろ。

好(す)きなようにしろ。

Tip 「勝手(かって)」는 '제멋대로', '시먹음'이라는 뜻으로 「勝手にしろ」는 '네 멋대로 해라'는 뜻이 된다. 「好(す)き」는 이 경우 '내키는 대로', '제 마음대로'라는 뜻으로 「好きなようにしろ」는 '하고 싶은 대로 (마음 내키는 대로) 해라'는 뜻이다.

- 好(す)き放題(ほうだい)言(い)う。 제멋대로 말한다.
- 好(す)きにさせる。 제 하고 싶은 대로 내버려 둔다.

두고 보자

覚(おぼ)えていろ。・覚悟(かくご)しろ。

- このままじゃ済(す)まないからな。 가만있지 않을 거야.

말리지 마!

止(と)めるな。・止(と)めないでくれ。

Tip 싸움을 말리다 : けんか(争[あらそ]い)をとめる, けんか(争い)に割(わ)って入(はい)る, 仲裁(ちゅうさい)する.

보자 보자 하니까…

だまって聞いていれば、いい気になりやがって。

おとなしくしていれば、いい気になりやがって。

Tip いい気(き)になる：「いい気」는 '우쭐대는 마음',「いい気になる」는 '우쭐하다'이다.

어, 열 받아.

頭にくる。・頭にきちゃう。

Tip 「頭(あたま)にくる」는 '화가 나다'라는 뜻의 관용구.「きちゃう」는「きてしまう」의 축약형이다. 회화에서는 ~ちゃう(てしまう), ~ちゃった(てしまった), ~ている(てる) 처럼 줄여서 쓰는 경우가 많다.

어떻게 그럴 수가…

ほんと、信じられない。

Tip 회화에서는 좀 더 강하게「ほんっと信じられない」로 발음하는 경우가 많다.

어휴, 속상해.

むかつく~。

- 憂さ晴らし(八つ当たり)の相手をさがす。
  분풀이할 상대를 물색하다.

Tip 八(や)つ当(あ)たり：아무 관련이 없는 사람에게까지 무턱대고 분풀이하는 것.

- 向かっ腹を立てる　신경질을 내다
- ヒステリーを起こす　히스테리를 일으키다
- かんしゃくを起こす　욱하다　*かんしゃく 짜증, 부아
- いらだつ　짜증을 내다
- むかつく　신경질이 나다

Tip 「神経質(しんけいしつ)」는 '신경이 예민하다'는 뜻이며 형용동사로만 쓰인다.

15 화가 났을 때 ②

기분나쁜 감정을 나타낼 때

MP3 2-15▸

화가 나더라도 참아야지…

腹が立っても我慢しなきゃ。

腹が立ってもこらえなきゃ。

Tip 腹(はら)が立(た)つ : 화가 나다
腹(はら)を立(た)てる : 화를 내다
こらえる : 참다, 견디다

화 내지 말아요.

どうか怒らないで。

화 푸세요.

気分を直してください。

どうか、怒らないでください。

Tip 친구끼리는 「まあ。そう怒(おこ)るな。」, 「怒るな。怒るな。」 (남자말), 「そんなに怒らないで。」 (여자말)라고 한다.

환장하겠네.

Tip 자기자신에게 쓸 경우는 「頭(あたま)がおかしくなりそうだ·気(き)が狂(くる)いそうだ」, 남에게 쓸 때는 「気(き)が狂(くる)ったのか」 「気(き)でも狂(くる)ったのか」라고 한다.

- このごろ忙しくて気が狂いそうだ。
  요새 바빠서 돌아버릴 것 같애.
- そんなに酒を飲んで運転するとは、気が狂ったんじゃないか。
  그렇게 술을 마시고 운전하다니 어떻게 된 거 아냐?

관련구어 표현

· けんか腰(ごし)	싸움 허리 즉, 싸울 태세
· 神経(しんけい)にさわる	신경에 거슬리다
· ばかにする	바보취급하다, 우습게 알다
· 見下(みおろ)す / 見下(みくだ)す	내려 보다, 무시하다
· 言(い)い訳(わけ)	변명
· がまんできない	참을 수 없다
· 仕返(しかえ)しをする	되갚아주다
· すぐにムッとなる	금세 정색을 하다
· すねる	삐지다
· 卑怯(ひきょう)だ	비겁하다
· 夫婦(ふうふ)げんか	부부싸움
· 口(くち)げんか	입싸움, 말싸움
· 怒鳴(どな)る	(큰소리로)호통치다

16 칭찬할 때와 칭찬 받을 때 ①

반말표현

MP3 2-16▸

과연! 듣던 대로군요.	**やはり聞(き)いていたとおりだ。** Tip 회화에서는 「やはり」를 「やっぱり」, 또는 더 줄여서 「やっぱ」(남자말)라고도 한다.
과연! 소문대론데….	**やはり(やっぱり)噂(うわさ)どおりだ。** Tip 사람에 대해 칭찬할 때는 「さすがは田中さん。」(역시 다나카 씨야.)와 같은 표현도 많이 쓴다.
그렇지.	**そう、そう。** **その通(とお)りだ。**
뭘 그런 걸 가지고.	**大(たい)したことでもないのに。** **大(おお)げさに。** Tip 「大げさに」는 '과장되게', '오버'의 뜻. • とんでもないです。 아무것도 아니에요. (칭찬을 듣고)
쑥스럽게….	**恥(は)ずかしい。** **照(て)れくさい。** Tip 「恥(は)ずかしい」는 '면목이 없다', '수치스럽다', '창피하다', '부끄럽다' 등 광범위한 뜻을 갖고 있지만, 「照(て)れくさい」는 단순한 '쑥스러움'을 나타낸다.

- 下着姿(したぎすがた)を見(み)られて恥(は)ずかしかった。
  남이 내 속옷 차림을 보아서 창피스러웠다.
- 同僚(どうりょう)の前(まえ)でほめられて照(て)れくさかった。
  동료들 앞에서 칭찬을 받아서 쑥스러웠다.

아, 착하다.

お利口(りこう)さん。

えらい、えらい。

Tip 아이들을 칭찬할 때 쓴다.「えらいね。」,「お利口(りこう)さんだね。」(기특하네)라고 한다.

야, 잘하네~

上手(じょうず)だね。

- 上手(じょうず)、上手(じょうず)。
  어머 잘한다.
- お上手(じょうず)、お上手(じょうず)。
  잘 하시네요.

옳지, 잘했다

そうそう(そうだ)、えらいね。

웬일이니?

どうしたの?

- どうしたの?
  웬일이니↗? (긍정)
- えー、どうして。(えー、なんで。)
  웬일이니↘. (부정)

Tip 끝을 올리면, 이유니 원인이 궁금할 때 묻는 말이다. 새로운 물건을 보고 '어디서 샀어?' '어디서 났어?' 하고 물어볼 때도 이렇게 말한다. 반대로 끝을 내리면 어이가 없다는 뉘앙스.

17 칭찬할 때와 칭찬 받을 때 ②

비즈니스표현

MP3 2-17▸

꼭 성공하실 줄 믿습니다.	ご成功(せいこう)を信(しん)じています。
	・ご成功(せいこう)を祈(いの)っています。 성공을 기원합니다. ・ご成功(せいこう)されると思(おも)っておりました。 성공하실 줄 알았습니다.
노래 너무 잘 하시네요. 가수 같아요.	歌(うた)が(お)上手(じょうず)ですね。歌手(かしゅ)みたいです。
	・どうして韓国語(かんこくご)がそんなにお上手(じょうず)なんですか。 한국어를 어쩜 그렇게 잘 하세요?
농담도 참 잘하시네요.	冗談(じょうだん)もお上手(じょうず)ですね。
	・それを着(き)ていると、別人(べつじん)のようです。 그렇게 차려 입으니 딴 사람 같아요.
어쩜 정말 잘 아시네요.	本当(ほんとう)によくご存(ぞん)じですね。 どうしてそんなによくご存(ぞん)じなんですか。
정말 참고가 되었습니다.	本当(ほんとう)に参考(さんこう)になりました。 Tip 자료 등을 빌려받아 '많은 도움이 되었습니다'라고 할 때, 직역하면 「助(たす)かりました」지만, 보통 이렇게 표현한다.

도움이 되셨다니 다행입니다.

参考(さんこう)になって、幸(さいわ)いです。

Tip 「参考になって」(참고가 되어서) 대신 「助(たす)けになって」(도움이 되어서)라고도 한다.

좋은 생각이십니다.

本当(ほんとう)によいお考(かんが)えです。

Tip 「お考(かんが)え」는 「考え」의 경어. 「この本(ほん)についてはどうお考(かんが)えですか?」 이 책에 대해 어떻게 생각하십니까?

그렇게 말씀하시니 몸둘 바를 모르겠습니다.

そうおっしゃっていただくと、恐縮(きょうしゅく)です。

Tip 「恐縮(きょうしゅく)です」 대신 「恐縮(きょうしゅく)の極(きわ)みです」, 「恐縮(きょうしゅく)の至(いた)りです」 등도 가능하다.

아무 도움도 못 드렸는데요. 뭘…

お力(ちから)になれず、申(もう)し訳(わけ)ありません。

Tip 직역하면 '힘이 되어 드리지 못해 죄송합니다'이다.

그밖의 격의없는 표현

- (あんまり)おだてないでください。
  (너무)비행기 태우지 마십시오.
- からかわないでください。
  놀리는 겁니까? (놀리지 마세요.)
- からかうのはやめてください。
  그만 놀려요.

18 격려의 말을 해주고 싶을 때 ①

수고를 치하하거나 힘내라고 응원할 때

MP3 2-18▸

격려의 말을 아끼지 않았다.	**激励(げきれい)の言葉(ことば)を惜(お)しまなかった。** Tip ‘말을 아끼다’는「口(くち)を慎(つつし)む」.
고생 많으셨죠?(힘드셨죠?)	**お疲(つか)れ様(さま)でした。** **ご苦労様(くろうさま)でした。** Tip ‘고생 많으셨습니다’란 뜻. 경우에 따라서는「ありがとうございました」라고도 한다.
수고하셨습니다.	**お疲(つか)れ様(さま)でした。** **ご苦労様(くろうさま)でした。** Tip 손윗 사람에게는「ありがとうございます。」라고 하는 것이 무난하다.
열심히 하면 돼!	**一生懸命(いっしょうけんめい)やればいい。・がんばればいい。** Tip「一生懸命」는「一所懸命」로도 표기한다. 한 곳의 현(그 지역)을 목숨을 걸고 지키듯이 열심히 한다는 뜻.
힘내. / 힘내세요. 	**がんばって。・がんばってください。** Tip 큰 소리로 응원할 때는「がんばれ~。」라고 한다. ・元気(げんき)を出(だ)して。 힘내라 힘. ・ドンマイ、ドンマイ。 문제없어.(Don't mind)

다음에 또 잘하면 되잖아.

次(つぎ)またがんばればいいじゃない。

Tip 「次(つぎ)があるじゃない。」(다음이 있잖아.)도 많이 쓴다.

괜찮아.

大丈夫(だいじょうぶ)。

Tip 실수를 하거나 실패했을 때 격려해주는 뜻으로.

너무 상심하지 마.

あまり落(お)ち込(こ)むな。

気(き)を落(お)とさないで。

Tip 「落(お)ち込(こ)む」, 「気(き)を落(お)とす」 모두 '낙담하다'는 뜻이다.

- しっかりして。気(き)にするな。 힘내. 신경 쓰지 마.

무슨 일이야?

どうしたの?

Tip 상대방의 안색이 좋지 않거나 기분이 나빠보일 때, 왜 그래? 어떻게 된 거야? 하고 물을 때 쓴다.

A どうしたの? なんかあったの? 왜 그래? 무슨 일 있었어?

B なんでもないよ。 아냐, 아무것도.

저런 안됐네요.

それはお気(き)の毒(どく)に。

Tip 슬픈 소식을 듣고 위로하거나 동정할 때.

- 運(うん)が悪(わる)かったね。 운이 나빴구나.
- まあ、かわいそうに。 아이구 불쌍해라.
- 残念(ざんねん)だったね。 안됐다. 아깝다.
- 悩(なや)むことないよ。 고민할 것 없어.
- そういうこともあるわけだから。 그럴 수도 있지.

19 격려의 말을 해주고 싶을 때 ②

문상, 애도표현

MP3 2-19▸

애썼다. / 애쓰셨어요.

Tip 윗사람이 아랫사람에게

- ご苦労(くろう)。
- ご苦労様(くろうさま)。
- ご苦労(くろう)さん。
- お疲(つか)れさん。

Tip 윗사람에게 '힘드셨죠?'라고 할 때는

- (さぞかし)お疲(つか)れでしょう。

Tip '힘드시죠?' 하고 격려할 때는

- 大丈夫(だいじょうぶ)ですか。
- お疲(つか)れじゃないですか。

한일간에 약간씩 다른 표현들

- 상심하다 — 落(お)ち込(こ)む, 気(き)を落(お)とす
- 고생, 수고 — 苦労(くろう)
- 열심히 하다 — がんばる
- 힘이 없다 — 元気(げんき)がない
- 힘이 들다 — 大変(たいへん)(だ), 苦(くる)しい, しんどい
- 힘있게 — 力(ちから)のこもった口調(くちょう)で, 力(ちから)いっぱい
- 힘이 빠지다 — 力(ちから)がぬける
- 힘들게 살다 — 苦(くる)しい生活(せいかつ)を送(おく)る
- 힘을 주다 — 力(ちから)を入(い)れる
- 힘센 사람 — 力持(ちからも)ち

・入試(にゅうし)に落(お)ちたという知(し)らせに、全身(ぜんしん)の力(ちから)がぬけた。

입시에 떨어졌다는 소식에 온 몸의 힘이 빠졌다.

・苦(くる)しい生活(せいかつ)を送(おく)ってきたおばあさんが一生(いっしょう)の間(あいだ)貯(た)めてきたお金(かね)を大学(だいがく)に寄付(きふ)した。

힘들게 살아온 할머니가 평생 모은 돈을 대학에 기부했다.

・力(ちから)を入(い)れろ。しっかりつかまれ。

힘 줘! 꽉 잡아!

명복을 빕니다.

ご冥福(めいふく)をお祈(いの)り申(もう)しあげます。

ご愁傷(しゅうしょう)さまです。

Tip 문상(問喪)할 때 쓰는 표현.

상심이 크시겠습니다.
(애도)

お悔(く)やみもうしあげます。

さぞお力落(ちからおと)しのことでしょう。

Tip 문상(問喪)할 때 쓰는 표현. 「まことにご愁傷(しゅうしょう)さまでございます。」도 많이 쓴다.

얼마나 놀라셨습니까?

Tip 직역하면 「どんなに驚(おどろ)かれたことでしょう。」가 되겠지만, 보통 문상할 때는 「心(こころ)からお悔(くや)みもうしあげます」「まことにご愁傷(しゅうしょう)さまでございます」를 많이 쓴다.

・どうぞ気(き)を落(お)とさないでください。

너무 상심 마세요.

・このたびは大変(たいへん)だったでしょう。

이번에 큰 일 치르시느라 힘드셨죠?

20 비난하거나 질책할 때 ①

속마음을 터놓을 수 있는 한마디

MP3 2-20▸

그런 말 하고 있을 때가 아니잖아.

そんなことを言(い)っている場合(ばあい)じゃないだろう。

Tip 「場合(ばあい)」는 '경우'란 뜻인데, 여기서는 '상황'이란 뜻으로 쓰였다. 여자말은 끝의 「だろう」를 「でしょう」로 고치면 된다.

그럴 줄 알았어.

そうだと思(おも)った。

- そんなことだと思(おも)った。
- やっぱりそうだった。

Tip 「そんなことだろうと思った。」와 같이 말하기도 한다.

내가 뭐랬어.

だから言(い)ったじゃないか。

- 俺(おれ)が言(い)ったじゃないか。 (남자말)
- 私(わたし)が言(い)ったじゃない。 (여자말)
- 私(わたし)が言(い)ったじゃないですか。 (정중형)

놀고 있네.

ふざけてるのか。

Tip 「ふざけたことぬかしやがって。」라고도 한다. '까불지 마'는 「ふざけるな」. 「ふざける」는 원래 '시시덕거리다'란 뜻이다.

너 말 다했어?

言(い)いたいことはそれだけか?

Tip 직역하면 '말하고 싶은 게 그게 다야?'.

니가 알아서 해!	お前(まえ)の勝手(かって)にしろ。 Tip 「勝手(かって)」는 '제멋대로', '시먹음'이라는 뜻으로 「勝手にしろ」는 '네 멋대로 해라'라는 뜻이 된다. 「好(す)き」는 이 경우 '내키는 대로', '제 마음대로'라는 뜻으로 「好きなようにしろ」는 '좋을 대로(마음 내키는 대로) 해라'는 뜻이다.
도대체 왜그래?	一体(いったい)、どうしたんだ? Tip '왜 그랬어?'는 「どうしてそうなったんだ」(남자말) 「どうしてそうなったの。」(여자말).
됐어. 그만해.	わかった。もう、いい。 Tip '더 이상 듣기 싫어'라고 할 때는 「もう、たくさんだ。」라고 한다.
무슨 남자(여자)가 그래?	男(おとこ)(女(おんな))のくせに。 Tip 「くせに」를 「くせして」로 바꿔 말해도 된다.

기가 찬다고 말하고 싶을 때

- 말도 안 돼. 話(はなし)にならない。
- 말도 안 되는 이야기. でたらめな話(はなし)。
理屈(りくつ)に合(あ)わない話(はなし)。
- 말이 안 통한다. 話(はなし)が通(つう)じない。
- 말이 안 나오네. 開(あ)いた口(くち)がふさがらない。
- 나 참 기가 차서…. まったくあきれ返(かえ)った。
- 기가 막혀서. 唖然(あぜん)としたな。
あきれたな。

21 비난하거나 질책할 때 ②

화가 나거나 언쟁을 할 때

MP3 2-21▸

납득이 가게 설명을 해주셔야 할 것 같군요.

納得のいくように、ご説明願います。

Tip 「納得(なっとく)のいくように」를 「納得(なっとく)のいくまで」로 바꾸어도 된다.

답변을 해 주시죠.

お答えください。

배은망덕한 놈!

この恩知らず。

Tip 「恩知らず」는 '이런 은혜도 모르는' '은의(恩義)를 잊은 놈'이라는 뜻이다. 강하게 말할 때는 「この恩知らずめ。」, 「この恩知らずめが。」라고 한다. 「恩(おん)を仇(あだ)で返(かえ)す」(은혜를 원수로 갚다)가 '배은망덕'이라는 뜻이다.

시끄러워!

うるさい!

やかましい!

Tip 상대방의 주장을 원천봉쇄할 경우에 쓸 수 있는데 「やかましい」는 '귀에 들리는 소리가 시끄럽다'라는 뉘앙스가 좀 더 강하다. 여자는 「うるさいわね」라고도 할 수 있고, (주로 남자가) 난폭하게 말할 때는 「うるせえ!」라고 한다.

심하다 정말…

ひどい。

本当にひどい。

Tip '정말 못됐다'라고 할 때도 이렇게 말한다. 「あんまりだ。」(해도 너무 해.)도 자주 쓴다.

어떻게 네가 나한테 그럴 수가 있어?

お前(まえ)、俺(おれ)にそういうことができるのか? (남자말)

あなた、私(わたし)にそういうことができるの? (여자말)

Tip 이미 벌어진 일이라면 「できるのか」를 「するのか」로 바꿔도 된다.

어떻게 된 거야?

一体(いったい)どうしたんだ(どうなっているんだ)。 (남자말)

一体(いったい)どうしたの(どうなってるの)。 (여자말)

- どういうことなのか、ご説明(せつめい)ください。
  어떻게 된 건지 설명을 해보세요.
- この点(てん)(件(けん))に関(かん)して、公式(こうしき)の謝罪(しゃざい)を求(もと)めます。
  이 점에 대해 공식적인 사과를 촉구하는 바입니다.

이게 뭐야?

これは、何(なん)だ?・何(なん)だ、こりゃ。 (남자말)

これは、何(なん)なの?・何(なに)、これ。 (여자말)

Tip 「一体(いったい)、どういうおつもりですか」는 '도대체 어떻게 하실 작정이십니까?'.

지금 그걸 말이라고 해?

今(いま)さら何(なに)言(い)っているんだ。

편드는 겁니까?

~の肩(かた)を持(も)つのですか?

- いますずきさんの肩(かた)を持(も)つのですか。
  지금 스즈키 씨 편드는 겁니까?

그 외 표현

- 私(わたし)の身(み)になって考(かんが)えて。
  내 입장이 돼서 생각해 봐.
- そんなこと言(い)っちゃだめだよ。
  그런 말 하는 게 아냐.

22 두둔하거나 변명할 때

오해에 대한 해명이나 변명

MP3 2-22▶

그런 뜻은 전혀 없었습니다.	**そんな(そのような)つもりではありませんでした。**
그런 식으로 말했을 리가 없을 텐데요.	**そのように言(い)ったはずはないと思(おも)いますが…。** Tip そのように = そんなふうに(회화체) 「言った」를 「申(もう)しあげた」라고 하면 더 정중한 표현이 된다. · そんなはずはありません(ございません)。 그럴 리가 없어요. · わたくしが知(し)っている限(かぎ)りでは、そんな人(ひと)ではありません。 제가 아는 한, 그런 사람이 아닙니다.
그렇게 말씀하시니 할 말이 없습니다.	**そうおっしゃると、返(かえ)す言葉(ことば)もありません。** Tip 「おっしゃると」를 「おっしゃられると」로 바꾸어서 말하기도 한다. 「返す言葉がない」는 '돌려줄 말이 없다' 즉 '할 말이 없다'는 뜻.
그렇게 느끼셨다면 사과드리겠습니다.	**そのようにお感(かん)じになられたとしたら、おわびします。**
두둔하는 것은 아니지만….	**かばい立(た)てするわけではありませんが。** Tip かばい立(た)てする : 감싸주다, 두둔하다.

말 못 할 사정이 있을 겁니다.	言^いうに言^いわれぬ事情^{じじょう}があるはずです。

Tip 言(い)うに言(い)われぬ : 말 못 할.

뭔가 오해가 있으신 것 같군요….	何^{なに}か誤解^{ごかい}があるようです。

이번 일로 실망을 안겨 드려 죄송합니다.	今回^{こんかい}のことでみなさんの期待^{きたい}に沿^そえなかったことをおわび申^{もう}し上^あげます。

Tip 「期待(きたい)に沿(そ)えない」(기대에 부응하지 못하다)는 「がっかりさせる」, 「失望(しつぼう)させる」로 바꾸거나 「ご期待に沿えませんで…」와 같이 말꼬리를 흐리기도 한다.

제 마음을 알아주셨으면 합니다.	わたくしの心情^{しんじょう}をお察^{さっ}しください。

Tip 문어체 표현은 「事情(じじょう)ご賢察(けんさつ)ください。」.

제가 생각이 짧았던 것 같습니다.	わたくしの考^{かんが}えが至^{いた}らなかったようです。

・ そこまで考^{かんが}えが及^{およ}びませんでした。
미처 거기까지는 생각지 못했습니다.

'생각'에 관한 말

- 생각나다 思^{おも}い出^だす(추억), 考^{かんが}え出^だす(아이디어)

- 생각하기 나름 (ものは)考^{かんが}えようである

- 생각대로 잘 안 되다 思^{おも}い通^{どお}りにうまくいかない

- 골똘히 생각하다 一生懸命^{いっしょうけんめい}考^{かんが}える

- 궁리 끝에 내린 결론 あれこれ考^{かんが}えて下^{くだ}した結論^{けつろん},
 知恵^{ちえ}をしぼって下^{くだ}した結論^{けつろん}

- 옛일을 떠올리다 昔^{むかし}のことを思^{おも}い浮^うかべる

- 감안하다 考慮^{こうりょ}する, 勘案^{かんあん}する

23 맞장구를 칠 때
동조하거나 부정할 때

MP3 2-23▸

그래 맞아, 맞아.	そう、そう。 ほんと、ほんと。

- そう。 그래?
- あ、そうなの。 아, 그래?
- なるほど。 그렇지. (윗사람에게는 실례)
- それで? 그래서?
- ほんとう? 정말?
- おどろいたな。 이거 놀라운 걸.
- 冗談(じょうだん)でしょう? 농담이겠지?
- 本気(ほんき)なの? 정말이야? 진심이야?
- なんだか怪(あや)しいな。 왠지 수상한 걸.

그러게 말이야.	まったく。・まったくだ。

Tip 「まったくそのとおりだ」라고도 한다.

A この頃(ごろ)の新入社員(しんにゅうしゃいん)は本当(ほんとう)に扱(あつか)いにくいね。
요새 신입사원들은 참 다루기가 어려워.

B まったくだ。指示(しじ)しないと動(うご)かないんだから。
맞아. 지시하지 않으면 움직이려고 하지 않아.

당연하지	当(あ)たり前(まえ)(だ)。 当(あ)たり前(まえ)じゃない(の)。

두 말 하면 잔소리

二言目(ふたことめ)にはお説教(せっきょう)だ。

Tip 「二言目(ふたことめ)には…」는 '두 번째에는 반드시 하는 말'이라는 뜻이다.

듣고 보니 그것도 그렇군요.

聞(き)いてみると、それもそうですね。

맞아요.

まったくそのとおりです。

- おっしゃるとおりです。
- そのとおりです(ね)。
- まったくです。
- そうですね。
- ほんとうですね。

물론입니다.

もちろんです。

자주 쓰는 맞장구

동의(同意(どうい)) : そのとおりです·まったくです·ごもっともです·なるほど·おっしゃるとおりです

유도(誘導(ゆうどう)) : それから·その先(さき)はどうなったのですか·~と言(い)いますと

의문(疑問(ぎもん)) : どうして(ですか)·なぜ~なのですか

감탄(感嘆(かんたん)) : ええっ·へぇーっ·驚(おどろ)きましたねえ
ほお·へえ·おやおや

부정(否定(ひてい)) : そんなことはないでしょう·それはちがうでしょう·まさか

경악(驚愕(きょうがく)) : えっ、本当(ほんとう)ですか

겸손(謙遜(けんそん)) : いやいや·いえいえ·そうでしょうか

24 화제를 바꿀 때

부드럽게 넘어가는 접속표현

MP3 2-24▸

그건 그렇고	話は変わるけど…。· 話は変わりますが。
그 얘기는 그만해요.	その話はやめましょう。
그건 이미 아는 얘기고.	それはもう聞いたよ。 · それはもう聞いています。 그 얘긴 이미 들어 알고 있습니다.
그건 나중에 얘기해요.	それは後で話しましょう。
그래서 말인데요.	~というわけで · ~というわけなのですが
농담은 그만하고	冗談はさておいて…
그런데	ところで
말 나온 김에	話が出たついでに · 話のついでに Tip ついでに : ~한 김에
이건 전혀 다른 얘기지만	これは全然ちがう話ですけど Tip 반말은 「ですけど」를 「なんだけど」로 바꾸면 된다.
얘기가 옆길로 새고 말았네요.	話が横道に外れてしまいました。

얘기는 관두고 밥이나 먹으러 갈까요?	**話(はな)すのはやめて食事(しょくじ)に行(い)きましょう。** ・話(はな)すのはこれくらいにして食事(しょくじ)にまいりましょうか。 얘기는 이 정도로 하고 식사하러 가시죠.
이런 얘기 해도 될지 모르겠지만….	**こんなこと言(い)っていいのかわかりませんが…。**
아 참.	**あ、そうだ。** ・それで思(おも)い出(だ)したんだけど…。 그래서 생각난 건데….
본론으로 돌아갑시다.	**本題(ほんだい)にもどりましょう。**
실은	**実(じつ)は** Tip 유사표현 : 実(じつ)を言(い)うと, 本当(ほんとう)のことを言(い)うと.
자초지종을 말씀드리면…	**一部始終(いちぶしじゅう)を申(もう)しますと…**

말문이 막혔을 때

- えーと　음… 그러니까.
- 結局(けっきょく)　결국
- さあ　자아
- つまり　그러니까, 결국, 요컨대
- なんだっけ　뭐더라
- なんて言(い)ったらいいのか分(わ)からない(のだ)けれど
  뭐라고 해야 좋을지 모르겠지만

25 상대방의 행동을 유발하는 말

명령이나 의뢰

MP3 2-25▸

검토 부탁드립니다.	ご検討(けんとう)をお願(ねが)いします。 ご検討願(けんとうねが)います。 Tip 회화, 팩스 문장 모두 이렇게 쓸 수 있다.
계산서 확인 바랍니다.	レシートをご確認(かくにん)ください。
그럼 또 연락하세요.	じゃ、また連絡(れんらく)してください。 Tip 「ご連絡ください。」라고 하면 더 정중하다.
내내 건강하시기 바랍니다.	いつまでもお元気(げんき)で。 これからもずっとお元気(げんき)で。 Tip 편지 등에서 맺음말로 안부를 기원할 때 쓰는 말.
답장 기다리겠습니다.	ご返信(へんしん)お願(ねが)いします。 ご返信(へんしん)をお待(ま)ちしています。
이번만은 믿어 주십시오.	今回(こんかい)だけは信(しん)じてください。
이대로 진행하시면 될 것 같습니다.	このまま進(すす)めればいいと思(おも)います。 このままお進(すす)めになっても、よろしいかと思(おも)います。

잊지 말고 전화해!

Tip 명령조로 말할 때는「忘(わす)れないで、電話(でんわ)しろ!」. 다시 다짐하는 어조로는「電話しろよ。」, 어느 정도 상대방의 의사에 맡길 경우에는「電話しな。」,「電話してね。」라고 한다.

전화 주세요.

お電話(でんわ)ください。

Tip 더 정중한 표현은「お電話いただけるとありがたいです。」.

할 말이 있는데요…

Tip 어느 정도 내용이 있는 대화를 나누고 싶을 때는「話(はな)したいことがあるんだけど」, 상대방에게 한 마디 하고 싶을 때는「言(い)いたいことがあるんだけど」라고 한다. 만나고 싶을 때, 어느 정도 상대방의 의사에 맡길 경우에는「一度(いちど)会(あ)ってくれる?」,「会ってくれます?」라고 하고, 정중하게 말할 때는「お会いできますか?」라고 한다.

26 능숙하게 명령하기 ①

여러 가지 명령표현

MP3 2-26▸

(1) 동사의 명령형 (~해라)

Tip 5단동사(I 형동사) : う단을 え단으로 고친다.
상·하1단 동사(II 형동사) : 「る」를 「ろ」로 바꾼다.
(「ろ」 대신 「よ」로 바꿀 수도 있지만 이 형태는 회화에서는 거의 쓰이지 않는다.)

- 書(か)く　쓰다 → 書(か)け　써라
- やめる　그만두다 → やめろ　그만둬
- 来(く)る　오다 → 来(こ)い　와라

Tip 「する」는 「せよ」라고 할 수도 있으나 이 형태는 회화에서는 거의 쓰이지 않는다.

- 早(はや)くこっちに来(こ)い。　빨리 이리 와.
- あれを見(み)ろ(見(み)よ)。　저것 봐.
- 早(はや)くしろ(せよ)。　빨리 해.

Tip 금지의 명령은 「동사(원형)+な」 형태를 취한다.

- 酒(さけ)は飲(の)むな。もし飲(の)んだら運転(うんてん)するな。
  술은 마시지 마라. 혹시 마시면 운전하지 마라.
- ここで煙草(たばこ)を吸(す)うな。
  여기서 담배 피지 마.

Tip 또한 「くれる」의 명령형은 「くれろ」보다 「くれ」 또는 「よこせ」가 된다. 따라서 '~해 줘라(달라)'라고 할 경우에는 「동사+て+くれ」가 된다. 반대표현은 「동사+ないで+くれ」가 된다.

- 部屋(へや)を掃除(そうじ)してくれ。 방을 청소해 줘.
- 酒(さけ)を買(か)ってきてくれ。 술을 사다 줘.
- ここで煙草(たばこ)を吸(す)わないでくれ。 여기서 담배 피지 마.

(2) 「~なさい」(~하시오)

Tip ~하시오, ~해라체의 명령형.

- 牛乳(ぎゅうにゅう)を飲(の)みなさい。 우유를 마셔라.
- 本(ほん)を2冊(にさつ)読(よ)みなさい。 책을 두 권 읽어라.

(3) 「~たまえ」(~하렴)

Tip ~하렴. 고어체 표현이다.

- こっちへ来(き)たまえ。 이쪽으로 오렴.
- ちょっと待(ま)ちたまえ。 잠깐 기다리렴.

(4) 「~てごらん」(~해 봐)

Tip ~해 봐.

- カタカナで書(か)いてごらん。 가타카나로 써 봐.
- わからなかったら、あの人(ひと)に聞(き)いてごらん。
  모르면 저 사람에게 물어봐.

(5) 「~ない(か)」(~하지 않을래?)

Tip ~하지 않을래?

- 今度(こんど)の日曜日(にちようび)に遊(あそ)びに来(こ)ないか。
  이번 일요일에 놀러 오지 않을래? (남자말)
- 山(やま)のぼりに行(い)かない?
  등산 안 갈래? (여자말)

27 능숙하게 명령하기 ②

여러 가지 명령표현

MP3 2-27▸

(6)「~こと」(~할 것)	Tip 규칙이나 지켜야 할 규범 등을 나타낼 때 많이 쓴다. 금지 명령의 경우는「동사+ない+こと」가 된다. · 出発の10分前には集まること。 출발 10분 전에는 모일 것. · 教科書や参考書は見ないこと。 교과서나 참고서는 보지 말 것.
(7)「~ように」(~하도록)	Tip「동사(원형)+ように」의 형식을 취한다. 반대표현은「동사+ない+ように」가 된다. · 薬は必ず食後に飲むように。 약은 필히 식후에 먹도록. · ここでは写真を撮らないように。 여기서는 사진을 찍지 않도록.
(8)「~た」같은 동사를 두 번 반복	Tip 같은 동사를 두 번 반복할 경우가 많다. · どいたどいた。 비켜 비켜. · 子供は寝た寝た。 아이는 자라 자.
(9)「~ましょう(よう)」(~합시다)	Tip「동사(연용형)+ましょう(~よう)」를 쓴다. 이 형태는 권유를 나타내는 형태이지만 윗사람이 아랫 사람에게 말할 때는 호소나 명령의 용법으로 쓸 수 있다.

- よくかんで食(た)べよう。
  잘 씹어서 먹자.
- 6時(じ)までには家(いえ)に帰(かえ)りましょう。
  6시까지는 귀가합시다.
- 外(そと)から帰(かえ)ったら手(て)を洗(あら)いましょう。
  밖에서 돌아오면 손을 씻읍시다.

---

(10)「~ちょうだい」(~해 줘)

Tip 「동사 て형+ちょうだい」의 형태를 쓴다.

- お使(つか)いに行(い)ってきてちょうだい。
  심부름 갔다 와라.
- 短(みじか)めに切(き)ってちょうだい。
  짤막하게 잘라 줘.

28

정중하게 의뢰하기 ①

실례가 되지 않는 명령이나 의뢰표현

MP3 2-28▸

(1)「동사+てください」

Tip 「동사+てください」의 형태를 쓴다. 「ください」에 「ませ」를 붙이면 더 정중한 표현이 된다.

- ここに座ってください。 여기 앉으세요.
- 足下にお気をつけください。 발 밑에 조심하세요.

(2)「お+동사(연용형)+ください」「ご+한자어+ください」

Tip 가장 일반적인 형태의 정중한 명령문이다.

- お召し上がりください。 드십시오.
- ご理解ください。 이해해 주십시오.

Tip 「ください」 대신 「くださいませんか(いただけませんか)」를 쓰면 더 정중한 표현이 된다.

- こちらにお座りくださいませんか。
  이쪽에 앉으시겠습니까?
- 何とかご容赦いただけませんか。
  어떻게 용서가 안 되겠습니까? (용서해 주십시오.)

(3)「동사+てくれますか?」「동사+てもらえますか?」

Tip 좀 더 간곡한 부탁의 뉘앙스가 있다.

- 事情をわかってくれますか。
  사정을 이해해 주시겠습니까?
- 引き受けてもらえますか。
  (역할, 일 등을) 맡아 주시겠습니까?

(4) 자제(自制)의 요청

Tip 자제(自制)의 요청은 「동사+ないでくれますか」, 「동사+ないでもらえますか」로 표현한다.

- ここに駐車(ちゅうしゃ)しないでくれますか。
  여기에 주차하지 말아 주세요.
- 夜遅(よるおそ)くに騒(さわ)がないでもらえますか。
  밤늦은 시간에 떠들지 말아 주시겠어요?

Tip 더 정중한 표현을 할 경우에는 「동사+てくださいますか」, 「동사+ていただけますか」라는 형태를 쓴다. 금지(자제)의 의뢰(요청)은 「동사+ないでくださいますか」, 「동사+ないでいただけますか」가 된다.

(5) 「동사+てくれませんか(くれないでしょうか)」

Tip 「동사+てくれませんか(くれないでしょうか)」「동사+てもらえませんか(もらえないでしょうか)」 형태로 쓰인다.

- 夜(よる)は静(しず)かにしてくれませんか。
  밤에는 조용히 해 주시겠어요?
- もう少(すこ)しゆっくりと話(はな)してもらえないでしょうか。
  좀 더 천천히 말씀해 주시겠어요?
- 賭(か)けマージャンはしないでくれませんか。
  내기 마작은 안 했으면 하는데요.
- 一人(ひとり)で行(い)かせないでもらえませんか。
  혼자 가지 않게 해 주셨으면 하는데요.

Tip 더 정중하게 말할 때는 「동사+てくださいませんか」, 「동사+ていただけませんか」라는 표현을 쓴다. 자제(自制)의 요청은 「동사+ないでくださいませんか」, 「동사+ないでいただけませんか」라는 표현을 쓴다.

29 정중하게 의뢰하기 ②

실례가 되지 않는 명령이나 의뢰표현

MP3 2-29▸

(6)「お～願(ねが)います」「ご～願(ねが)います」

Tip 「願(ねが)います」 대신 「願(ねが)えませんか」를 쓸 수도 있다.

・ここでお支払い願えませんか。

여기서 지불을 부탁할 수 있을까요?

・ご注意願います。

주의 바랍니다.

(7)「～くださるようお願(ねが)いします(お願い申しあげます)」

Tip 비즈니스 문서나 공문 등 다소 딱딱한 표현에 쓰인다.

・2時までにはご入場くださるようお願いします。

2시까지는 입장해 주시길 당부드립니다.

・明日までにご返信くださるようお願い申しあげます。

내일까지는 답변을 주시기를 부탁드립니다.

(8)「동사(사동형)+てください」

Tip 상대방이 자신에게 시켜 주기를 바라는 형식을 취한다는 점에서 공손한 표현이다.「ください」 대신「いただけませんか」를 쓸 수도 있다.

・少し休ませてください。

잠깐 쉴게요.

・今度は私にやらせてくださいませんか。

이번에는 저에게 시켜 주시지 않겠습니까?

표지문

- 押(お)す　미시오
- 引(ひ)く　당기시오
- 撮影禁止(さつえいきんし)　촬영금지
- お知(し)らせ　알림
- お願(ねが)い　부탁말씀
- 手(て)に注意(ちゅうい)　손 조심

경고

- 泥棒(どろぼう)!　도둑이야!
- 火事(かじ)だ!　불이야!
- あの男(おとこ)をつかまえて。　저 남자를 잡아.
- 動(うご)くな!　움직이지 마!
- 下(お)ろせ!　내려놔!
- かがめ! / 伏(ふ)せろ!　엎드려!
- さがれ!　물러서!
- さわるな!　만지지 마!
- そこにいろ。　거기 있어.
- 手(て)を上(あ)げろ!　손 들어!
- 止(と)まれ!　거기 서! 멈춰!
- 放(はな)して!　풀어 줘!
- ひざまずけ!　무릎 꿇어!
- よせ! / やめろ!　하지 마!

30

상대방이 말해주길 기다리는 말

듣기 좋은 명령이나 의뢰

MP3 2-30▸

건배하시죠?

乾杯しましょうか。

가방 이리 주세요.

かばん、こちらにいただけますか。

괜찮으시면 식사라도 같이 하시죠?

お時間ありましたら、お食事でも一緒にいかがですか。

A お時間ありましたら、お食事でも一緒にいかがですか。
시간 있으시면 식사라도 같이 어떠세요?

B そうですね。ゆっくり話でもしながら食事しましょう。
그래요. 천천히 얘기나 하면서 식사를 합시다.

그럼, 슬슬 일어나실까요?

では、そろそろ行きましょうか。

Tip 술자리 등에서는「そろそろお開(ひら)きにしましょうか」.「お開(ひら)き」는 모임 등을 마치고 해산하는 것.

많이 드세요.

たくさん召し上がってください。

お召し上がりください。

여기는 제가 계산하겠습니다.

ここはわたしが払います。

ここはわたくしが出します。

웬만하면 같이 가시죠?

特(とく)にご予定(よてい)がなければ、ご一緒(いっしょ)にいかがですか。

일단 맥주 한잔 드세요.

とりあえずビール一杯(いっぱい)お飲(の)みください。

Tip 「とりあえず」대신 「まず」도 자주 쓴다. 「まず、ビールください」(우선 맥주 주세요).

자, 식사하러 가실까요?

では(じゃ)食事(しょくじ)に行(い)きましょうか。

자, 이쪽으로 오세요.

さあ、こちらに(こちらへ)お越(こ)しください。

한잔 받으세요.

一杯(いっぱい)、お受(う)けください。

Tip 보통은 「どうぞ」라고 하고 약간 나이든 사람이라면 이렇게 표현하기도 한다.

한잔 따라 드리겠습니다.

一杯(いっぱい)、おつぎします。

Tip 「つぐ」(따르다)와 비슷한 말로 「注(そそ)ぐ」가 있는데, 「つぐ」는 술이나 음료 등을 잔이나 컵에 따르는 것을 뜻하고, 「注(そそ)ぐ」는 '따르다'는 뜻 외에도 '쏟아붓다', '(물을) 주다' 등 여러 의미가 있다.

- ビールをグラスにつぐ(注(そそ)ぐ)。 맥주를 글래스에 따르다.
- 花壇(かだん)に水(みず)を注(そそ)ぐ(まく)。 화단에 물을 주다(뿌리다).
- 愛情(あいじょう)を注(そそ)ぐ。 애정을 쏟아붓다.

일본에서는 술자리에서 상대방의 술잔이 비기 전에 술을 채우는 습성이 있다. 혹시 상대방의 술잔이 빈다면 그것은 상대방에 대해 마음을 쓰지 못했다고 여겨 실례가 될 수도 있기 때문인데, 보통 2, 3홉 정도 술이 남아있을 때 따라 준다. 이건 많이 마시고 즐거운 시간을 보내자는 의미가 담겨 있다.

31 상대방의 행동을 제한하는 구문

금지를 나타내는 표현

MP3 2-31▶

전화 안 해 주셨으면 합니다.	お電話(でんわ)はしないでいただきたいのですが…。 Tip 「동사+ないでいただきたい」는 '~하지 않았으면 좋겠다'는 뜻이다.
전화는 안 하시는 게 좋을 것 같습니다.	電話(でんわ)をしないほうがいいと思(おも)います。 電話(でんわ)をしないほうがよろしいです。 Tip 「しないほうが」를 「なさらないほうが」로 하면 더 정중한 표현이 된다.
전화는 좀(곤란할 것 같은데요.)	電話(でんわ)はちょっと…。 Tip 「~はちょっと…」 하고 뒤끝을 흐림으로써, 거절이나 사양 등 부정적인 의사를 나타낸다.
전화 안 했으면 좋겠는데요….	電話(でんわ)してほしくないんですが…。 電話(でんわ)しないでほしいんですが…。
전화는 삼가 주십시오.	お電話(でんわ)はご遠慮(えんりょ)ください。 電話(でんわ)しないでください。
전화하지 마.	Tip 「電話するな」는 강력하게 명령할 때, 「電話するなよ」는 다짐을 받을 때, 「電話しないで」는 부탁하는 뉘앙스의 표현.
전화하지 말 것.	電話(でんわ)しないこと。

이밖에 금지를 나타내는 표현

- 使(つか)っては ならない。/ 使(つか)ってはいけない。
  써서는 안 된다.
- 使(つか)ってはだめです。/ 使(つか)っちゃだめ(だよ)。
  써서는 안 됩니다. / 쓰면 안 돼.
- 食(た)べないこと!
  먹지 말 것!
- 友達(ともだち)をいじめるものではありません。
- 友達(ともだち)をいじめるものじゃない(もんじゃない)。
  친구를 괴롭히는 거 아니에요.(타이를 때)
- ~を禁(きん)ず。
  ~을 금함.
- OO新聞(しんぶん)お断(ことわ)り。
  oo 신문 사절
- ~はご遠慮(えんりょ)ください。
  ~은 삼가십시오.
- 火傷(やけど)に注意(ちゅうい)。
  화상에 주의.

32 생활 속의 경고문

금지를 나타내는 표현

MP3 2-32▸

건조주의보	乾燥注意報(かんそうちゅういほう)
금연	禁煙(きんえん)
두상 주의	頭上注意(ずじょうちゅうい)
뛰어나오기 주의	飛(と)び出(だ)し注意(ちゅうい)
문에 기대지 마시오.	ドアに寄(よ)り掛(か)からないでください。
미성년자 입장불가	未成年者(みせいねんしゃ)(の)入場禁止(にゅうじょうきんし)
발밑 주의	足元注意(あしもとちゅうい)
손대지 마시오.	手(て)をふれないでください。
출입금지	立(た)ち入(い)り禁止(きんし)
폭풍주의보	暴風注意報(ぼうふうちゅういほう)
홍수경보	洪水警報(こうずいけいほう) Tip 일본은 비가 많은 편인데, 6월 정도에 장마가 시작되어, 7·8월까지 이어지고, 또 중간에 태풍이 오기도 하기 때문에 비

가 많이 올 때는 「大雨警報(おおあめけいほう)」(호우경보)가 있기도 한다.

길거리 표지판

- すべりやすい
  미끄러지기 쉬움
- 踏切(ふみきり)あり
  건널목 있음
- 道路工事中(どうろこうじちゅう)
  도로공사중
- 動物(どうぶつ)が飛(と)び出(だ)すおそれあり
  동물이 뛰어나올 우려 있음
- 学校(がっこう), 幼稚園(ようちえん), 保育園(ほいくえん)あり
  학교, 유치원, 보육원 있음
- 車輌進入禁止(しゃりょうしんにゅうきんし)
  차량진입금지
- 駐車禁止(ちゅうしゃきんし)
  주차금지

33 명령이나 부탁을 받았을 때

적극적으로 승낙할 때

MP3 2-33▸

걱정 마세요. 꼭 전해드리겠습니다.	心配(しんぱい)しないでください。必(かなら)ずお伝(つた)えします。
그러지요.	そうします。・そうしましょう。 そうしておきます。 Tip 'ユ러시죠?'라고 상대방에게 동의를 구할 경우에는 「そうでしょう?」라고 한다.
그렇게 할게요.	そうします。 そういたします。(정중한 표현)
말씀하신 대로 따르겠습니다.	おっしゃるとおりにします。 おっしゃるとおりにいたします。(정중한 표현)
알았어. 예, 알겠습니다.	わかった。 はい、わかりました。 承知(しょうち)しました。 Tip 「承知いたしました」라고 하면 더 공손한 표현이 된다.
저도 그렇게 하도록 노력하겠습니다.	わたくしも努力(どりょく)いたします。 Tip 「そのように心掛(こころが)けます。」도 같은 뜻이다.
저도 그렇게 하려고 생각했었습니다.	わたくしもそうしようと思(おも)いました。

제가 할 수 있는 일이 있다면 뭐든지 시켜 주십시오.

わたくしのできることなら何(なん)でもおっしゃってください。

그렇게 하십시다.

そうしましょう。

Tip 반말은「そうしよう」(그러자).

・はい、わたくしどももそう承知(しょうち)して、進(すす)めます。
예, 저희도 그럼 그렇게 알고 진행을 하겠습니다.

시키는 대로 하겠습니다.

おっしゃる通(とお)りにいたします。

・ご指示(しじ)の通(とお)りにいたします。
지시대로 하겠습니다.

A 社長(しゃちょう)、お呼(よ)びですか。
사장님, 부르셨어요?

B ああ、新(あたら)しく入(はい)った社員(しゃいん)の教育(きょういく)を君(きみ)に任(まか)せようと思(おも)ってるんだが…。どうかね。
아, 새로 들어온 사원 교육을 자네한테 맡길까 하는데…. 어때?

A わたしのできることなら何(なん)でもおっしゃってください。
제가 할 수 있는 일이라면 뭐든지 말씀하세요.

B じゃあ、頼(たの)んだよ。詳(くわ)しいことは鈴木課長(すずきかちょう)から聞(き)くといい。
그럼, 부탁해. 자세한 것은 스즈키 과장한테 들으면 돼.

A はい、承知(しょうち)しました。
네, 알겠습니다.

감정 상태를 나타내는 의태어(부사)

いらいら 일이 잘 풀리지 않거나 초조로 안절부절하는 감정.

仕事(しごと)が時間(じかん)どおりに進(すす)まず、いらいらした。

일이 시간을 맞추지 못해 초조했다.

うきうき 기쁨으로 들떠 있는 감정.

あしたから連休(れんきゅう)なのでみんなうきうきしている。

내일부터 연휴여서 모두들 들떠 있다.

うんざり 싫증이 남. 진절머리가 남.

上司(じょうし)のつまらない冗談(じょうだん)にいつもうんざりしている。

상사의 따분한 농담에는 진절머리가 난다.

がっかり 심하게 낙담하거나 실망하는 감정.

期待(きたい)していた結果(けっか)に及(およ)ばず、がっかりした。

기대했던 결과에 미치지 못해 실망했다.

ぎょっと 갑자기 심하게 놀라는 심정.

走(はし)っている車(くるま)の前(まえ)に犬(いぬ)が飛(と)び出(だ)してきて、ぎょっとした。

달리던 차 앞에 개가 뛰어들어와 기겁을 했다.

すっきり 아주 상쾌하고 산뜻한 심정.

トイレに行(い)って来(き)て、すっきりした。

화장실을 다녀오니 시원했다.

悩(なや)みをすべて打(う)ち明(あ)けて、すっきりした。

고민을 전부 털어놓으니 마음이 개운했다.

ぞくぞく 오한이나 공포로 소름이 끼치거나 기쁨이나 기대로 가슴이 설레는 심정.

恐怖(きょうふ)で背筋(せすじ)がぞくぞくした。

공포 때문에 등줄기가 오싹해졌다.

はっと 뜻밖의 일로 놀라는 심정.

支払(しはら)いをするときになって、財布(さいふ)を忘(わす)れてきたことに気(き)が付(つ)いてはっとした。

계산을 할 때가 되어, 지갑을 놓고 온 것을 깨닫고는 앗차 싶었다.

はらはら 위태위태하고 조마조마한 심정.

タクシー運転手(うんてんしゅ)の乱暴(らんぼう)な運転(うんてん)にはらはらした。

택시 운전수의 난폭한 운전 때문에 조마조마했다.

びくびく 무서워서 떠는 심정.

嘘(うそ)がばれるんじゃないかとびくびくしていた。

거짓말이 탄로 나는 것 아닌가 하고 조마조마했다.

ほっと 크게 안심하는 심정.

父(ちち)が無事(ぶじ)に帰(かえ)ってきたのでほっとした。

아버지가 무사히 돌아오셔서 휴 하고 안심했다.

わくわく 기대에 설레는 심정.

彼(かれ)がプレゼントに何(なに)をくれるかわくわくする。

그가 선물로 무엇을 줄지 설렌다.

Note

PART 3
비즈니스 회화의 장

01 안내와 차 접대

회사에 일본 손님이 찾아왔을 때

MP3 3-01▸

실례지만, 어디서 오셨습니까?

失礼(しつれい)ですが、どちら様(さま)でしょうか。

Tip 「どちら様(さま)でしょうか」는 정중한 표현. 보통 모르는 사람이 사무실을 찾아왔을 때, '누구세요? 어디서 오셨어요?' 라고 물을 때는 「どちら様ですか」라고 한다.

일본 분이세요?

日本(にほん)の方(かた)ですか。

Tip 듣는 사람 앞에서 대놓고 「日本人(にほんじん)」이라는 말은 쓰지 않는 것이 좋다.

아, 네. 안내해 드리겠습니다.

ああ、それでは、ご案内(あんない)いたします。

Tip 「ご+한자어+いたします」는 '~해 드리겠습니다'. 「案内してあげます」, 「案内して差(さ)し上(あ)げます」는 은혜를 일부러 베푼다는 느낌을 주기 때문에 정중한 표현에서는 어울리지 않는다.

- ご説明(せつめい)いたします。 설명해 드리겠습니다.
- ご連絡(れんらく)いたします。 연락 드리겠습니다.

이쪽으로 오세요.

こちらにお越(こ)しください。

Tip 여기서 「越(こ)す」는 「行く, 来る」의 존경어로 쓰였다.

- どちらへお越(こ)しですか。 어디 가세요?
- ぜひお越(こ)しください。 꼭 오세요.

차라도 한잔 드시겠습니까?	何(なに)かお飲(の)みになりますか。 Tip 차를 권할 때 쓰는 표현.
커피하고 녹차가 있는데요.	コーヒーとお茶(ちゃ)がございますが…。 Tip 뒤에 「どちらになさいますか。」(어느것을 하시겠습니까?)를 붙여 말해도 좋다. 한국에서는 유난히 커피를 즐겨 마시는데, 일본에서는 손님이 오면 특별히 물어보지 않고 내놓는 것이 「お茶(ちゃ)」이다.
커피 괜찮으십니까?	コーヒーでよろしいですか。 Tip 「~でよろしいですか」는 '~면 되겠습니까?'. · これでよろしいですか。 이거면 되겠습니까?

02 소개와 인사

회사에 일본 손님이 찾아왔을 때

MP3 3-02▸

이쪽이 저희 사장님이십니다.

こちらがわたくしどもの社長(しゃちょう)です。

Tip 「こちらが社長(しゃちょう)の金です。」(이쪽이 김사장님이십니다.)와 같이 말하기도 한다. 자기쪽 사람은 비록 윗사람이라 하더라도 낮추어서 표현하는 것이 일본식 경어법이다. 만약 거래처 사람이 '저 분이 사장님이십니까?'라고 할 때는 「あの方(かた)が社長さんですか。」 또는 「あの方(かた)が金社長ですか。」 (저 분이 김사장님이십니까?)라고 말한다.

오시느라 피곤하시죠?

お疲(つか)れ様(さま)でした。

Tip 이와 같이 간략히 말할 수도 있으나 더 정중하게 말할 경우에는 「遠路(えんろ)わざわざお越(こ)しいただきまして、ありがとうございます。」(먼 길을 일부러 찾아와 주셔서 감사합니다.)와 같이 표현한다. 「ご苦労様(くろうさま)でした」라는 말도 있지만, 이 말은 윗사람이 아랫사람에게 쓰는 경우가 많다.

길은 헤매지 않으셨습니까?

道(みち)はすぐお分(わ)かりになりましたか。

Tip 좀 더 편한 사이라면 「道はすぐ分かりましたか。」 정도면 된다. 「お+동사 ます형+になりましたか」는 '~하셨습니까?'.

- コーヒーはお飲(の)みになりましたか。 커피는 드셨어요?

자, 앉으시죠.

さあ、どうぞ、お座(すわ)りください。

Tip 「おかけください」라는 말도 쓴다.

이거 아무것도 아닙니다만, (직원분들)드세요.	**これはつまらぬ(つまらない)ものですが、みなさんでお召(め)し上(あ)がりください。** Tip 「つまらぬものですが」를 「大(たい)したものではございませんが」라고 해도 된다. 음식일 경우에는 「お口汚(くちよご)しでしょうが」(입맛만 버리는 것 아닌지 모르겠습니다만)라고도 한다.
아이구 뭘 이런 걸 다, 감사합니다.	**これは、わざわざご丁寧(ていねい)にありがとうございました。** ・お気(き)を使(つか)っていただいて、ありがとうございました。 신경 써 주셔서 감사합니다.

03 용무가 끝나고 돌아갈 때

회사에 일본 손님이 찾아왔을 때

MP3 3-03▶

일부러 이렇게 와 주셔서 감사합니다.	**わざわざ、お越(こ)しくださって、ありがとうございました。** Tip お越(こ)しくださる : 와 주시다
역까지 모셔다 드리겠습니다.	**駅(えき)までお送(おく)りいたしましょう。** Tip 「お送りいたしましょう。」를 「お送りいたします。」라고 해도 된다.
사장님께 안부 전해 주십시오.	**社長(しゃちょう)によろしくお伝(つた)えください。** Tip 「田中社長に…」(다나카 사장님께…)와 같이 사장의 성씨를 붙이거나 좀 더 친한 사이라면 「社長さんに…」라고 해도 좋다.
짐이 될지도 모르겠습니다만…	**かえって、お荷物(にもつ)になるかも知(し)れませんが。** Tip 배웅하는 사람이 선물을 주면서 하는 말. • ほんのささやかなものです。 정말 아무것도 아닙니다. • ささやかなものです。 조그만 것입니다. • 心(こころ)ばかりの品(しな)です。 마음의 선물입니다. • 粗品(そしな)でございます。 변변치 않은 물건입니다.
그럼, 안녕히 계십시오.	**では、失礼(しつれい)いたします。** Tip 더욱 정중한 표현은 「これで失礼させていただきます。」. 또 만나자고 할 때는 「じゃ、またお会(あ)いしましょう。」.

조심해서 가십시오.

お気(き)をつけて。

Tip 배웅하는 사람이 하는 말. '살펴 가세요.'도 이렇게 말하면 된다.

일본에 가게 되면 연락 드리겠습니다.

日本(にほん)に行(い)くことになれば、ご連絡(れんらく)いたします。

A 失礼(しつれい)ですが、どちら様(さま)でしょうか。
실례지만, 어디신가요?

B 日本(にほん)から来(き)ました。(ABC社(しゃ)から来(き)ました。)
일본에서 왔습니다. (ABC사에서 왔습니다.)

A ああ、そうですか。ご案内(あんない)いたします。
아, 그러세요? 안내해 드리겠습니다.

B すみません。 고맙습니다.

A こちらにお越(こ)しください。 이쪽으로 앉으세요.

B あ、どうも。 아, 네 고마워요.

A 何(なに)かお飲(の)みになりますか。 마실 것 드릴까요?

B いや、いいんですが。 아뇨, 괜찮은데요.

A コーヒーでよろしいですか。 커피 괜찮으세요?

B すみません。 고맙습니다.

A こちらがわが社(しゃ)の社長(しゃちょう)です。 이쪽은 저희 사장님이세요.

B はじめまして。鈴木(すずき)と申(もう)します。
처음 뵙겠습니다. 스즈키라고 합니다.

C さあ、どうぞ。お座(すわ)りください。 자, 어서 앉으세요.

B これはつまらないものですが、みなさんでお召(め)し上(あ)がりください。 이건 별것 아닙니다만, 다 같이 드세요.

C これはわざわざご丁寧(ていねい)にありがとうございます。
아이구 일부러 이런 것까지 감사합니다.

04 전화를 걸고 받을 때

일본어로 전화응대

MP3 3-04▶

네, ○○ 물산입니다.	**はい、○○物産(ぶっさん)です。** Tip 「です」 대신 「でございます」를 쓰면 더욱 정중하다. 회사에서는 「はい」 대신 「ありがとうございます」, 「いつもお世話(せわ)になっております」와 같은 말을 함께 쓰면 더욱 효과적이다.
다나카 사장님 부탁드립니다.	**田中社長(たなかしゃちょう)、お願(ねが)いします。** Tip 「お願いします。」를 「お願いいたします。」라고 하면 더욱 정중하게 들린다. • 佐藤(さとう)さんをお願(ねが)いしたいのですが。 사토 씨 좀 부탁드리고 싶은데요. • 佐藤(さとう)さんですか。 사토 씨세요?(상대방이 바로 받았을 때) • 佐藤(さとう)さんいらっしゃいますでしょうか。 사토 씨 계세요?
아, 다나카요?	**はい、田中(たなか)ですね。** Tip 자기 회사 사람에 대해서는 「さん」을 붙이지 않고 성(姓)만 부른다. 「はい、田中でございますね」라고 하면 더 정중한 표현이 된다.
어디시죠?	**どちら様(さま)ですか。** Tip 「失礼(しつれい)ですが」를 앞에 넣으면 좀 더 부드러운 질문이 된다.

연결해 드리겠습니다.

おつなぎいたします。

Tip 「おつなぎいたします。」는 내선(内線)으로 연결할 경우에 쓰고, 직접 전화를 바꾸어 줄 경우에는 「ただいま代(か)わります。」라고 하면 된다.

잠시만 기다려 주십시오.

少々(しょうしょう)お待(ま)ちください。

Tip 「少々」는 '잠시'란 뜻으로 정중한 표현이고, '잠깐만요'라고 할 때는 「ちょっと待ってください。」라고 한다.

네, 전화 바꿨습니다.

はい、お電話(でんわ)代(か)わりました。

Tip 바로 이어서 「○○です。」와 같이 자신의 이름을 말하면 된다. 한국에서는 자신을 '김실장입니다.' '이부장입니다.'와 같이 말하기도 하는데, 일본에서는 자신을 지칭할 때는 보통 「田中です。」처럼 성만 말한다.

기다리시게 해서 죄송합니다.

お待(ま)たせいたしました。

Tip 전화상에서는 몇 초라도 길게 느껴질 수 있으므로, 상대를 기다리게 했을 때는 이렇게 말하는 것이 비즈니스 매너라고 할 수 있다.

담당자를 바꿔 드리겠습니다.

担当者(たんとうしゃ)に代(か)わりますので…。

05 전화를 받을 수 없을 때

일본어로 전화응대

MP3 3-05▶

죄송합니다. 사장님은 지금 자리를 비우고 안 계십니다.

申(もう)し訳(わけ)ありません。社長(しゃちょう)はただいま席(せき)をはずしておりますが…。

Tip 席(せき)をはずす : 자리를 비우다

지금 출장중이십니다.

あいにく出張中(しゅっちょうちゅう)でございますが…。

Tip あいにく : 공교롭게도(뒤에는 주로 부정적인 내용이 온다.)

이미 퇴근하셨습니다.

既(すで)に退社(たいしゃ)いたしました。

Tip '출근'은 「出社(しゅっしゃ)」, '퇴근'은 「退社(たいしゃ)」라고 한다.

잠깐 자리를 비우셨습니다.

ただいま席(せき)をはずしておりますが…。

지금 외출중이신데요.

ただいま外出(がいしゅつ)しておりますが。

- いつ頃戻(ごろもど)られますか。
  언제쯤 들어오십니까?
- 午後(ごご)2時(じ)ごろになると思(おも)いますが。
  오후 2시쯤 될 것 같은데요.
- 10分(ぶん)ほどで戻(もど)りますが。
  10분 정도면 돌아오실 텐데요.
- 申(もう)し訳(わけ)ありません。はっきりしないんですが。
  죄송합니다. 확실하지가 않아서요….

다른 전화를 받고 있습니다만…

ほかの電話を取っておりますが…。

Tip 다른 용무 때문에 전화를 받을 수 없을 때는 「手(て)が離(はな)せないのですが…」와 같이 말한다.

- ただいま電話中ですが。 지금 통화중인데요.

지금 회의중이라 전화를 받기 곤란합니다만.

いま会議中なので、電話をおつなぎいたしかねますが…。

Tip 「いま」 대신 「現在(げんざい)」를 쓸 수도 있고 「会議中(かいぎちゅう)なんですが…。」와 같이 말꼬리를 흘리는 것도 전화를 받을 수 없는 상태라는 것을 알릴 수 있다.

Tip 동사 ます형 + かねる : ~하기 어렵다

잠깐 기다리시겠습니까?

少々お待ちいただけますか。

Tip '잠시 기다려 주시겠습니까?' 라는 뉘앙스.

죄송하지만, 좀 있다가 다시 전화 주시겠습니까?

申し訳ありません。(申し訳ございません。)
少ししてから、おかけ直しいただけますか。

Tip 「こちらから折(お)り返(かえ)しお電話(でんわ)いたしましょうか?」(전화 바로 드릴까요?)도 자주 쓰는 표현이다.
少(すこ)ししてから : 잠시 있다가, 조금 있다가
かけ直(なお)す : 다시 걸다

그밖의 전화를 못받는 여러 이유들

- 休暇中です。 휴가중입니다.
- 休みです。 휴가(쉬는 날)입니다.
- 昼食に出ています。 점심식사하러 나가고 없습니다.
- 会社をやめました。 퇴사하셨습니다.

06 메모를 받을 때

일본어로 전화응대

MP3 3-06▸

전하실 말씀이라도…

何かお伝えすることはありますか。

Tip 「ご伝言(でんごん)がありましたら、お伝(つた)えいたしますが…。」(전하실 말씀 있으시면, 전해 드리겠습니다만…)도 많이 쓴다.

뭐라고 전해 드릴까요?

何とお伝えしましょうか。

Tip 더욱 정중한 표현은 「何とお伝えいたしましょうか。」.

성함이?

失礼ですが、お名前は…。

- お名前、お願いできますか。
  성함을 부탁드립니다.
- 失礼ですが、お名前ちょうだいできますか。
  실례지만 성함이 어떻게 되시죠?

아, 다나카 님이라구요?

ああ、田中様でいらっしゃいますか。

Tip 전화로 상대방의 이름을 복창할 때는 「田中さん」보다는 「田中さま」라고 하는 것이 정중하게 들린다.

전화번호는 저희 사장님이 알고 계십니까?

ご連絡先をお伺いしなくても大丈夫でしょうか。

Tip 직역하면 '연락처는 여쭤보지 않아도 괜찮겠습니까?'. 「社長もご連絡先を承(うけたまわ)っておりますでしょうか?」라고 할 수도 있다.

혹시 모르니까 연락처를 알려 주세요.

念(ねん)のため、ご連絡先(れんらくさき)をお願(ねが)いできますか。

Tip 念(ねん)のため : 혹시 모르니까
「失礼(しつれい)ですが、どちらさまでしょうか。」와 같이 표현할 수도 있다.

네, 전화 왔었다고 전해드리겠습니다.

はい、お電話(でんわ)をいただいたとお伝(つた)えいたします。

Tip 「お伝(つた)えいたします」를 「申(もう)し伝(つた)えます」로 바꿀 수도 있다.

급하신 용건인가요?

お急(いそ)ぎのご用件(ようけん)でしょうか。

전화에 관한 표현들

· 電話(でんわ)をかける	전화를 걸다
· 電話(でんわ)を受(う)ける / (に)出(で)る / 取(と)る	전화를 받다
· メッセージを残(のこ)す	용건을 남기다
· 電話(でんわ)のベルが鳴(な)る	전화벨이 울리다
· 電話(でんわ)を切(き)る	전화를 끊다
· 受話器(じゅわき)	수화기
· まちがい電話(でんわ)	잘못걸린 전화
· いたずら電話(でんわ)	장난전화
· いやがらせ電話(でんわ)	장난전화(협박성)
· 留守番電話(るすばんでんわ)	자동응답기
· 混線(こんせん)	혼선
· 伝言(でんごん)	전언(전할 말)
· かけなおす	다시 걸다
· 長電話(ながでんわ)	전화를 오래 하는 것

07 내가 전화를 걸 때

일본어로 전화응대

MP3 3-07▶

여보세요? 마스다물산이죠?

もしもし、マスダ物産(ぶっさん)ですか。

Tip 「~ですか」 대신 「でいらっしゃいますか」(~이십니까)를 쓰면 더욱 정중하다. 상대 회사명에 「~さん」를 붙이는 경우도 많다.

저는 서울무역의 김○○라고 하는데요.

わたくし、ソウル貿易(ぼうえき)の金(キム)○○と申(もう)しますが…。

Tip 전화를 건 사람이 우선 자신의 소속과 이름을 밝히는 것이 기본 매너이다.

김과장님 좀 부탁드립니다.

金課長(キムかちょう)、お願(ねが)いします。

Tip 「お願いいたします」라고 하면 더욱 정중하다.

기다릴까요?

時間(じかん)がかかりますか。

Tip 상대방이 기다리라고 했을 때 '많이 걸립니까?' 정도의 뉘앙스를 나타낸다.

네, 전화 바꾸었습니다.

はい、お電話(でんわ)かわりました。

그럼, 김(영수)한테서 전화 왔었다고 좀 전해 주십시오.

それでは、金(キム)から電話(でんわ)があったとだけお伝(つた)えいただけますか。

Tip お伝えいただけますか = お伝えくださいますか. 「それでは、金から電話があったことだけお伝えください。」도 같은 표현이다.

전화 부탁드린다고 전해 주십시오.	**お電話くださいとお伝えください。** ・お電話くださるようお伝えいただけますか。 전화 주십사 전해 주시겠습니까?
제가 다시 걸겠습니다.	**折り返しお電話さしあげます。** **わたくしが後ほどお電話いたします。** **折り返し、こちらからお電話いたします。** Tip「後(のち)ほど」(잠시 후에)는「あとで」의 정중한 표현이다.「さっき」(아까)는 정중하게 말할 때「先(さき)ほど」(조금 전에)라고 한다.
핸드폰으로 해보겠습니다.	**携帯のほうに、お電話してみます。** Tip 携帯(けいたい) : 휴대폰.「ケータイ」로 표기하기도 한다.
네, 그럼 안녕히 계십시오.	**それでは、失礼いたします。** Tip 친구끼리는「じゃね」「バイバイ」.

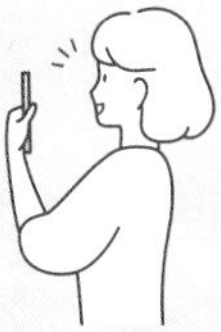

전화를 끊을 때 지켜야 할 비즈니스 매너

전화를 끊을 때는 먼저 전화를 건 사람이 끊는 것이 원칙이지만, 너무 서둘러 끊으면 실례가 될 수도 있으므로,「では、失礼(しつれい)します」라고 한 뒤에 최소한 3초는 기다렸다가 조용히 수화기를 내려놓는다.

메모를 받았을 때는 끊기 선에「確(たし)かにうけたまわりました。申(もう)し伝(つた)えます。」,「かしこまりました。さっそく伝言(でんごん)いたします。」 또는「伝言(でんごん)を受(う)けましたのは山田(やまだ)です。ありがとうございました。」와 같이 자기 이름을 밝히면 좋은 인상을 줄 수 있다.

전달사항을 확인할 때는「念(ねん)のため復唱(ふくしょう)します。」,「念(ねん)のため確認(かくにん)させていただきます。」와 같이 말한다.

08 담당자가 누군지 알아볼 때

일본어로 전화응대

MP3 3-08▸

자기소개

初(はじ)めまして、私(わたし)は韓国(かんこく)のモア出版社(しゅっぱんしゃ)の金(キム)と申(もう)します。

안녕하세요. 저는 한국의 모아출판사의 김이라고 합니다.

Tip 「初めまして」 대신 「はじめてお目(め)にかかります。」라고도 한다.

용건 말하기

おたく様(さま)の出版物(しゅっぱんぶつ)を韓国(かんこく)で出版(しゅっぱん)したいと思(おも)いまして。

귀사의 도서를 한국에서 출판하고 싶은데요.

Tip 「貴社(きしゃ)」라는 말은 서면(書面) 이외에는 잘 쓰지 않는 말이다.

- どちらにお問(と)い合(あ)わせしたらいいかわからず、とりあえずお電話(でんわ)させていただいた次第(しだい)です。
  어디에 물어봐야 할지 몰라 일단 이쪽으로 전화를 드리는 겁니다.

담당자를 알려줄 때

ああ、そのようなご用件(ようけん)でしたら担当者(たんとうしゃ)がおりますから、電話番号(でんわばんごう)をお知(し)らせいたします。

아, 그런 일이라면 담당자가 있으니까요, 전화번호를 알려드릴게요.

Tip 정중한 회화체에서는 「そんな」는 「そのような」, 「こんな」는 「このような」와 같이 말한다.

방법을 제시할 때

ああ、そのようなご用件(ようけん)なら韓国(かんこく)におりますエージェンシーを通(とお)していただければ幸(さいわ)いです。

아, 그 일이라면 한국에 있는 에이전시를 통하시면 됩니다.

Tip 「韓国(かんこく)におりますエージェンシ」는 '한국에 있는 에이전시'. 「ます」 형태로 뒤에 오는 명사를 꾸미고 있다.

담당자 이름을 알고 싶을 때

失礼(しつれい)ですが、お名前(なまえ)をおっしゃっていただけますか。

실례지만, (담당자분)성함을 알고 싶은데요.

담당자를 알려줄 때

星野拓也(ほしのたくや)です。

호시노 타쿠야입니다.

Tip 「星野拓也と申します。」라고도 한다.

이름을 복창할 때

ああ、星野様(ほしのさま)ですね。かしこまりました。

아, 호시노 씨요? 알겠습니다.

인사를 하고 끊을 때

それでは、こちらからご連絡(れんらく)いたします。

그럼, 이쪽에서 연락을 취하겠습니다.

ありがとうございました。失礼(しつれい)いたします。

감사합니다. 안녕히 계십시오.

09 그 밖에 전화에서 자주 쓰는 말

일본어로 전화응대

MP3 3-09▸

그런 사람은 없습니다.	そのような者(もの)はこちらには(わたくしどもには)おりませんが。 Tip 자기 회사 사람이므로 「人(ひと)」 대신 「者(もの)」를 쓴다.
누구시라구요?	どちら様(さま)ですか?・どちら様(さま)でしょうか? Tip 앞에 「失礼(しつれい)ですが」 「恐(おそ)れ入(い)りますが」를 붙여서 말하면 더 정중한 인상을 줄 수 있다.
아무도 안 받는데요.	誰(だれ)も(電話(でんわ)に)出(で)ません。 Tip 電話に出(で)る : 전화를 받다
몇 번으로 거셨습니까?	どちらにおかけになりましたか。
자동응답기	留守番電話(るすばんでんわ) Tip 「留守電(るすでん)」 또는 「留守録(るすろく)」라는 말도 쓴다.
잘못 걸린 전화	間違(まちが)い電話(でんわ) Tip '전화 잘못하신 것 같은데요.'에 해당하는 표현. ・番号(ばんごう)が違(ちが)うようですよ。 ・お間違(まちが)いみたいですよ。 ・お間違(まちが)いではないでしょうか。 ・どちらにおかけですか。

잘 안 들리는데요.

よく聞こえません。

Tip 「電話が遠い」(감이 멀다)라는 말도 있지만 잘 쓰지 않는다.

- 恐れいります。よく聞こえませんので、かけなおしていただけませんか。
  죄송합니다. 잘 안 들리니까 다시 걸어 주시겠습니까?

A ありがとうございます。東洋産業でございます。
감사합니다. 동양물산입니다.

B わたくし、PTA社の鈴木と申しますが、佐藤さんいらっしゃいますか。
저는 PTA사의 스즈키라고 합니다만, 사토 씨 계십니까?

A 少々お待ちください。…申し訳ございません。あいにく佐藤は席をはずしておりますが…。
잠시만 기다려주세요. 죄송합니다. 지금 자리를 비우셨는데요….

B あ、そうですか。それでは伝言をお願いできますか。
아, 그래요? 그러면 메시지를 좀 부탁할 수 있어요?

A どうぞ、おっしゃってください。
네, 말씀하세요.

B 明日の午後1時にお訪ねするとお伝えください。
내일 오후 1시에 방문 드린다고 전해 주세요.

A かしこまりました。申し伝えます。
알겠습니다. 전해드리겠습니다.

B よろしくお願いいたします。では、失礼いたします。
잘 부탁드립니다. 그럼 끊겠습니다.

A ありがとうございました。失礼いたします。
감사합니다. 들어가세요.

10 정중하게 말할 때 바뀌는 말

전화상의 관용표현

MP3 3-10▸

내일	明日(あした·あす) → 明日(みょうにち)
나중에 / 아까	あとで / さっき → のちほど / さきほど
지금 없습니다.	今(いま)いません(おりません)。 → ただいま席(せき)をはずしております。
지금 바쁩니다.	いま忙(いそが)しいです。 → 手(て)がはなせないのですが。
덕분에	おかげさまで → いつもお世話(せわ)になっております。
성함을 다시 한번 말씀해 주세요.	お名前(なまえ)をもう一度(いちど)おっしゃってください。 → お名前(なまえ)をもう一度(いちど)ちょうだいできますでしょうか。
죄송합니다.	すみません。→ 申(もう)し訳(わけ)ございません。
죄송하지만	すみませんが。→ 恐(おそ)れ入(い)りますが。/ 失礼(しつれい)ですが。
잠깐만 기다려주세요.	ちょっと待(ま)ってください。 → 少々(しょうしょう)お待(ま)ちください。
어떻게 할까요?	どうしましょうか。→ いかがいたしましょうか。

어디세요?(누구세요?)	どなたですか。 → どちらさまでしょうか。/ どなたさまでしょうか。
알겠습니다.	わかりました。 → かしこまりました。
나, 저	わたし(わたくし) → こちら
저라도 괜찮으시다면	わたしでよければ → わたくしでよろしければ
~할까요?	~しましょうか。 → ~いたしましょうか。
~입니다.	~です。→ ~でございます。/ ~と申(もう)します。
~씨 되시죠?	○○さんですね。 → ○○さまでいらっしゃいますね。
전해 주세요.	伝(つた)えてください。→ おことづけ願(ねが)います。
전해 드리겠습니다.	伝(つた)えます。→ 申(もう)し伝(つた)えます。/ 伝言(でんごん)いたします。
전언(전하실 말씀)	伝言(でんごん) → おことづけ
상관없습니다.	かまいません。/ いいです。→ 結構(けっこう)です。

11 일본어로 전화응대

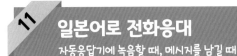

자동응답기에 녹음할 때, 메시지를 남길 때

MP3 3-11▸

자동응답기의 녹음내용

鈴木です。現在外出中ですので「ピー」という発信音のあとに用件をおっしゃってください。こちらからお電話いたします。

스즈키입니다. 지금은 외출중이오니 삐 하는 소리가 나면 전화번호와 용건을 남겨 주세요. 돌아와서 바로 연락 드리겠습니다.

Tip 発信音(はっしんおん) : 발신음

用件(ようけん) : 용건

こちらから : 이쪽에서. 직접적으로 「わたしが」(제가)라고 하지 않고 완곡하게 표현하는 것이 정중하게 들린다.

핸드폰 연락처를 남길 때

現在、不在ですので(外出中ですので)、お急ぎのかたは携帯電話０１１の７４３の２３４５におかけください。

지금은 전화를 받을 수 없사오니, 급하신 분은 핸드폰 011-743-2345로 전화 주시기 바랍니다.

Tip 不在(ふざい) : 부재, 부재중

携帯電話(けいたいでんわ) : 휴대폰. 줄여서 「けいたい」라고도 한다. (「ケータイ」로 표기하는 경우가 많다.)

Tip 전화상에서 숫자를 발음할 때는 2(니이) 5(고오)와 같이 길게 발음하는 경향이 있다.

용건을 남길 때

もしもし。〇〇です。お話したいことがありまして、お電話いたしました(お電話差し上げました)。会社にお電話くだされば幸いです。

여보세요. 저는 ○○인데요. 드릴 말씀이 있어서 전화 드렸습니다.
사무실로 전화 주시면 고맙겠습니다.

Tip 「お電話いたしました」를 「お電話差(さ)し上(あ)げました」라고 하면 더욱 정중하게 들린다.

もしもし。金〇〇です。約束に変更がありまして、お電話しました。自宅のほうにお電話お願いします(お願いいたします)。

안녕하세요. 저 김○○인데요. 약속이 변경되어서 전화 드렸습니다.
저희 집으로 꼭 전화 주세요.

Tip 자기 집을 「自宅(じたく)」로 표현하는 것에 유의하자. 상대방의 집은 「お宅(たく)」라고 한다.

12 약속하기 ①

만나자는 약속

MP3 3-12▸

한 번 찾아뵙고 인사드렸으면 합니다만.	**一度(いちど)お会(あ)いしてご挨拶申(あいさつもう)し上(あ)げなければならないのですが…。** Tip 「お会(あ)いして」 대신 「お目(め)にかかって」도 가능하다.
신제품 소개차 한번 방문하고 싶습니다만.	**新製品(しんせいひん)のご紹介(しょうかい)を兼(か)ねて一度(いちど)お訪(たず)ねしたいのですが…。**
다나카 씨 소개를 받고 전화 드렸습니다만.	**田中様(たなかさま)のご紹介(しょうかい)でお電話(でんわ)を差(さ)し上(あ)げましたが…。** Tip 소개자(중개자)가 자기 쪽(자기 회사 쪽) 사람일 경우에는 「～様(さま)」를 붙이지 않는다.
긴히 상의드릴 것이 있습니다만.	**取(と)り急(いそ)ぎご相談申(そうだんもう)し上(あ)げたいことがありますが。** · 必(かなら)ずお会(あ)いして申(もう)し上(あ)げたいことがありまして…。 꼭 만나뵙고 말씀 드리고 싶은 것이 있어서요.
다음 주는 시간이 어떠십니까? 시간 내주실 수 있습니까?	**来週(らいしゅう)は、お時間(じかん)いかがでしょうか。** · ご都合(つごう)いかがでしょうか。 스케줄이 어떻습니까? 되시겠습니까? · お時間(じかん)をいただけないでしょうか。 시간을 내 주실 수 없겠습니까?

	Tip 都合(つごう) : 사정, 형편 都合が いい / わるい : 사정이 좋다 / 나쁘다
가능한 빨리 뵙고 싶습니다.	できるだけ早くお目にかかりたいのですが。 できるだけ早くお会いしたいのですが。
오전 중이라면 언제든지 괜찮습니다.	午前中ならいつでも結構です。 Tip 午後(ごご)なら : 오후라면
오전 11시경에 찾아뵙는 것으로 하겠습니다.	午前11時ごろにお目にかかることにいたします。 Tip ~することにする : ~하기로 하다
그럼, 그날 뵙겠습니다.	それでは、その時にお目にかかります。

13

약속하기 ②

장소정하기

MP3 3-13▸

장소는 어디가 좋겠습니까?

場所(ばしょ)はどちらがよろしいでしょうか。

Tip 「どこ」는 정중한 회화문에서는 「どちら」로 쓰이는 경우가 많다.

제가 그쪽으로 찾아뵐까요?

わたくしがそちらに出向(でむ)きましょうか。

- わたくしがお訪(たず)ねします。 제가 방문하겠습니다.

Tip 出向(でむ)く : (어떤 장소로)나가다

전에 만났던 그곳은 어떠세요?

前(まえ)にお目(め)にかかったところはいかがでしょうか。

Tip '늘 만나던 그곳'은 「いつものところ」라고 한다.

죄송하지만, 사무실 약도를 팩스로 좀 보내 주세요.

申(もう)し訳(わけ)ありませんが、道順(みちじゅん)をファックスでお送(おく)りください。

Tip 道順(みちじゅん) : 약도 = 地図(ちず)

- 何(なに)か目印(めじるし)になるようなものはありますか。
  뭔가 표지가 될 만한 것이 있습니까?

죄송하지만, 그날은 선약이 있어서요….

申(もう)し訳(わけ)ありませんが、その日(ひ)は先約(せんやく)がありまして…。

공교롭게도 출장과 겹쳐서요.

ちょうど出張(しゅっちょう)の日程(にってい)に重(かさ)なっておりまして…。

Tip 重(かさ)なる : ダブる(더블되다)란 말도 많이 쓴다.

다음 주라면 시간이 될 것
같습니다만….

<ruby>来週<rt>らいしゅう</rt></ruby>にはスケジュールが<ruby>空<rt>あ</rt></ruby>いておりますが…。

<ruby>来週<rt>らいしゅう</rt></ruby>ならば<ruby>時間<rt>じかん</rt></ruby>がございますが…。

Tip ◀ スケジュール：스케줄(schedule)

A <ruby>マスダ産業<rt>さんぎょう</rt></ruby>でございます。 마스다 산업입니다.

B わたくしP<ruby>社<rt>しゃ</rt></ruby>の<ruby>金<rt>キム</rt></ruby>と<ruby>申<rt>もう</rt></ruby>しますが、<ruby>鈴木<rt>すずき</rt></ruby>さんいらっ

しゃいますか。

저는 P사의 김이라고 하는데요, 스즈키 씨 계세요?

A <ruby>少々<rt>しょうしょう</rt></ruby>お<ruby>待<rt>ま</rt></ruby>ちください。 잠시 기다려 주세요.

C お<ruby>電話<rt>でんわ</rt></ruby>かわりました。 전화 바꿨습니다.

B P<ruby>社<rt>しゃ</rt></ruby>の<ruby>金<rt>キム</rt></ruby>と<ruby>申<rt>もう</rt></ruby>しますが、<ruby>田中様<rt>たなかさま</rt></ruby>のご<ruby>紹介<rt>しょうかい</rt></ruby>でお<ruby>電話<rt>でんわ</rt></ruby>

をさせていただきました。<ruby>新製品<rt>しんせいひん</rt></ruby>のご<ruby>紹介<rt>しょうかい</rt></ruby>をかね

て<ruby>一度<rt>いちど</rt></ruby>お<ruby>訪<rt>たず</rt></ruby>ねしたいのですが、<ruby>来週<rt>らいしゅう</rt></ruby>はお<ruby>時間<rt>じかん</rt></ruby>いか

がでしょうか。

P사의 김이라고 하는데요, 다나카씨 소개로 전화드렸습니다. 신제품
소개차 한번 방문드릴까 하는데, 다음 주는 시간 어떠세요?

C <ruby>午前中<rt>ごぜんちゅう</rt></ruby>ならいつでも<ruby>結構<rt>けっこう</rt></ruby>です。

오전 중이라면 언제든지 괜찮습니다.

B そうですか。では<ruby>来週月曜日<rt>らいしゅうげつようび</rt></ruby>にお<ruby>目<rt>め</rt></ruby>にかかること

にいたします。

그러세요? 그럼 다음 주 월요일에 뵙기로 하죠.

C <ruby>場所<rt>ばしょ</rt></ruby>はどちらがよろしいですか。

장소는 어디가 좋으세요?

B わたくしがお<ruby>訪<rt>たず</rt></ruby>ねいたしますので。

제가 (그쪽으로) 방문하겠습니다.

C わかりました。お<ruby>待<rt>ま</rt></ruby>ちしております。

알겠습니다. 기다리겠습니다.

14

일본어로 비즈니스 상담 ①

회의를 움직이는 한마디

MP3 3-14▸

샘플 제작은 어떻게 되어 가고 있습니까?

サンプル製作はどのようになっていますか。

A 広告の方はどうなっていますか。

광고 쪽은 어떻게 되어 가고 있습니까?

B 代理店にすべて発注済みの状態です。

대리점에 모두 발주해 놓은 상태입니다.

Tip ~済(ず)み : ~가 끝난 상태

잘 되어 갑니까?

順調に進んでいますか。

- 順調に進んでいます(おります)。

  순조롭게 잘 되고 있습니다.

- 特に問題はありません(ございません)。

  아직 별 문제는 없습니다.

- わたくしどもは楽観しております。

  저희는 낙관하고 있습니다.

차질을 빚고 있습니다.

~に支障が生じております。

Tip 「アクシデント(accident)が起(お)きています。」와 같이 표현할 수도 있다.

- 現地の事情で / 資金の事情で / 人手不足で支障が生じております。

  현지사정/자금사정/인력부족으로 차질을 빚고 있습니다.

다름 아니라	**他(ほか)でもありませんが**
오늘 안건은 다름 아니라 계약에 관한 것입니다.	**今日(きょう)の用件(ようけん)は、他(ほか)でもなく、契約(けいやく)についてです。** ・お目(め)にかかったのは、他(ほか)でもなく、契約(けいやく)についてご相談申(そうだんもう)し上(あ)げようと思(おも)ったため(から)です。 뵙자고 한것은 다름 아니라 계약에 대해 상의드리고 싶어서입니다.
매상도 조금씩 오르고 있습니다.	**売(う)り上(あ)げも徐々(じょじょ)に上(あ)がってきております。** ・好調(こうちょう)です。(順調(じゅんちょう)です。) 호조를 보이고 있습니다. ・シェア(share)が徐々(じょじょ)に大(おお)きくなっております。 점유율이 점차 높아가는 추세입니다.
저희도 적극 찬성입니다.	**わたくしどもも大賛成(だいさんせい)です。** ・(~を)支持(しじ)する次第(しだい)です。 지지를 표하는 바입니다. (찬성) ・その点(てん)につきましては、見解(けんかい)を異(こと)にしております。 그 점은 다르게 생각합니다. (반대)
회의나 화제를 이끌어갈 때 필요한 말	・そのほかに何(なに)かおっしゃることがおありでしたら…。 그밖에 또 하실 말씀이라도…. ・一(ひと)つ提案(ていあん)したいことがありますが…。 한 가지 제안하고 싶은데요…. ・一(ひと)つだけお尋(たず)ね(お聞(き)き)したいことがありますが…。 한 가지 여쭤보고 싶은 것이 있는데요….
오늘은 이쯤에서 마무리 하도록 하겠습니다.	**今日(きょう)はこのへんで終(お)わりたいと思(おも)います。**

15 일본어로 비즈니스 상담 ②

그 자리에서 결정하기 어려울 때

MP3 3-15▸

글쎄요. 그건 좀….	**そうですね… それは、ちょっと…。** Tip 보통 이 정도로 말하면 거절의 뜻으로 받아들여도 좋다.
다른 스텝들과도 한번 상의를 해보겠습니다.	**ほかのスタッフとも一度(いちど)相談(そうだん)してみます。** Tip スタッフ : 스텝, 팀원, 부원, 직원 등의 뜻으로 많이 쓰이는 말이다.
저 혼자서 결정할 수 있는 일이 아니므로, 시간을 좀 더 주십시오.	**わたくし一人(ひとり)で決定(けってい)できる事項(ことがら)ではありませんので、時間(じかん)をもう少(すこ)しいただけませんか。** Tip 事項(ことがら) : 사항
저희가 서류를 좀 더 보고 나서 연락 드려도 되겠습니까?	**わたくしどもが書類(しょるい)を検討(けんとう)してからご連絡(れんらく)してもよろしいでしょうか。**
저희도 생각을 해보겠습니다.	**わたくしどもも考(かんが)えてみます。** Tip 「検討(けんとう)してみます」라고도 한다.
죄송합니다만, 그 점에 대해서는 아직 생각해보질 않아서…	**申(もう)し訳(わけ)ありませんが、その点(てん)についてはまだ考(かんが)えてみたことがありませんので…。** Tip 「検討(けんとう)してみたことがありませんので」라고 해도 좋다.

지금 이 자리에서는 말씀 드리기 어려운 것 같군요.

今、この場ではお答えいたしかねます。

Tip 「동사(연용형)+かねる」로 '~하기 어렵다, ~할 수 없다'라는 뜻이 된다. 「~できません」보다 정중한 표현이다.

회의를 해서 결정되는 대로 연락 드리겠습니다.

会議に通してみて、決まり次第ご連絡します。

Tip 「会議(かいぎ)にかけてみて」, 「会議にはかってみて」라고 할 수도 있다. 「동사(연용형)+次第(しだい)」는 '~하자 마자' '~하는 대로'.

자세한 내용은 팩스로 보내 드리겠습니다.

詳しい内容はファクシミリでお送りします。

Tip 「ファクシミリ(facsimile)」를 「ファックス(fax)」라고도 한다.

A その提案についてどうお考えですか。
그 제안에 대해 어떻게 생각하세요?

B そうですね。わたくし一人で決定できる事項ではありませんので、時間を少しいただけませんか。
글쎄요. 저 혼자 결정할 사항은 아니니, 시간을 좀 주시겠어요?

A そうですか。わかりました。
그러세요? 알겠습니다.

B 会議に通してみて決まり次第ご連絡いたします。
회의를 해서 결정되는 대로 연락 드릴게요.

A はい、よろしくお願いします。
네, 잘 부탁드립니다.

16 일본어로 비즈니스 상담 ③

상대방을 설득하거나 자신의 주장을 피력할 때

MP3 3-16▸

갑작스러운 얘기인 줄은 압니다만…

突然(とつぜん)のお話(はなし)であることは承知(しょうち)しておりますが…

서둘러야 할 것 같습니다.

急(いそ)がなければならないと思(おも)います(存(ぞん)じます)。

- 急(いそ)がなければならないようです。
  서두르지 않으면 안 될 것 같습니다.

사정은 알겠습니다만

ご事情(じじょう)は十分(じゅうぶん)理解(りかい)できるのですが…。

A 工場(こうじょう)の事情(じじょう)で製品(せいひん)の出荷(しゅっか)が遅(おく)れておりまして、納期(のうき)を伸(の)ばしていただきたいのですが…。
공장사정으로 제품의 출하가 지연되고 있어서, 납기를 연장해 주셨으면 합니다만….

B ご事情(じじょう)は十分(じゅうぶん)理解(りかい)できるのですが…これ以上(いじょう)は無理(むり)です。 사정은 알겠습니다만, 더 이상은 무리입니다.

실례가 될지도 모르겠습니다만

(かえって)失礼(しつれい)になるかもしれませんが…。

- かえって、失礼(しつれい)になるかもしれませんが、お車(くるま)はこちらで準備(じゅんび)させていただきます。
  실례가 될지도 모르겠습니다만, 차량은 이쪽에서 준비하도록 하겠습니다.

어려우시겠지만

ご面倒(めんどう)でしょうが…。

Tip '귀찮으시겠지만', '수고스러우시겠지만'의 뜻.

- 難(むずか)しいお願(ねが)いであることは承知(しょうち)しておりますが。
  어려운 부탁인 줄 압니다만.

이미 아시겠지만

もうご存(ぞん)じのことと思(おも)いますが…。

- もうご存(ぞん)じのことと思(おも)いますが、原料価格(げんりょうかかく)が高騰(こうとう)しておりまして、価格(かかく)の現状維持(げんじょういじ)は無理(むり)です。
  이미 아시겠지만, 원료가격이 올라, 가격을 현상태로 유지하는 것은 어렵습니다.

적절할 것 같습니다.

適切(てきせつ)かと思(おも)います。

適当(てきとう)かと思(おも)います。

Tip 「思います」를 「存(ぞん)じます」로 바꾸면 더 정중하게 들린다.

- 必要(ひつよう)かと思(おも)います。 필요할 것 같습니다.

좀 더 기다려주실 수 없을까요?

もう少(すこ)し待(ま)っていただけませんか。

Tip 「お+동사ます형+いただけませんか」 형태로 「もう少しお待ちいただけませんか。」도 같은 뜻이다.

~하는 게 좋을 것 같습니다.

~たほうがよいと思(おも)います。

- このくらいでやめるのがいいでしょう。
  이쯤에서 그만두는 게 좋을 것 같습니다.

Tip いいでしょう = いいようです

~하는 게 좋지 않을까 생각됩니다.

~したほうがいいんじゃないかと思(おも)います。

- 社長(しゃちょう)に連絡(れんらく)したほうがいいんじゃないかと思(おも)います。
  사장님께 연락하는 게 좋지 않을까 생각됩니다.

17 일본어로 비즈니스 상담 ④

화제를 바꾸거나 대화를 이끌어갈 때 필요한 말

MP3 3-17▸

그런데(화제를 바꿀 때)

話は変わりますが…。

突然ですが…。

時に…。・ところで…。

Tip 話は変わりますが : 화제를 바꾸려고 할 경우.
突然ですが : 화제를 전혀 다른 방향으로 돌릴 경우.
「ところで」, 「時(とき)に」는 화제를 전환시킬 때 거의 같은 용법으로 쓰인다.

- ところで(時に)あの件はどうなりましたか。
  그런데 그 일은 어떻게 됐어요?

그건 그렇고….

それは、そうと(して)…。

- それは、そうとして、人事異動の発表はいつごろでしょうか。
  그건 그렇고 인사이동 발표는 언제쯤 될까요?
- ところで、先週申し上げた件はどうなっていますか。
  그런데, 지난주 말씀드린 그 일은 어떻게 됐어요?

그래서 말인데요.

~というわけで・~というわけなんですが…

- それもそのはず　　그도 그럴 것이
- もっとも　　하긴
- 実のところ　　실상, 사실

다름이 아니라.

ほかでもありませんが…。

・この前の件ですが、どうなっていますか。
전의 그 일은 어떻게 되어 갑니까?

말씀드리기 송구스럽지만….

申し上げるのも恐縮ですが。

・申し上げるのも恐縮ですが、大雪のために納品がおくれる見込みです。
죄송한 말씀이지만, 폭설로 납품이 늦어질 전망입니다.

전에 말씀 드렸던 것은 생각해보셨습니까?

この前申し上げた件はお考えいただけましたか。

Tip 「お考えいただけましたか。」 대신 「ご検討(けんとう)いただけましたか。」라고 해도 된다.

우선·일단

まず・一応・一旦

Tip '우선 말이야' 하고 뜸을 들일 때는 「まずね…」 하고 시작한다.

Tip まず : 최초로, 첫째로, 먼저, 우선
一応(いちおう) : (충분하지 못하지만) 일단, 어떻든, 한 차례
一旦(いったん) : 일단, 한 번

・まず応急手当てをしてから病院に運ぶ。
우선 응급처치를 하고 나서 병원으로 옮긴다.

・十分ではないが、一応説明は受けた。
충분하진 않지만, 일단 설명은 들었다.

・満足ではないが、一応そうすることにした。
만족스럽지는 않지만, 일단 그렇게 하기로 했다.

・一旦、家に帰って着替えて出かけた。
일단 집에 돌아가서 옷을 갈아입고 외출했다.

18 수주 및 발주

주문받을 때, 주문할 때

MP3 3-18▶

초기물량 10,000세트에 대한 견적을 뽑아 주세요.

最初(さいしょ)に発送(はっそう)される製品(せいひん)10, 000セットに対(たい)する見積(みつ)もりをお願(ねが)いいたします。

Tip ~に対(たい)する : ~에 대한

見積(みつ)もり : 견적, 견적서

12월말일까지 납품해주세요.

12月末日(がつまつじつ)まで納品(のうひん)ください。

Tip 納品(のうひん) : 납품

납기를 꼭 지켜주시기 바랍니다.

納期(のうき)は必(かなら)ずお守(まも)りください。

Tip 納期(のうき) : 납기

변동사항이 있으면 또 연락드리겠습니다.

変更事項(へんこうじこう)があれば改(あらた)めてご連絡(れんらく)いたします。

Tip 改(あらた)めて : 다시

발주 감사합니다.

ご注文(ちゅうもん)くださいましてありがとうございます。

- ご注文(ちゅうもん)ありがとうございます。
  주문 감사합니다.

차질없이 납품하도록 하겠습니다.

とどこおりなく納品(のうひん)するようにいたします。

Tip 「とどこおる」는 밀리다, 정체하다, 지체되다, 지연되다, (돈지불이) 늦춰지다 등의 뜻이므로, 「とどこおりなく」는 '지체없이' '차질없이'란 뜻이다.

시간을 다투는 것이므로….	<ruby>一刻<rt>いっこく</rt></ruby>を<ruby>争<rt>あらそ</rt></ruby>っておりまして…。 Tip 一刻(いっこく)を争(あらそ)う : 일각을 다투다
재고는 충분합니까?	<ruby>在庫<rt>ざいこ</rt></ruby>は<ruby>十分<rt>じゅうぶん</rt></ruby>でしょうか。 ・ <ruby>在庫<rt>ざいこ</rt></ruby>がありません。 재고가 없습니다.
물량이 모자라다	<ruby>商品<rt>しょうひん</rt></ruby>の(<ruby>在庫<rt>ざいこ</rt></ruby>の)<ruby>個数<rt>こすう</rt></ruby>が<ruby>足<rt>た</rt></ruby>りない ↔ <ruby>商品<rt>しょうひん</rt></ruby>が(<ruby>在庫<rt>ざいこ</rt></ruby>が)<ruby>余<rt>あま</rt></ruby>る Tip '모자라다'라고 할 때 보통 「足(た)りない」라고 하지만, '실력이 부족하다(모자라다)'라고 할 경우에는 「実力(じつりょく)がない」, 「実力不足(じつりょくぶそく)だ」와 같이 표현한다.
물량부족	<ruby>在庫不足<rt>ざいこぶそく</rt></ruby>
수량별 가격대가 어떻게 됩니까?	<ruby>数量別<rt>すうりょうべつ</rt></ruby>の<ruby>取引価格<rt>とりひきかかく</rt></ruby>はどうなっていますか。 ・ <ruby>工場<rt>こうじょう</rt></ruby>おろし<ruby>売<rt>う</rt></ruby>り<ruby>価格<rt>かかく</rt></ruby>(<ruby>生産者価格<rt>せいさんしゃかかく</rt></ruby>) 공장도가격 ・ <ruby>消費者価格<rt>しょうひしゃかかく</rt></ruby> 소비자가격 ・ <ruby>流通経費<rt>りゅうつうけいひ</rt></ruby> 유통비용 ・ <ruby>割引率<rt>わりびきりつ</rt></ruby> 할인율

19 계약을 추진하거나 성사되었을 때

협력을 구할 때

MP3 3-19▶

이번 일이 잘 성사될 수 있도록 도와 주셨으면 합니다.

今回の件がうまくいくようにお力添えください。

Tip 「お力添(ちからぞ)えいただきたいのですが」와 같은 표현도 가능하다. 「力添(ちからぞ)え」는 '도움', '협력(협조)'이라는 뜻이고, 말로 거드는 것은 「口添(くちぞ)え」라고 한다.

적극적으로 검토해주셨으면 합니다.

前向きにご検討していただけたら、と存じます。

Tip 前向(まえむ)きに : 전향적으로, 긍정적으로

감사합니다. 다 사토과장님 덕분입니다.

ありがとうございました。これもすべて佐藤課長のおかげです。

Tip 누구누구의 덕분이라고 할 때는 「~さんのおかげ」라고 하고, 그냥 '덕분에'라고 할 때는 「おかげさまで」라고 한다. 「~さんのおかげさまで」라고는 하지 않으므로 주의.

기대에 어긋나지 않도록 최선을 다하겠습니다.

ご期待に背かないように、最善を尽くします

ご期待に背かないように、ベストを尽くします。

Tip 期待(きたい)に背(そむ)く : 기대에 어긋나다
最善(さいぜん)を尽(つ)くす : 최선을 다하다

도와주신 덕분에 일이 잘 마무리되었습니다.

お力添えいただいたおかげで、無事に終えることができました。

Tip 無事(ぶじ)に : 무사히

그밖의 표현

今回の件を成功に導くためには○○様の力添えが必要不可欠でございます。

이번 일을 성공으로 이끌기 위해서는 ○○님의 협력이 꼭 필요합니다.

みなさまの心暖まるご協力のおかげで、無事に成功をおさめることができました。心からお礼を申し上げます。

여러분들의 따뜻한 협조 덕분에 무사히 성공을 이룰 수 있었습니다. 진심으로 감사 말씀드립니다.

Tip 感極(かんきわ)まる : 감격한 나머지 자신도 모르게 기쁨의 눈물을 흘릴 것 같은 상황. 감격에 겨워하다.

Tip 感無量(かんむりょう) : 감개무량(感慨無量). 너무 감격한 나머지 아무것도 말할 수 없는 상태가 되는 것. 간단히 말로 표현할 수 없는 기분.

20 가격협상, 클레임

일본어로 비즈니스 상담

MP3 3-20▶

가격인상이 불가피한 실정입니다.

値上げは避けられない状態です。

Tip 値上(ねあ)げ : 가격인상

値下(ねさ)げ : 가격인하

避(さ)けられない : 피할 수 없다

더 이상은 저희도 곤란합니다.

これ以上はわたくしどもも困ります。

Tip 가격협상 때 쓰는 말.

좀 더 가격을 네고해주실 수 없겠습니까?

もうちょっとプライスネゴしていただけませんか。

Tip 「ネゴ」는 「ネゴシエーション(negotiation)」의 준말.

주문량에 따라서는 5% 정도는 더 네고해 드릴 수 있습니다.

注文の量によっては5%ほどプライスをネゴできます。

Tip '가격인하'를 「プライスダウン」(price down)이라고도 한다.

- 価格を割り引くことができます。
  가격을 깎을 수가 있습니다.
- プライスダウンできます。
  네고해 드릴 수 있습니다.

가끔 파손된 상자가 나오곤 합니다.

時々破損した箱が出てきたりします。

箱の破損が時々見られます。

마무리 포장에 좀 더 신경을 써 주셨으면 합니다.

仕上げの包装にもう少しご配慮ください。

Tip 「ご注意(ちゅうい)ください。」라고 해도 좋다.

仕上(しあ)げ : 마무리

이점에 대해 충분히 고려해 주셨으면 합니다.

この点について十分にご考慮していただけたら、と思います。

Tip 「~いただけたら、と思います」 대신 「~いただけませんか。」, 「~いただきたく存じます。」와 같이 말할 수도 있다.

더욱더 신경을 쓰겠습니다.

もっと注意するようにいたします。

Tip 불만사항을 들었을 때 우선 사과를 하고 정정하겠다는 의사를 밝히는 말이다.

죄송합니다. 그런 일이 생기지 않도록 조치를 취하겠습니다.

申し訳ありません。そのようなことがないように(起こらないように)、措置いたします。

알아두면 유익한 소비세 정보

일본에서는 물건을 사거나 서비스를 이용할 때 소비세(消費税しょうひぜい)라는 세금이 붙는다. 가령 편의점 같은 곳에서 우유를 하나 사더라도 소비세를 따로 내야 하므로, 한국에서는 1원단위는 거의 쓰이지 않게 되었지만, 일본에서는 아직도 1엔짜리 동전이 동전지갑에 자리를 차지하고 있다. 1989년 4월에 세율 3%로 도입된 이후, 1997년 5%, 2014년 8%, 2019년 10%로 순차적으로 인상되었다. 10% 중 2.2%는 지방소비세로, 지방 재정을 뒷받침하고 있다.

21 지불, 클레임

지불독촉, 트러블의 해결

MP3 3-21▸

그런데, 계약금이 아직 송금이 되지 않은 것 같습니다만…

ところで契約金をまだ送金なさっていないようですが…。

Tip 契約金(けいやくきん) : 계약금

著作権使用料(ちょさくけんしようりょう) : 저작권사용료, 인세

늦어져서 죄송합니다. 다음주 중에는 꼭 송금하도록 하겠습니다.

遅れまして申し訳ありません。来週中には必ず送金するようにいたします。

Tip 「遅(おそ)くなりまして」(늦어져서)도 자주 쓰인다.

連絡(れんらく)が遅(おそ)くなりまして、大変(たいへん)ご迷惑(めいわく)おかけしました。(연락이 늦어져서 대단히 죄송합니다.)

지금 환율이 너무 높아 송금일정을 조금 늦추었으면 하는데요.

今のレートがあまりにも高いので、送金の日程を少しのばしていただきたいのですが…。

Tip 「レート」는 '환율'이란 뜻이다. 원래 「為替(かわせ)レート」인데, 흔히 줄여서 이렇게 말한다. 「日程(にってい)をのばす」는 '일정을 연기하다, 미루다'란 뜻.

귀사에 피해를 끼치고 싶지는 않습니다만, 요즘 저희 사정이 워낙 안좋아서….

御社にご迷惑をおかけするつもりではないのですが、最近わたくしどもの事情も非常にきびしくて…。

Tip 「きびしいものですから」라고 하면 변명하려고 하는 뉘앙스가 가미된다. 「きびしい」는 원래 '엄격하다'란 뜻이지만,

	이와 같은 경우에는 '사정이 안 좋다, 어렵다'는 뜻을 나타낸다.
이달 말일까지 송금해주시면 감사하겠습니다.	今月末までご送金くだされればありがたいのですが…。
저희도 문제가 더 커지는 것을 원하지 않습니다.	わたくしどもも問題がこれ以上大きくなることは望んでおりません。 Tip 望(のぞ)む : 바라다
그점에 대해서는 저희도 양보할 용의는 있습니다만….	その点についてはわたくしどもも譲歩する用意がありますが…。 Tip 用意(ようい)がある : 용의가 있다
귀사와의 거래를 계속 유지하고 싶은 것은 변함이 없습니다.	御社とのお取り引きをつづけていきたいということについては変わりありません。
정 그러시다면, 저희도 다시 검토해 보겠습니다.	そのおつもりでしたら、わたくしどもも再度検討いたします。 Tip 再度(さいど) : 다시, 재차, 다시 한번(문어체 표현)
서로 좋은 쪽으로 다시 한 번 생각해 봅시다.	お互いにとって良い方向へもう一度考えてみましょう。 · お互いにとって　피차, 쌍방간에 · お互いさま　피차일반
빠른 시일내에 조치를 취하겠습니다.	早いうちに措置いたします(善処いたします)。 Tip 「大至急(だいしきゅう)」(곧바로) 라는 말도 자주 쓴다. · 大至急 措置いたします。 조속히 조치하겠습니다.

상사와 동료의 타입

직장에서 일반적으로 자기보다 높은 지위에 있는 사람은 다 「上司(じょうし)」에 해당된다. 그중에서 자기가 소속한 부처의 상사는 「直接上司(ちょくせつじょうし)」라고 하고, 상사 가운데 근속 연수가 긴 사람은 「古参(こさん)」, 「古顔(ふるがお)」, 「古株(ふるかぶ)」라고 한다. 좋은 상사란 고객을 소중히 여기고 회사의 발전에 노력하고 부하를 기르는 사람이다. 반대로 나쁜 상사란 고객을 소홀히 다루고 근무에 대한 의욕이 없고 부하에게 업무나 책임을 미루고 부하의 업적을 독차지하는 사람이다.

한편 자기와 같은 직위의 사람은 「同僚(どうりょう)」라고 하고, 「同役(どうやく)」, 「同輩(どうはい)」라고도 한다. 같은 연도(年度)에 회사에 입사한 사람은 「同期(どうき)」라고 한다.
주위 사람에 대한 태도로 분류한 동료의 타입은 다음 네 가지로 분류된다.

① 밀착형　업무나 업무외 활동(회식 등)을 반드시 동료와 함께하는 타입.
② 상호 원조형　주로 업무 관계에서 도움을 주고받는 타입.
③ cool형　업무 관계에서 최소한 해야 할 접촉만 하고 다른 시간에는 일체 접촉하지 않으려고 하는 타입.
④ 경합형　업무 관계에서 동료에서 경쟁하고 승리하려고 하는 타입.
(矢矢引晴一郎『「会社の用語」早分かり事典』)

PART 4
서비스 접객표현

01 일본 손님을 맞이할 때

첫인상을 좌우하는 한마디

MP3 4-01▸

기다리고 있었습니다.

お待(ま)ちしておりました。

Tip 예약한 손님이 왔을 때는 이렇게 인사하면 더욱 친절한 인상을 줄 수 있다.

몇 분이십니까?

何名(なんめい)さまですか。

Tip 식당 등에서 자리를 찾아주기 위해 인원수를 물어볼 때.

뭐, 찾으시는 물건이라도 있습니까?

何(なに)かお探(さが)しですか。

Tip 가게에서 손님이 무엇을 찾고 있는지 물어보고 싶을 때나 '무엇을 도와 드릴까요?' 하고 말을 걸고 싶을 때 이렇게 말한다.

A いらっしゃいませ。何(なに)をおさがしですか。
어서 오십시오. 찾으시는 거 있으세요?

B すみません。見(み)るだけなんですけど。
아뇨, 그냥 좀 볼려구요.

실례지만, 어떻게 오셨습니까?

失礼(しつれい)ですが、どのようなご用件(ようけん)でしょうか。

Tip 안내 데스크에 찾아온 손님에게 용건을 묻는 표현.

어디로 모실까요?(택시)

どちらまで。

Tip 뒤에 「いらっしゃいますか。」 또는 「行(い)かれますか。」(가십니까?)가 생략되었다.

A はい。いらっしゃい。どちらまで?

예, 어서 오세요. 어디로 모실까요?

B ロッテホテルまで行(い)ってください。

롯데호텔까지 가 주세요.

어서 오십시오.

いらっしゃいませ。

이쪽으로 앉으세요.

どうぞ、こちらに。

Tip 자리를 안내할 때.

제가 안내해 드리겠습니다.

(わたくしが)ご案内(あんない)いたします。

Tip 직접 안내해 줄 때. '저를 따라오세요'란 말은 굳이 안하는 것이 좋다.

천천히 구경하세요.

ごゆっくりどうぞ。

편한 시간 되십시오. (호텔이나 레스토랑 등)

ごゆっくり、どうぞ。

Tip 「ごゆっくりおくつろぎください。」라고도 한다.

店員(てんいん) : いらっしゃいませ。何名様(なんめいさま)ですか。

어서오십시오. 몇 분이십니까?

客(きゃく) : 5人(ごにん)です。

다섯 명입니다.

店員(てんいん) : ご案内(あんない)いたします。どうぞこちらに。

안내해드리겠습니다. 이쪽으로 오시죠.

— 客(きゃく)が席(せき)につく —

- 손님이 자리를 잡는다 -

店員(てんいん) : ごゆっくりどうぞ。

편한 시간 되십시오.

02 고객응대에 필요한 말

친절하게 대답할 때

MP3 4-02▸

괜찮습니다.	**大丈夫(だいじょうぶ)です。** Tip 손님이 미안하다거나 부탁을 할 때 쓰는 응대표현이다. • 何(なん)でもありません。 아무것도 아닙니다.
문제없습니다.	**問題(もんだい)ありません。** Tip 괜찮다는 뜻으로 '상관없습니다.'라고 할 때는 「かまいません。」이라고 한다.
아, 그러세요?	**ああ、そうですか。** Tip '뜻밖이다'라는 반응을 나타낼 때는 「えっ、そうなんですか。」라고 한다.
예, 곧바로 가겠습니다.	**直(ただ)ちに参(まい)ります。** Tip 손님이 객실에서 전화로 와 달라고 할 때. 直(ただ)ちに : 곧, 즉각(すぐ, じきに)
예, 알겠습니다.	**承知(しょうち)しました。** Tip 더욱 정중한 표현은 「承知(しょうち)いたしました。」. 「はい、かしこまりました。」도 자주 쓴다. 또, 팩스 등에서 상대방의 제안이나 의뢰에 대해 '예, 알겠습니다.'라고 할 때는 「~の件(けん)は了解(りょうかい)しました。」라고 할 수도 있다.

손님!

お客様(きゃくさま)!

Tip 「お客(きゃく)さん!」이라고도 할 수 있으나 이 말은 정중한 뉘앙스가 상당히 결여된 표현이다. 손님의 성씨에 「~様(さま)」와 같이 부르거나 상대방의 직함을 알고 있다면 「部長(ぶちょう)!」, 「課長(かちょう)!」와 같이 부르는 방법도 있다.

저, 여기요.

あのう… すみません。

Tip '저, 손님!'은 「あのう、お客(きゃく)さま。」, 「お客(きゃく)さん。」이라고도 할 수 있으나 썩 정중한 표현이라고는 할 수 없다.

A あのう… すみません。
저, 손님.

B え? わたしですか。
네? 저요?

A あのう、財布(さいふ)が落(お)ちていましたけれども…。
저, 지갑이 떨어져 있었어요.

B あら、すみません。ありがとう。
어머, 죄송해요. 고맙습니다.

잠깐 실례하겠습니다.

ちょっと、失礼(しつれい)いたします。

말씀 중에 죄송합니다.

お話(はなし)の途中(とちゅう)で失礼(しつれい)ですが…。

03 주문을 받거나 서빙할 때 ①

한정식

MP3 4-03▸

주문하시겠습니까?	ご注文(ちゅうもん)はお決(き)まりでしょうか。 すみません、ご注文(ちゅうもん)は…。
결정되시면 불러 주십시오.(서빙할 경우)	お決(き)まりでしたらお呼(よ)びください。
고기는 몇 인분 드릴까요?	お肉(にく)は何人分(なんにんぶん)召(め)しあがりますか。 お肉(にく)は何人分(なんにんぶん)お持(も)ちしましょうか。
음료는 어떤 것으로 준비할까요?	お飲(の)み物(もの)は何(なに)になさいますか。 Tip 보통 회화에서 음료수나 마실 것이란 말은 「飲み物(のみもの)」라고 하지만, 음식점 같은 곳에서 손님께 물어볼 때는 앞에 「お」를 붙여서 말한다.
주문하신 것 나왔습니다.	お待(ま)たせしました。 Tip 주문한 음식을 가져오면서 하는 말이다. 음식명을 넣어 「ご注文(ちゅうもん)のカルビお持(も)ちしました。」(주문하신 갈비 나왔습니다.)라고도 할 수 있다.
자, 이제 드셔도 됩니다.	お召(め)しあがりください。 · どうぞ冷(さ)めないうちに。 자, 드세요. 식기 전에. (친근감을 전달할 수 있다.)

더 필요하신 것 있으십니까?	ご注文(ちゅうもん)は以上(いじょう)でよろしいでしょうか。
죄송합니다. 다시 갖다 드리겠습니다.(컵이 깨졌을 때)	申(もう)し訳(わけ)ありません。すぐ持(も)ってまいります。 Tip 「持(も)ってまいります」 대신 「お持(も)ちします」라고도 한다.
후식이 나왔습니다.	デザートです。 デザート、お持(も)ちしました。
계산해 드릴까요?	ご会計(かいけい)なさいますか。 Tip 계산서를 건네줄 때는 「レシート(receipt)です。」「レシートはこちらです。」「こちら、レシートです。」 등과 같이 말한다.

호텔 조식뷔페에서 필요한 말

- おはようございます。
  안녕하세요?(아침인사)
- お二人(ふたり)ですか。
  두 분이십니까?
- 禁煙席(きんえんせき)がよろしいですか。喫煙席(きつえんせき)がよろしいですか。
  금연석으로 하시겠습니까? 흡연석으로 하시겠습니까?
- どうぞこちらへ。
  자, 이쪽으로 오세요.
- コーヒーと紅茶(こうちゃ)がございますが。
  커피와 홍차가 있습니다만. (어느쪽으로?)
- ありがとうございました。
  감사합니다. (손님이 나갈 때 크고 밝은 목소리로)

04 주문을 받거나 서빙할 때 ②

레스토랑

MP3 4-04▸

자, 이쪽으로 오세요.

こちらにどうぞ。こちらにお座(す)わりください。

주문하시겠습니까?

ご注文(ちゅうもん)なさいますか。

오늘의 추천요리는 ~입니다.

今日(きょう)のおすすめ料理(りょうり)は~です。

A 今日(きょう)は何(なに)がおいしいの?
오늘은 뭐가 맛있어요?

B 今日(きょう)のおすすめ(の料理(りょうり))は○○です。
오늘의 추천요리는 ○○입니다.

고기는 어떻게 익혀드릴까요?

お肉(にく)はどのように焼(や)きましょうか。

お肉(にく)はどのようにいたしましょうか。

- ウェルダンにしてください。
  웰던으로 해 주세요.

Tip ウェルダン(well-done) : 웰던(잘 익힌 것)
ミディアム(medium) : 미디움(중간 정도로 익힌 것)
レア(rare) : 레어(덜 익힌 것)

밥으로 하시겠습니까? 빵으로 하시겠습니까?

ライスになさいますか、パンになさいますか。

Tip 「ライスとパンがございますが、どちらになさいますか。」라고도 할 수 있다.

스프는 야채스프와 크림스프가 있습니다만.	スープは野菜(やさい)スープとクリームスープがございます。
주문 확인하겠습니다.	ご注文(ちゅうもん)、確認(かくにん)いたします。 Tip 「いたします。」대신 「させていただきます。」도 가능하다.
물요? 네 잠시만 기다려 주십시오.	お水(みず)の方(ほう)、少々(しょうしょう)お待(ま)ちください。
크림스프는 어느 분이시죠?	すみません、クリームスープはどちら様(さま)でしょうか。 Tip 「クリームスープは…。」처럼 말꼬리를 흘려서 말하기도 한다.

일본에서 자주 보는 음식메뉴

① ステーキ	스테이크
② サイコロ	サイコロ(주사위) 모양으로 썰어서 나오는 스테이크
③ ハンバーグ	햄버그(hamburg steak)
④ ピラフ	볶음밥 エビピラフ 새우볶음밥 野菜(やさい)ピラフ 야채볶음밥
⑤ サラダ	샐러드
⑥ ○○定食(ていしょく)	○○정식 焼肉定食(やきにくていしょく) 불고기 정식 焼魚定食(やきざかなていしょく) 생선구이 정식
⑦ 雑炊(ぞうすい)	여러가지 재료를 넣어 가볍게 간을 한 죽 같은 것.

05 손님의 요구에 대해

레스토랑

MP3 4-05▸

여기. 커피 리필되나요?

すみません。コーヒー、おかわりできますか。

Tip 밥을 더 달라고 하거나 커피 리필이 되는지 물어볼 때는 「おかわりできますか。」라고 한다.

창가 쪽에 앉고 싶은데요.

窓際(まどぎわ)に座(すわ)りたいんですが。

窓際(まどぎわ)の席(せき)に座(すわ)りたいんですが。

Tip 窓際(まどぎわ) : 창가

자리가 비는 대로 그쪽으로 옮겨 드리겠습니다.

席(せき)が空(あ)き次第(しだい)そちらにご案内(あんない)します(ご案内(あんない)いたします)。

Tip 「동사 ます형 + 次第(しだい)」 : ~하는 대로

でき次第(しだい) : 다 되는 대로(완성되는 대로)

A 窓際(まどぎわ)の席(せき)がいいんだけど、空(あ)いてないの?

창가 쪽 자리가 좋은데, 비어 있어요?

B 席(せき)が空(あ)き次第(しだい)ご案内(あんない)します。

자리가 비는 대로 안내해 드리겠습니다.

죄송하지만, 그쪽은 예약석입니다.

申(もう)し訳(わけ)ありません。そちらは予約席(よやくせき)です。

- 団体席(だんたいせき)です。/ 団体様(だんたいさま)です。 단체석입니다.

지금 꽉 차서 10분 정도 기다리셔야 합니다.

ただいま、満席(まんせき)でございますので、10分(ぷん)ほどお待(ま)ちいただかなければなりませんが…。

계산은 나가시면서 하시
면 됩니다.

ご会計（かいけい）はカウンターの方（ほう）でお願（ねが）いいたします。

Tip 会計(かいけい) : 회계, 계산 = 勘定(かんじょう)

A お勘定（かんじょう）お願（ねが）いします。　　　여기 계산요.

B はい、別々（べつべつ）ですか。　　　네, 따로따로 할까요?

A いいえ、一緒（いっしょ）にお願（ねが）いします。　아뇨, 같이 해 주세요.

주차해드리겠습니다. 내
리십시오.

駐車（ちゅうしゃ）はこちらでいたします。お降（お）りください。

Tip こちらでいたします。(저희가 해드리겠습니다.) = こち
らでさせていただきます。

키는 맡겨주십시오. 저희
가 보관하겠습니다

お車（くるま）のキーをお預（あず）けください。私（わたし）どもが（こちら
で）保管（ほかん）いたします。

A すみません。駐車場（ちゅうしゃじょう）がいっぱいで車（くるま）をとめられな

いんですけど…。

저기요. 주차장이 꽉 차서 차를 세울 수가 없는데요.

B キーをこちらにお預（あず）けください。

키를 맡기세요.

주차확인 도장 좀 찍어 주
세요.

レシートに無料駐車（むりょうちゅうしゃ）の印（いん）を押（お）してください。

A 駐車料金（ちゅうしゃりょうきん）、600円（えん）いただきます。

주차요금 600엔입니다.

B あら、こちらで買（か）い物（もの）したんだけど。

어머, 여기서 물건 샀는데요.

A ああ、そうですか。次（つぎ）からはレシートに無料駐（むりょうちゅう）

車（しゃ）の印（いん）を押（お）してきてください。

아, 그러세요? 다음부터는 영수증에 주차확인 도장을 받아 오세요.

06 주문을 받거나 상품을 권할 때

백화점 등

MP3 4-06▶

이런 것은 어떠십니까?	こちらはいかがでしょう。 こちらなんかいかがでしょうか。
요즘 신상품인데, 아주 인기가 좋습니다.	こちら新発売(しんはつばい)の品(しな)ですが、よく売(う)れております。 Tip '요즘 나온 물건인데요'란 뜻으로 「最近(さいきん)出(で)た品(しな)ですが」라고도 한다.
젊은 여성들 사이에서 핑크색이 유행하고 있습니다.	若(わか)い女性(じょせい)にはピンク色(いろ)がはやっています。 Tip 「はやる」는 '유행하다'란 뜻인데 잡지 등에서는 「流行る」로 표기하기도 한다.
손님 피부에는 이게 좋을 것 같습니다. (화장품)	お肌(はだ)には、これが合(あ)っているようです。 Tip お合(あ)いのようです = 合っているようです 맞으실 것 같습니다.
편하십니까?(구두) 	・小(ちい)さくありませんか。 낄 경우 ・きつくありませんか。 낄 경우 ・ゆるくありませんか。 헐렁할 경우 ・大(おお)きくありませんか。 클 경우
잘 보이십니까?	よく見(み)えますか。
좀 어지럽네요.(안경)	少(すこ)し度(ど)がきついですね。

	Tip 안경 도수는 「度(ど)」라고 하고, 도수가 높다, 낮다는 「度が強(つよ)い」, 「度が弱(よわ)い」, '도수가 맞지 않는다'는 「度が合(あ)わない」라고 한다. '도수가 어떻게 됩니까?'는 「度数(どすう)はどのくらいですか?」와 같이 표현한다.
이 테로 해 주세요.	**このフレームにしてください。** Tip 안경테는 「フレーム(frame)」라고 한다.
손님께 아주 잘 어울리십니다.	**よくお似合(にあ)いです。** Tip 似合(にあ)う : 어울리다
몇 살 아동입니까?	**お子(こ)さんはおいくつですか。** Tip 손님에게 묻는 말이므로, 「お子(こ)さん」「おいくつ」와 같이 정중하게 말한다.
죄송하지만, 이건 세일품목이 아닙니다.	**申(もう)しわけありません。こちらはバーゲン商品(しょうひん)ではございません。** Tip バーゲン商品(しょうひん) : 바겐상품, 세일품목
1층안내카운터로 가시면 짐을 보관하실 수 있습니다.	**一階(いっかい)の案内(あんない)カウンターにて、お荷物(にもつ)をお預(あず)りしております。** Tip ~にて : 에서(= で)
현금인출기는 지하 1층 복도에 있습니다.	**キャッシュディスペンサーは1階(いっかい)の通路(つうろ)にございます。** Tip 「キャッシュディスペンサー(cash dispenser)」는 「現金自動支払機」(げんきんじどうしはらいき)라고도 하고, 「キャッシュ·コーナー」(캐쉬코너)라는 말도 쓴다. (233쪽 참조)

07 길거리에서

시장이나 작은 가게에서

MP3 4-07▸

어서오세요.	いらっしゃいませ~。 いらっしゃい、いらっしゃい。 Tip 시장 등에서 장사꾼들이 「らっしゃい、らっしゃい」 하고 손님을 끌기도 한다.
싸요 싸요.	安(やす)いよ、安(やす)いよ。
깎아주세요.	負(ま)けてください。 勉強(べんきょう)してください。 Tip 関西地方-교토(京都), 오사카(大阪), 효고(兵庫), 나라(奈良)를 중심으로 한 지역에서는 「いっぱいです。」(더 이상 깎을 수 없습니다.)라는 말을 쓴다.

식당에서 특별한 주문을 할 경우

- 조용한 자리를 원할 경우

  落(お)ち着(つ)ける席(せき)がいいんですが。

- 금연석을 원할 경우

  たばこは吸(す)わないんですが。

- 흡연석을 원할 경우

  たばこを吸(す)いたいんですが。

• 미리 예산을 밝혀서 주문할 경우

3万円(まんえん)くらいの予算(よさん)でおまかせでお願(ねが)いしたいんですが。

「おまかせ」는 요리 종류 선택을 상대(요리사)에게 맡길 경우 쓰는 말)

• 계절에 맞는 음식(과일, 생선 등)을 물어볼 경우

この頃(ごろ)は何(なに)がおいしいですか。

• 주문한 음식이 안 나올 경우

注文(ちゅうもん)が通(とお)っているか、調(しら)べてくれますか。

「注文(ちゅうもん)」 대신 「オーダー(order)」도 OK.

일본 길거리 간판에서 자주 보는 말

• ~放題(ほうだい) : 하고 싶은 만큼 할 수 있다는 뜻.

食(た)べ放題(ほうだい) : 일정 음식값만 내고 들어가면 마음껏 먹을 수 있는 곳. 보통 점심(ランチ)은 1000엔, 저녁(夕食 ゆうしょく)에는 2,000엔 정도 내고 들어가서 고기(샤브샤브나 야키니쿠), 야채, 초밥, 각종 반찬, 과일 등 마음껏 먹는 고기부페식 간판에 많다.

歌(うた)い放題(ほうだい) : 노래방 같은 곳에서 주로 오전시간부터 저녁 붐비는 시간 이전까지 1000엔 정도 내고 들어가면 마음껏 부를 수 있는 곳.

やり放題(ほうだい) : 게임센터 같은 곳에서 입장료를 내면 게임기를 마음껏 하고 싶은 대로 할 수 있는 곳.

• 激安(げきやす) : 아주 싸다는 뜻이다. 초염가.

• ~枚(まい)よりどり~円(えん) : 뭐든지 골라서 ~개에 얼마. 가령 「3枚(まい)よりどり1000円(えん)」이면 뭐든지 골라 3개에 1000엔.

• 売(う)り切(き)れごめん : 다 팔려서 더 이상 재고가 없다는 뜻. 「売(う)れてしまったらごめんなさい」를 줄인 말.

08 손님을 기다리게 했을 때

사과할 일이 생겼을 때

MP3 4-08▸

잠시만 기다려 주십시오.

少々お待ちください。

お待ちいただけますか。

Tip 「もう少々お待ちください。」, 「お待ちくださいませんか。」 등도 같은 표현이다.

- 失礼ですが、少々お待ちいただけますか。
  죄송하지만, 잠시만 기다려주시겠습니까?

지금 바로 가겠습니다.

ただいま参ります。

Tip 비즈니스경어에서는 (내가) '오다', '가다'는 겸양동사 「参(まい)る」로 표현하는 것에 유의하자.

- すぐ戻って参ります。
  바로 돌아오겠습니다.

기다리셨지요?

お待たせいたしました。

お待ちどうさまでした。

Tip 주문한 음식을 가져올 때, 찾는 물건을 갖다줄 때 등 두루 쓸 수 있다. 「お待たせいたしまして申(もう)し訳(わけ)ありません。」이라고 하면 더 정중한 표현이 된다.

도착했습니다.(택시)

着きました。

Tip 더욱 정중하게 말하려면 「到着(とうちゃく)いたしました。」라고 한다.

죄송합니다.	申し訳ありません。 申し訳ございません。 大変申し訳ございません。 Tip 아래로 내려올수록 정중한 표현이다. 이것도 모자라 '정말 죄송하게 됐습니다.'라고 말하고 싶다면 「誠(まこと)に申し訳ないことになりました。」라고 하면 된다.
시간을 끌어 죄송하게 됐습니다.	お待たせいたしまして、申し訳ありません。 · 大変長らくお待たせいたしました。 오랫동안 기다리시게 해서 죄송합니다.
저희들 책임입니다.	私どもの責任です。 · 私どもが間違えておりました。 저희가 실수를 했습니다.
계산이 잘못된 것 같습니다.	計算が間違っているようです。 お勘定が間違っているようです。

09 계산할 때

마지막까지 친절하게

MP3 4-09▶

하나에 28,000원입니다.	**ひとつ28,000ウォンです。** Tip 「～です」(입니다)를 「～になります」(이 되겠습니다)와 같이 말하기도 한다.
전부해서 35,000원입니다.	**全部(ぜんぶ)で35,000ウォンになります。** Tip 全部(ぜんぶ)で : 전부해서, 모두 합쳐서
네, 40,000원 받았습니다.	**40,000ウォンお預(あず)かりします。** Tip 「お預かりします」는 직역하면 '맡았습니다'란 뜻인데, 계산할 때 흔히 이렇게 표현한다.
5,000원 거스름돈입니다.	**5,000ウォンのお返(かえ)しです。** Tip お返(かえ)し : 거스름돈 (= おつり)
영수증 여기 있습니다.	**こちら、レシートになります。** Tip '여기 ~있습니다.' 라고 할 때 「こちら、~になります」 구문을 외워두면 편리하다.
같이 계산해 드릴까요?	**(お支払(しはら)いは)ご一緒(いっしょ)でよろしいですか。**
따로따로 계산하시겠습니까?	**(お支払(しはら)いは)別々(べつべつ)になさいますか。** • お包(つつ)みいたしましょうか。 포장해 드릴까요?

- 紙袋(かみぶくろ)おつけいたしましょうか。

  쇼핑백 필요하십니까?

- 紙袋(かみぶくろ)は30円(えん)で販売(はんばい)いたしております。

  (紙袋(かみぶくろ)は30円(えん)ちょうだいいたしております。)

  쇼핑백은 30엔에 판매하고 있습니다.

客(きゃく)　: これ(お)いくらですか。
이것 얼마예요?

店員(てんいん) : 28,000ウォンです。
28,000원입니다.

客(きゃく)　: じゃ、これとこれをください。
그럼, 이거랑 이것 주세요.

店員(てんいん) : 全部(ぜんぶ)で 35,000ウォンになります。
전부 해서 35,000원입니다.

— 客(きゃく)が 40,000ウォンを出(だ)す。—
- 손님이 40,000원을 내다. -

店員(てんいん) : 40,000ウォンお預(あず)かりいたします。
40,000원 받았습니다.

店員(てんいん) : 5,000ウォンのお返(かえ)しです。こちらレシートになります。ありがとうございました。
5,000원 거스름돈입니다. 여기 영수증 있습니다. 감사합니다.

10 카드로 계산할 때

꼭 필요한 말

MP3 4-10▶

현금으로 하시겠습니까?
카드로 하시겠습니까?

現金(げんきん)になさいますか。

カードになさいますか。

죄송하지만, 저희는 현금밖에 사용하실 수 없는데요….

申(もう)し訳(わけ)ございませんが、わたくしどもでは現金(げんきん)しかお使(つか)いいただけません。

Tip 「現金(げんきん)」을 「キャッシュ(cash)」라고도 한다. 「カードはお取(と)り扱(あつか)い致(いた)しかねます。」(카드는 취급하지 않습니다.)라고 하면 더 정중한 표현이 된다.

다른 카드 있으세요?

他(ほか)のカードをお持(も)ちですか。

Tip '이 카드 안 되는데요?' '이 카드 사용정지입니다.'와 같은 말을 해야 할 때 이렇게 말한다면 부드럽게 들릴 것이다.

일시불로 하시겠습니까?
할부로 하시겠습니까?

一括払(いっかつばら)いになさいますか。

分割払(ぶんかつばら)いになさいますか。

Tip 一括払い(いっかつばらい) : 일시불
分割払い(ぶんかつばらい) : 할부

몇 개월로 해 드릴까요? (할부)

何(なん)ヵ(か)月(げつ)分割(ぶんかつ)(払(ばら)い)にいたしましょうか。

Tip 「何回(なんかい)払(ばら)いにされますか。」(몇 회 할부로 하시겠어요?) 라는 표현도 많이 쓴다.
三回払(さんかいばら)い : 3회지불(3개월할부)

여기 사인 부탁드립니다.

こちらにご署名(しょめい)をお願(ねが)いします。

Tip 「署名(しょめい)」 대신 「ご記名(きめい)」, 「サイン(sign)」이라고도 한다.

여권 번호를 부탁드립니다.

パスポートナンバーをお願(ねが)いします。

나머지는 저희가 기입해 드리겠습니다.

あとはこちらで(わたくしどもが)記入(きにゅう)いたします。

Tip こちらで = わたくしどもが : 저희가

여기 카드 있습니다. (돌려줄 때)

カードをお返(かえ)しします。

Tip 「お受(う)け取(と)りください。」(받으십시오)와 같이 표현할 수도 있다.

11 손님을 보낼 때

다시 찾게 하는 한마디

MP3 4-11▸

감사합니다.	**ありがとうございました。** Tip 손님이 돌아갈 때 가장 많이 쓰는 표현이다.
또, 오세요.	**また、お越(こ)しください。**
또, 들러주세요.	**また、お立(た)ちよりください。** Tip 立(た)ちよる : 들르다
조심해서(안녕히) 가십시오.	**お気(き)をつけて。** Tip 「さようなら」라는 말은 자주 쓰지 않으므로 주의할 필요가 있다.
안녕히 주무십시오.	**おやすみなさい。**
좋은 여행이 되시길 바랍니다.	**良(よ)いご旅行(りょこう)を。** 店員(てんいん) : あのう、日本(にほん)のかたですか。 저, 일본 분이세요? 客(きゃく) : ええ、日本語(にほんご)がわかりますか。 네, 일본어 아세요? 店員(てんいん) : ええ、少(すこ)し。日本(にほん)にはいつ帰(かえ)られるんですか。 네, 조금요. 일본에는 언제 가세요?

客 ：今週の金曜日です。

이번 주 금요일이요.

店員 ：そうですか。気をつけられて楽しんでお帰りください。ありがとうございました。

그러세요? 조심해서 재미있게 지내시다 가세요. 감사합니다.

좋은 인상을 남기는 한 마디

일본어에는 구체적인 의미는 없으나 사과, 감사, 위로 등을 나타내는 인사말이 많이 있다. 대표적인 것을 보면 다음과 같다.

- 恐れ入ります。　송구스럽습니다.
- 申し訳ございません。　죄송합니다.
- お手数ですが…。　수고스러우시겠지만…

가령 손님에게 '거기에 앉으십시오', '신청서를 작성해 주십시오', '조금 기다려 주십시오'라고 할 경우 그냥

- そこにお座りください。
- 申し込み書にご記入ください。
- 少々お待ちください。

라고 해도 무방하지만, 앞에 제시한 말들을 첨가해서

- 恐れ入りますが、そこにお座りください。
  죄송하지만, 거기 앉으시죠.
- お手数ですが、申し込み書にご記入ください。
  수고스러우시겠지만, 신청서를 기입해주십시오.
- 申し訳ありませんが、少々お待ちください。
  죄송하지만, 잠시만 기다려 주십시오.

와 같이 말하면 어감이 훨씬 부드러워지고 정중하게 들린다.

Note

PART 5
스피치, 수상소감

01 짧은 스피치로 빛나는 일본어 인사말 ①

행사장 및 만남의 자리에서

MP3 5-01▸

사회자의 인사말

初めまして。わたくしは今日、司会をさせていただきますユト物産の金ジンスと申します。本日はお忙しい中多くのご出席を賜りまして、厚く感謝を申し上げます。まず創立者である李会長がご挨拶いたします。

안녕하십니까? 저는 오늘 사회를 맡게 된 유토물산의 김진수라고 합니다. 오늘 바쁘신데도 불구하고 이렇게 많이 참석하여 주셔서 대단히 감사 드립니다. 우선, 첫 번째 순서는 창업주이신 이회장님의 인사말씀이 있겠습니다.

Tip 司会(しかい)をさせていただきます : 사회를 맡게 된
本日(ほんじつ)は : 오늘은(문어체적 표현)
お忙(いそが)しい中(なか) : 바쁘신 중에도

내빈을 소개할 때

続きまして、本日の行事のために日本からお越しになられました竹下社長の祝辞がございます。盛大な拍手をお願いいたします。

다음은 오늘 행사를 위하여 일본에서 오신 다케시타 사장님의 축하인사가 있겠습니다. 박수로 맞이하여 주시면 감사하겠습니다.

Tip 日本(にほん)からお越(こ)しになられました : 일본에서 오신
祝辞(しゅくじ) : 축사
盛大(せいだい)な拍手(はくしゅ) : 성대한 박수

초대받은 사람의 인사

初めまして。わたくしは(ご紹介にあずかりました)竹下と申します。このたびユト物産創立記念式に私どもをご招待くださいまして、心から感謝申し上げます。このように立派なところで創立記念式を盛大に開かれたユト物産がこれからもますますご発展されますことを心からお祈り申し上げます。

여러분 반갑습니다. 저는 다케시타라고 합니다. 이번에 유토물산 창사기념식에 저희를 초대하여 주셔서 진심으로 감사 드립니다. 이렇게 훌륭한 곳에서 창사기념식을 성대하게 연 유토물산이 앞으로도 늘 발전해 나가기를 진심으로 바랍니다.

Tip ご紹介(しょうかい)にあずかりました : 소개받은
このたび : 이번에
ますますご発展(はってん)されますことを : 더욱 번창하시기를

02 짧은 스피치로 빛나는 일본어 인사말 ②

행사장 및 만남의 자리에서

MP3 5-02▸

감회와 소감

本日、このような記念式に参席させていただきまして、誠に感慨深いものがあります(感謝を新たにしました)。わたくしはユト物産の李会長とは30年越しのお付き合いでございます。わたくしは会社創立の時からずっと見守って参りましたが、急ぎもせず遅れもせずに一歩一歩着実に企業を興された姿を目の当たりにしてまいりましたため、本日のこの記念式がさらに意義深く感じられるのであります。

오늘 이 자리에 참석해 보니 참으로 감회가 새롭습니다. 유토물산의 김 사장님과는 30년 지기 친구이기도 한 저는 창립 때부터 줄곧 지켜봐 왔습니다만, 너무 서두르지도 않고 또 너무 쳐지지도 않으면서 한 발짝 한 발짝 착실하게 기업을 일궈오는 모습을 옆에서 보아 왔기에 참으로 오늘 이 자리가 뜻깊은 자리가 아닌가 생각해봅니다.

Tip 感慨深(かんがいぶか)い : 감회깊은

30年越(ねんご)しのお付(つ)きあい : 30년 지기(30년동안 알고 지내온 사이)

急(いそ)ぎもせず遅(おく)れもせずに : 서두르지도 뒤쳐지지도 않고

企業(きぎょう)を興(おこ)された姿(すがた) : 기업을 일궈온 모습

意義深(いぎぶか)い : 의의깊다, 중요하다, 뜻깊다

맺음말	長ながくなりましたが、ユト物産ぶっさんのますますのご発展はってんを お祈いのり申もうし上げ、わたくしのご挨拶あいさつとさせていただ きます。ありがとうございました。

말씀이 길어졌습니다만, 유토물산이 더욱 발전하는 회사가 되기를 바라면서 이만 인사를 줄일까 합니다. 감사합니다.

> `Tip` 長(なが)くなりましたが : 길어졌습니다만

행사를 마치고	本日ほんじつはお忙いそがしい中なか、貴重きちょうな時間じかんを割さいてくださいま した来賓らいひんの皆様みなさまに心こころから感謝申かんしゃもうし上あげ、名残惜なごりおしく はございますが、以上いじょうで行事ぎょうじを終おわらさせていただ きたく存ぞんじます。ありがとうございました。

오늘 바쁘신 중에 시간을 내 주신 귀빈 내외 여러분께 진심으로 감사 드리 며, 아쉽지만 오늘 행사는 이것으로 마칠까 합니다. 감사합니다.

> `Tip` 名残惜(なごりお)しい : 헤어지기 아쉽다는 뜻. 「名残(な ごり)」는 지난 뒤에도 남아 있는 자취나 흔적이란 뜻도 있고, 헤어질 때의 아쉬움, 미련이란 뜻도 있다.
>
> 行事(ぎょうじ)を終(お)わらさせていただきたく存(ぞん) じます : 행사를 마칠까 합니다

03 짧은 스피치로 빛나는 일본어 인사말 ③

한일교류의 장

MP3 5-03▸

한일대학생의 만남의 자리(한국인)

初(はじ)めまして。わたしはK大学日語日文学科(だいがくにちごにちぶんがっか)3年生(ねんせい)に在学中(ざいがくちゅう)の金ジニョンと申(もう)します。今回(こんかい)の交流会(こうりゅうかい)を通(とお)してみなさんにお会(あ)いできて本当(ほんとう)にうれしいです。今日(きょう)は短(みじか)い出会(であ)いですが、たくさんのお話(はなし)ができたら、と思(おも)います。ありがとうございました。

안녕하세요. 저는 케이대학 일어일문학과 3학년에 재학중인 김진영이라고 합니다. 이번 교류회를 통하여 여러분들 만나게 되어 정말 반갑습니다. 오늘 짧은 만남이지만, 서로 많은 얘기 나눌 수 있었으면 합니다. 감사합니다.

Tip 出会(であ)い : 만남

たくさんのお話(はなし)ができたら : 많은 얘기를 나눌 수 있었으면

한일대학생의 만남의 자리(일본인)

初(はじ)めまして。わたしは田中(たなか)と申(もう)します。わたしは今回(こんかい)韓国(かんこく)に初(はじ)めて来(き)ました。韓国(かんこく)はいつも本(ほん)だけで見(み)ていましたが、ぜひ一度(いちど)来(き)たいと思(おも)っていました。実際(じっさい)に来(き)てみて日本(にほん)と似(に)ている点(てん)が多(おお)いようだと思(おも)いました。これを機会(きかい)に韓国(かんこく)の友(とも)だちをたくさん作(つく)って、韓国(かんこく)の文化(ぶんか)を肌(はだ)で感(かん)じて日本(にほん)に帰(かえ)りたいです。

ありがとうございました。

안녕하세요. 다나카라고 합니다. 저는 이번에 한국에 처음으로 왔습니다. 늘 책으로만 봐 왔고, 꼭 한번 와보고 싶었습니다. 실제로 와보니 일본과 비슷한 점이 많은 것 같습니다. 이번 기회로 한국 친구들도 많이 사귀고, 한국의 문화를 많이 느끼고 돌아가고 싶습니다. 감사합니다.

Tip 似(に)ている点(てん) : 비슷한 점
肌(はだ)で感(かん)じる : 피부로 느끼다

다음 만남을 기약하며

本日は皆様とお会いできて楽しい時間を過ごさせていただきました。短い時間ではございましたが、その間、したくてもできなかったお話をすることができました。今回のこの出会いがお互いをより理解する契機となれば幸いです。名残惜しくはありますが、次回の出会いをお約束いたしまして、今日の行事を終わらさせていただきます。

오늘 여러분들 만나게 되어 정말 반가웠습니다. 짧은 시간이었지만, 그 동안 하고 싶었던 얘기들 많이 나눌 수 있었습니다. 오늘 이 만남을 통하여 서로가 좀 더 이해할 수 있는 계기가 되었으면 합니다. 아쉽지만, 다음 만남을 또 기약하면서 오늘 행사는 이것으로 마치도록 하겠습니다. 감사합니다.

Tip 契機(けいき)となれば幸(さいわ)いです : 계기가 되었으면 합니다

04 각종 수상 소감

갑작스러운 순간에 빛을 발하는 한마디

MP3 5-04▸

수상 소감

ありがとうございます。本当(ほんとう)に思(おも)っても見(み)ませんでした。至(いた)らないところも多(おお)いわたくしですが、今回(こんかい)の受賞(じゅしょう)はさらに努力(どりょく)せよということと理解(りかい)し、これからも一生懸命(いっしょうけんめい)がんばります。

여러분 정말 감사합니다. 정말 예상도 못했어요. 여러 가지로 부족합니다만, 더 열심히 하라는 뜻으로 알고 앞으로 열심히 하겠습니다.

Tip 思(おも)っても見(み)ませんでした : 생각지도 못했습니다

至(いた)らないところも多(おお)いわたくしですが : 부족한 저지만 (많이 부족하지만)

수상 소감(연예인)

ありがとうございます。一緒(いっしょ)にがんばってくれた同僚(どうりょう)と監督(かんとく)、スタッフと喜(よろこ)びを分(わ)かち合(あ)いたいです。これを契機(けいき)にさらに努力(どりょく)するつもりです。ありがとうございました。

감사합니다. 같이 고생한 동료와 감독님, 스텝들과 기쁨을 같이 하고 싶습니다. 더욱 더 노력하는 모습 보여 드리겠습니다.

Tip 喜(よろこ)びを分(わ)かち合(あ)う : 기쁨을 나누다

さらに努力(どりょく)するつもりです : 더욱 노력하겠습니다

당선 소감

みなさんに奉仕(ほうし)する機会(きかい)を与(あた)えていただいたことを感謝(かんしゃ)します。

여러분들께 봉사할 수 있는 기회를 주셔서 감사 드립니다.

Tip 機会(きかい)を与(あた)えていただいたことを : 기회를 주신 것을. 「機会(きかい)を与(あた)える」는 '기회를 주다'. 충격이나 영향 등을 '주다'라고 할 때는 「与(あた)える」를 쓴다.

앞으로의 각오

さらに努力(どりょく)せよとの激励(げきれい)と理解(りかい)いたします。

더 잘하라는 채찍으로 여기겠습니다.

これからも、より一層頑張(いっそうがんば)るつもりです。

더욱더 열심히 하겠습니다.

스포츠맨

銀(ぎん)メダルでしたが、次回(じかい)は必(かなら)ず金(きん)メダルを取(と)ってもらいたいです。

은메달이었지만, 다음엔 꼭 금메달을 땄으면 합니다.

Tip 次回(じかい) : 다음번

메달수상 소감

非人気種目(ひにんきしゅもく)で取(と)ったメダルゆえに一層貴重(いっそうきちょう)なものでしょう。

비인기 종목에서 딴 메달인 만큼 더욱 값진 것 같습니다.

Tip ゆえに : ~이니 만큼(이유)

みなさんが応援(おうえん)してくださったおかげで頑張(がんば)れました。

여러분의 성원 덕분에 열심히 할 수 있었습니다.

성원을 당부

これからも変(か)わりないご声援(せいえん)をお願(ねが)いいたします。

앞으로도 변함 없는 성원 바랍니다.

05

때에 따라 꼭 필요한 인사말 ①

실례가 되지 않는 관용표현

MP3 5-05▸

신년축하·인사말

- 良(よ)いお年(とし)をお迎(むか)えください。

  좋은 한해 맞이하시길 바랍니다. (연하장은 보통 새해 아침에 받아볼 수 있도록 보낸다.)

- 謹(つつし)んで新年(しんねん)のお慶(よろこ)びを申(もう)し上(あ)げます。

  새해 복 많이 받으세요. (정중한 표현)

- 明(あ)けましておめでとうございます。

  새해 복 많이 받으세요. (가장 일반적인 인사말)

- 昨年中(さくねんちゅう)はお世話(せわ)になりました。

  작년 한 해 동안 많은 도움을 받았습니다. (지난해 신세진 분에게)

- 今年(ことし)もよろしくお願(ねが)いいたします。

  올 한해도 잘 부탁드립니다. (올해도 잘 부탁드린다는 뜻이지만, 지인으로 지내는 사람에게는 누구에게나 이렇게 써서 보낸다.)

- 本年(ほんねん)も相変(あいか)わりませずお引(ひ)き立(た)てのほどよろしくお願(ねが)いいたします。

  올해도 변함없는 성원(거래)을 바랍니다. (주로 거래관계가 있을 경우)

Tip 1월에 발송하는 편지에 쓰는 계절인사는 다음과 같은 표현이 있다.

- 初春(はつはる)のお慶(よろこ)びを申(もう)し上(あ)げます。

  초봄을 맞이하여 첫 인사 드립니다.

- 初春(はつはる)とは言(い)え、厳(きび)しい寒(さむ)さが続(つづ)いております。

  초봄이라고는 하나 쌀쌀한 추위가 계속되고 있습니다.

- 寒に入り寒さも一段と厳しくなりました。

  추운 날씨에 접어들며 한층 차가워진 날씨입니다.

- 寒気きびしい日が続いています。

  추운 날씨가 계속되고 있습니다.

개업 축하 인사

ご開業おめでとうございます。

- 新社屋の落成、おめでとうございます。

  신사옥의 준공을 축하드립니다.

- 新工場の落成、まことにおめでとうございます。

  신공장의 준공을 진심으로 축하드립니다.

- ご繁盛(ご発展)をお祈りいたします。

  번창하시길 기원합니다.

Tip '준공(竣工)'을 「竣工(しゅんこう)」라고도 하지만, 「落成(らくせい)」란 말을 많이 쓴다.

출산

すこやかなご成長をお祈り申し上げます。

Tip 득남득녀에 상관없이 '건강하게 잘 자라길 기원합니다.'란 뜻이다.

회갑 등

お元気で還暦をお迎えとは、まことにおめでとうございます。

'건강하게 회갑을 맞으신 것을 진심으로 축하드립니다.'란 뜻.

06 때에 따라 꼭 필요한 인사말 ②

실례가 되지 않는 관용표현

MP3 5-06▸

수상·표창·입상

このたびは受賞(じゅしょう)おめでとうございます。

このたびはまことにおめでとうございます。

수상을 축하드립니다.

결혼 축하 인사

ご結婚(けっこん)おめでとうございます。お幸(しあわ)せに。

- 末長(すえなが)い幸(しあわ)せをお祈(いの)りしております。
  오래오래 행복하시길 기원합니다.
- ご良縁(りょうえん)で、おめでとうございます。
  좋은 짝을 찾게 되신 것을 축하드립니다.

인사이동 (승진·영전)

ご昇進(しょうしん)おめでとうございます。

- ご活躍(かつやく)を大(おお)いに期待(きたい)しています。
  큰 활약을 기대하고 있습니다.
- ご栄転(えいてん)おめでとうございます。
  영전을 축하드립니다.

발렌타인데이

バレンタインデー、おめでとう。

A バレンタインデー、おめでとう。
(선물을 주면서)발렌타인데이, 축하해.

B あ、ありがとう。
아, 고마워.

크리스마스	メリークリスマス!
생일	誕生日(たんじょうび)おめでとう!
결혼기념일	結婚記念日(けっこんきねんび)おめでとう。

A 結婚記念日(けっこんきねんび)、おめでとう。

결혼 기념일 축하해.

B もう9年目(ねんめ)ね。

벌써 9년째지?

PART 6
네이티브 따라잡기

01 집에서 쓰는 말

집에 있는 사물

MP3 6-01▸

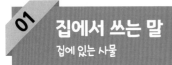

가습기	**加湿器**(かしつき)
거울	**鏡**(かがみ)
냉장고	**冷蔵庫**(れいぞうこ)
벽지	**壁紙**(かべがみ)
보일러	**ボイラー(boiler)** Tip 일본에서는 난로를 쓰므로 가정용 보일러는 흔하지 않다.
빨래	**洗濯**(せんたく) · 洗濯(せんたく)をする 빨래를 하다 · ゆすぐ (すすぐ) 헹구다 · 物干(ものほ)し 건조대 · 洗濯物(せんたくもの) 빨래거리
신발장	**下駄箱**(げたばこ) Tip 「下駄(げた)」는 슬리퍼모양으로 생긴 전통 신발. 보통 '신발'은 「靴(くつ)」라고 한다.
온돌	**オンドル(温突)**

Tip 일본에는 온돌이 없다. 호텔에서 방을 구분할 때 침대방은 「洋室(ようしつ)」, 한국의 온돌방에 해당하는 다다미방은 「和室(わしつ)」라고 한다.

옷장	**たんす(箪)**
주방	**台所**(だいどころ) Tip 「廚房(ちゅうぼう)」, 「キッチン(kitchen)」이라는 말도 쓴다.
책장	**本棚**(ほんだな)**・本立て**(ほんだ)
청소기	**掃除機**(そうじき)**・電気掃除機**(でんきそうじき) Tip '진공청소기'라는 말은 없다.
침대	**ベッド(bed)** Tip 「寝台(しんだい)」라는 말도 있지만 잘 쓰지 않는다. 「ベット」로 표기하기도 한다.

다다미(たたみ)와 후스마(ふすま)

일본의 일반 단독주택은 보통 2층집에 마당이 조금 있고, 화장실과 욕실은 따로 구분이 되어 있다. 일본의 주택은 기본적으로 나무로 짓기 때문에 같은 집 안에서도 방음이 잘 안 되는데, 2층에서 퉁퉁거리는 소리는 그대로 들릴 정도다. 한국에서 집을 지을 때 방에는 장판이나 마루를 깔지만, 일본에서는 보통 나무바닥으로 되어 있고, 특별히 손님이 오셨을 때 안내하는 방인 「茶(ちゃ)の間(ま)」는 방바닥에 다다미가 깔려 있다. 또, 이 다다미 방에서 볼 수 있는 것이 '후스마'인데, 붙박이장 같은 것(오시이레)의 문으로 옆으로 여닫는 문이다. '오시이레' 안에는 이불이나 방석 같은 것을 넣어 두는데, 최근에는 보통 거실에서 손님을 맞이하지만, 다다미방은 좀 더 격식을 갖춘 느낌의 손님맞이 방이라고 볼 수 있다.

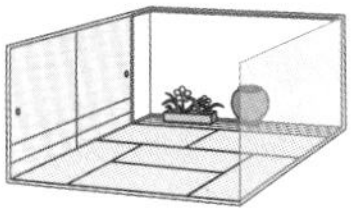

02 부엌용품

식기, 조리기구 등

MP3 6-02▶

공기(밥그릇)

茶碗(ちゃわん)

국그릇

お椀(わん)

Tip 그냥 「碗(わん)」이라고도 한다.

- 湯(ゆ)のみ茶碗(ぢゃわん)　찻잔
- 皿(さら)　접시

냄비

鍋(なべ)

도마

まな板(いた)

- まな板(いた)を消毒(しょうどく)する　도마를 소독하다

랩

ラップ(rap)・サランラップ(상품명)

Tip '호일'은 「アルミホイル(alumi foil)」라고 한다.

물통

水筒(すいとう)

믹서

ミキサー(mixer)

Tip 주스만 만드는 믹서는 「ジューサー(juicer)」라고 한다.

반찬통

弁当箱(べんとうばこ)

Tip 「おかずいれ」, 「タッパー(taper)」라고도 한다.

수저통	箸箱(はしばこ) Tip 일본에서는 주로 젓가락만을 사용하므로 「はしばこ」라고 한다. • 箸(はし) 젓가락 • スプーン(spoon), 匙(さじ) 숟가락
식칼	包丁(ほうちょう) Tip ナイフ(knife)라고도 하고, 한자로는 「庖丁」로 표기하기도 한다. • 칼을 갈다 包丁(ほうちょう)を研(と)ぐ • 칼이 무디어지다 切(き)れ味(あじ)が悪(わる)くなる, 刃(は)が鈍(にぶ)くなる, 切(き)れなくなる
싱크대(개수대)	流(なが)し Tip '설겆이'는 「後片(あとかた)づけ」라고 한다. '뒷처리'란 뜻.
압력밥솥	圧力釜(あつりょくがま)・圧力鍋(あつりょくなべ) Tip 「かま」는 솥, 「なべ」는 냄비. 전기밥솥은 「電気釜(でんきがま)」, 「電気炊飯器(でんきすいはんき)」라고 한다.
음식쓰레기	生(なま)ごみ
주전자	やかん Tip 찻주전자는 「湯沸(ゆわ)かし」라고도 한다.
행주	布巾(ふきん) Tip 마른 행주는 「乾(かわ)いた布巾(ふきん)」, 젖은 행주는 「濡(ぬ)れ布巾(ぶきん)」이라고 한다. 참고로, 보자기는 「ふろしき」, 주머니 · 봉지 등은 「ふくろ」라고 한다.

03 주택에 관한 말

주택매매, 주택의 종류 등

MP3 6-03▸

이층집	二階建て(の建物) (にかいだ / たてもの) 
급매	急売(きゅうばい) (신문 광고에만 쓰는 말)
단독주택	一戸建て(いっこだ)
단층집	平屋(ひらや)
보증금	保証金(ほしょうきん)
부동산소개소	不動産屋(ふどうさんや) Tip 일본의 임대 주택은 기본적으로는 모두 월세이다.
소개비	仲介料(ちゅうかいりょう)
아파트	アパート(apart)・マンション Tip 일본에서 「アパート」라고 하면 서민층이 사는 다세대 주택을 말하고, 한국의 아파트는 「マンション」이라고 한다.
월세	家賃(やちん) Tip '임대료' 즉 '집세'를 말한다. 전세집 즉 세 들어 사는 집은 「借家(しゃくや)」, '자기 집'은 「持(も)ち家(いえ)」 또는 「自分(じぶん)の家(いえ)」라고 한다.

이사	**引っ越し(ひっこ)**
이삿짐센터	**引っ越し(ひっこ)センター(center)**
임대료	**家賃(やちん)・賃貸料(ちんたいりょう)**
자기 집	**持(も)ち家(いえ)・自分(じぶん)の家(いえ)**
집을 장만하다	**住居(じゅうきょ)を準備(じゅんび)する** Tip 「住(す)むところを決(き)める」(살 곳을 정하다)와 같이 표현할 수도 있다.
집 주인	**大家(おおや)・家主(やぬし)** Tip 일반적으로 직접 부를 때는 「大家(おおや)さん」이라고 한다. 「主人(しゅじん)」이라고 하면 자신의 '남편'이란 뜻이 되므로 주의가 필요하다.

주택수리에 관한 말

• 도배를 하다	壁紙(かべがみ)を貼(は)る
• 도장	塗装(とそう)
• 목공	木工(もっこう)
• 리모델링	改築(かいちく)
• 온돌마루	床暖房(ゆかだんぼう)(=ゆかだん)
• 인테리어	インテリア(interior)
• 전기, 조명	電気(でんき), 照明(しょうめい)
• 주택 수리	住宅(じゅうたく)の修理(しゅうり), リフォーム
• 철거	取(と)り壊(こわ)し, 撤去(てっきょ)
• 평당 가격	一坪当(ひとつぼあ)たりの価格(かかく)

목수는 「大工(だいく)」라고 한다. '목공제품'처럼 '나무로 만들어진'이란 뜻일 때는 「木(き)でつくられた」라고 한다.
1평은 약 3.3평방미터이다.

04 부동산 전단에 나오는 말

주택표시에 쓰이는 줄임말들

MP3 6-04▶

DK	Tip 「dining kitchen」(ダイニングキッチン) 식당 겸 부엌.
L	Tip 「living」(リビング) 거실.
2	Tip 방의 숫자. 「2LDK」라고 하면 '방 2개, 식당 겸 부엌 및 거실'이라는 뜻이다.
T	Tip 「toilet」(トイレット) 화장실(수세식).
UB	Tip 「unit bath」(ユニットバス) 욕실. 「浴」이라고 표시할 경우도 있다.
管(かん)	Tip 「管理費(かんりひ 관리비)」를 말한다.
畳(じょう)	Tip 방 넓이의 표시. 「1畳」는 다다미 1장 넓이(세로 1.8m, 가로 90cm 정도)인데 다다미 두 장이 1평(3.3평방 미터)이다.
敷(しき)	Tip 「敷金(しききん)」의 금액을 나타낸다. 「敷 2 」라고 하면 '월세 2달분'이라는 뜻이다. 이 돈은 월세를 체납했을 경우 또는 방을 손상시켰을 경우에 대비한 보증금으로 월세의 2개월분이 보통이다. 이사할 때는 방의 손상부분을 일일이 체크하여, 그 수리비를 제한 나머지를 반환받게 된다.
洗(せん)	Tip 「洗面所(せんめんじょ)」 세면장.
手数料(てすうりょう)	Tip 수수료. 부동산소개소에 지불하는 수수료이다.

新築(しんちん)

Tip 신축. 건축된 지 1년 미만의 미입주 상태를 말한다.

押(おし)

Tip 「押(お)し入(い)れ」. 붙박이장을 나타낸다. 참고로 다락방은 「屋根裏(やねうらべや)」라고 한다.

礼(れい)

Tip 「礼金(れいきん)」의 금액을 나타낸다. 입주를 결정한 후 집주인에게 지불하는 사례금으로, 월세의 1~2달분 정도이며 해약시에는 반환 받지 못한다.

入即(にゅうそく)

Tip 즉시 입주. '바로 입주가 가능하다'라는 뜻이다.

種(しゅ)

Tip 건물의 종류를 나타낸다. 「アパート」, 「マンション」 등.

駐(ちゅう)

Tip 「駐車場料金(ちゅうしゃじょうりょうきん)」을 말한다. 주차장 이용료. 또한, 有/無로 표기하여 주차장이 있는지 없는지를 말한다.

築(ちく)

Tip 건축한 지 몇 년 지났는지를 나타낸다. 「築(ちく) 5年(ねん)」은 '건축한 지 5년이 지났다'는 뜻이다.

玄(げん)

Tip 「玄関(げんかん)」, 현관을 나타낸다.

和(わ)

Tip 다다미를 깐 방. 보통 방은 「洋(よう)」라고 표시한다.

Tip 3LDK : 방 3개의 식당 겸 부엌, 거실

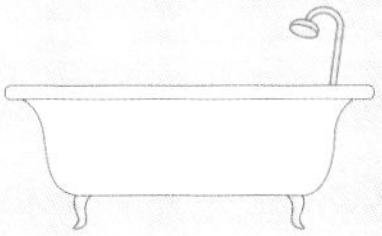

浴室(よくしつ)	욕실	寝室(しんしつ)	침실
押(お)し入(い)れ	붙박이장	居間(いま)	거실
部屋(へや)	방	たたみ	다다미
バルコニー	발코니	靴箱(くつばこ)	신발장

05 일어나서 자기까지 일상생활 ①

(1)잠자리에서

MP3 6-05▸

가위눌리다

金縛(かなしば)りにあう・うなされる

- 真夜中(まよなか)に突然(とつぜん)金縛(かなしば)りにあった。
  한밤중에 갑자기 가위눌리는 꿈을 꿨다.

Tip 여기서「~にあう」는 어떤 일을 당하다는 뜻.

꿈을 꾸다

夢(ゆめ)を見(み)る

Tip 일본에서는「一鷹(いちたか)、二富士(にふじ)、三(さん)なすび」라고 해서 신년에 독수리, 후지산, 가지 꿈을 꾸는 것을 길조(吉兆)로 여긴다.

꿈자리가 뒤숭숭하다

うなされる

Tip 나쁜 꿈을 꾸었을 때는「夢見(ゆめみ)が悪(わる)い」라고 하고, 좋은 꿈을 꿨을 때는「夢見(ゆめみ)がよい」(꿈자리가 좋다)라고 한다.

- 子供(こども)がさらわれた夢(ゆめ)にうなされて目(め)を覚(さ)ました。
  누군가가 아이를 낚아채가는 꿈에 시달려 잠이 깼다.
- 悪(わる)い夢(ゆめ)を見(み)てうなされる。 나쁜 꿈을 꾸다.

새우잠을 자다

丸(まる)くなって眠(ねむ)る・猫背(ねこぜ)になって寝(ね)る

- 狭(せま)い部屋(へや)に家族全員(かぞくぜんいん)が猫背(ねこぜ)になって寝(ね)ている。
  좁은 방에서 온 가족이 새우잠을 자고 있다.

Tip 좁은 곳에서 여러 명이 모여 자는 것은 「雑魚寝(ざこね)」라고 한다.

수면부족	**寝不足・睡眠不足** ね ぶ そく　すいみん ぶ そく ・寝不足で赤い目をしている。 　ね ぶ そく　あか　め 　수면부족으로 눈이 충혈되었다.
시계가 울린다	**目覚まし時計が鳴る** め ざ　　ど けい　な ・目覚まし時計が鳴らなかったので遅刻をしてしまった。 　め ざ　　ど けい　な　　　　　　　　　　　ち こく 　시계가 울리지 않아 지각을 하고 말았다.
알람시계를 끄다	**目覚まし時計(アラーム時計)を止める** め ざ　　ど けい　　　　　　　ど けい　と ・眠かったので無意識のうちにアラーム時計をとめ 　ねむ　　　　　　む い しき　　　　　　　　ど けい てしまった。 　졸려서 무의식적으로 알람시계를 꺼 버렸다.
잠꼬대를 하다	**寝言を言う** ね ごと　い
잠옷바람	**寝間着姿・パジャマ姿** ね ま き すがた　　　　　　　すがた
잠을 설치다	**よく眠れない・寝返りをうつ** ねむ　　　　　ね がえ Tip 「寝返(ねがえ)り」는 자다가(또한 잠을 못 자서) 몸을 뒤 치는 동작을 말한다. '잠을 청하다'는 「眠(ねむ)ろうとする」, 「眠(ねむ)ろうと努(つと)める」. ・暑かったので一晩中眠れず寝返りをうっていた。 　あつ　　　　　　　ひとばんじゅうねむ　　ね がえ 　더워서 밤새 못자고 잠을 설쳤다.

・濃(こ)いコーヒーを飲(の)んだので全然(ぜんぜん)眠(ねむ)れなかった。

커피를 진하게 마셨더니 통 잠이 오지 않았다.

・寒(さむ)い冬(ふゆ)には寝床(ねどこ)から出(で)るのがつらい。

추운 겨울에는 잠자리에서 나오기가 싫다.

잠버릇에 관한 말

・寝相(ねぞう)が悪(わる)い。

잠버릇이 나쁘다(고약하다).

・いびきをかく。

코를 골다.

・歯軋(はぎし)りをする。

이를 갈다.

・寝相(ねぞう)がいい。

잠을 곱게 자다.

・うつぶせに(なって)寝(ね)る。

엎드려 자다.

・仰向(あおむ)けに(なって)寝(ね)る。

위를 보고 자다.

・寝癖(ねぐせ)

뻗친 머리

・髪(かみ)を乾(かわ)かさないで寝(ね)ると寝癖(ねぐせ)がつきやすい。

머리를 말리지 않고 자면 뻗치기 쉽다.

06 일어나서 자기까지 일상생활 ②

(2)세수, 화장

MP3 6-06▸

렌즈를 끼다

コンタクト(レンズ)をする

Tip 그냥 '렌즈'라고 하지 않고 「コンタクト」 또는 「コンタクトレンズ」라고 한다. 반대로 '렌즈를 빼다'는 「コンタクトレンズを はずす」라고 한다.

머리를 감다

頭(あたま)を(髪(かみ)を)洗(あら)う

Tip 아침에 샴푸로 머리를 감는 것을 「朝(あさ)シャン」이라고 한다.

머리를 말리다

頭(あたま)を(髪(かみ)を)乾(かわ)かす

・ドライヤーで髪(かみ)を乾(かわ)かす。

드라이어로 머리를 말리다.

머리를 빗다

(髪(かみ)を)とかす・梳(す)く

물을 틀다

水(みず)を出(だ)す

・蛇口(じゃぐち)をひねって水(みず)を出(だ)す。

꼭지를 돌려서 물을 튼다.

Tip 蛇口(じゃぐち) : 수도꼭지

비누

せっけん

Tip 액체로 된 것은 「ボディー・ソープ」(body soap).

07 일어나서 자기까지 일상생활 ③

세수, 화장

MP3 6-07▸

세수를 하다
顔(かお)を洗(あら)う

수염을 깎다(면도)
ひげを剃(そ)る

Tip 면도기는 「ひげそり」, 면도칼은 「かみそり」, 「シェイバー」.

- 수염　ひげ
- 콧수염　くちひげ, ちょびひげ, 鼻(はな)ひげ
- 턱수염　あごひげ
- 구레나룻　もみあげ(귀밑 털), ほおひげ(볼 털)
- 가짜 수염　つけひげ

양치질을 하다
歯(は)を磨(みが)く

얼굴에 로션을 바르다
顔(かお)にローション(lotion)を塗(ぬ)る

얼굴을 닦다
顔(かお)を拭(ふ)く・拭(ぬぐ)う

치약, 칫솔
歯磨(はみが)き粉(こ)・歯(は)ブラシ

- 夜寝(よるね)る前(まえ)には必(かなら)ず歯(は)を磨(みが)かなければならない。
  밤에 자기 전에는 반드시 양치질을 해야 한다.

향수를 뿌리다
香水(こうすい)を振(ふ)りかける・香水(こうすい)をスプレーする

화장을 하다

化粧(けしょう)をする

Tip 化粧(けしょう)を濃(こ)くする : 화장을 진하게 하다
化粧(けしょう)を薄(うす)くする : 화장을 연하게 하다
化粧(けしょう)をなおす : 화장을 고치다
化粧(けしょう)を落(お)とす : 화장을 지우다

바르다에 관한 말

- 로션을 바르다

  ローションをつける(塗(ぬ)る)

- 루즈를 바르다

  口紅(くちべに)を塗(ぬ)る

- 머리에 헤어젤을 바르다

  ジェルをつける

- 상처에 약을 바르다

  傷(きず)に薬(くすり)を塗(ぬ)る·つける

- 우표를 붙이다

  切手(きって)を貼(は)る

- 벽에 벽지를 바르다

  壁(かべ)に壁紙(かべがみ)を貼(は)る

- 포스터를 벽에 붙이다

  ポスター(poster)を壁(かべ)に貼(は)る

- 얼굴에 점을 붙이다

  顔(かお)につけぼくろをつける(くっつける)

※「ぬる」는 전면에 발라서 붙이는 느낌, 「つける」는 어느 한부분만 찍어서 붙이는 느낌을 주는 말이다.

08 일어나서 자기까지 일상생활 ④

옷 입기

MP3 6-08▸

넥타이를 매다

ネクタイをする(結(むす)ぶ・しめる)

・派手(はで)なネクタイをしている。화려한 넥타이를 맸다.

멋을 부리다

おしゃれをする

Tip '멋을 부릴 수 있다'는 「おしゃれができる」.

・彼女(かのじょ)は目(め)が悪(わる)いのではなく、おしゃれで眼鏡(めがね)をかけている。그녀는 눈이 나쁜 게 아니라, 멋으로 안경을 쓰고 있다.

스카프를 매다

スカーフを結(むす)ぶ

・風(かぜ)が冷(つめ)たいので首(くび)にスカーフを巻(ま)いて外出(がいしゅつ)した。
바람이 차가워서 목에 스카프를 하고 외출했다.

스타킹이 고가 나가다

(パンティー)ストッキングが伝線(でんせん)する

Tip 팬티스타킹은 짧게 「パンスト」라고 한다.

양말(스타킹)을 신다

靴下(くつした)(ストッキング・パンスト)をはく

Tip 「はく」의 반대말은 「脱(ぬ)ぐ」.

옷을 갈아입다

(服(ふく)を)着替(きが)える

・更衣室(こういしつ)で会社(かいしゃ)の制服(せいふく)に着替(きが)える。
탈의실에서 회사 유니폼으로 갈아입다.

옷을 입다

服(ふく)を着(き)る

Tip 바지나 치마처럼 아래로 입는 것은 「はく」라고 한다.

- 夏(なつ)なので薄(うす)い服(ふく)を着(き)る。
  여름이라서 얇은 옷을 입는다.

운동복

ジャージ

Tip 「jersey」(신축성이 있는 옷감)가 어원이다.

정장차림

スーツ姿(すがた)

Tip 「suit」는 '양복'이란 뜻으로 많이 쓰인다. 또, 학생이 취업활동을 할 때 입는 정장을 「リクルートスーツ(recruit suit)」라고 한다.

- 就職活動(しゅうしょくかつどう)はスーツ姿(すがた)で行(おこな)う。
  취업활동은 양복차림으로 한다.

캐주얼한 옷

カジュアル(casual)な服(ふく)

평상복

普段着(ふだんぎ)・ラフ(rough)なスタイル

- 会社(かいしゃ)から帰(かえ)って普段着(ふだんぎ)に着替(きが)えた。
  퇴근하고 집에 와서 평상복으로 갈아입었다.

- 교복 : 制服(せいふく)
- 셔츠 : シャツ, 半袖(はんそで)シャツ(반팔셔츠)
- 팬티 : パンティー(여성용), パンツ(남성용), ブリーフ(몸에 밀착하는 남성용팬티), トランクス(헐렁한 사각팬티 남성용)
- 비옷 : レインコート, 雨(あま)がっぱ

09 일어나서 자기까지 일상생활 ⑤

아침식사

MP3 6-09▸

계란프라이에 토스트
目玉焼きにトースト

국에 말아서 먹다
(ごはんを)おつゆに入れて食べる

Tip 일본에서는 밥을 국에 말아서 먹는 습관은 없다. 단, 「お茶漬(ちゃづ)け」라고 해서, 밥에 양념을 얹어 녹차에 말아서 먹는 음식이 있는데, 술과 식사를 할 수 있는 곳에서는 메뉴로도 나와 있다. 간혹 된장국에 밥을 넣어 먹는 사람도 있는데, 이 때 밥과 된장국을 섞은 것을 「猫(ねこ)マンマ」(猫のごはん)라고 한다.

도시락을 싸가다
お弁当を持っていく(包む)

Tip '도시락을 싸다'는 「お弁当をつつむ」라고 한다.

- 日曜は学校の食堂が休みなので弁当を持っていく。
  일요일은 학교 식당이 안하기 때문에, 도시락을 싸간다.

밥을 거르다
食事を抜く

- 仕事が忙しくて昼食を抜いてしまった。
  업무가 바빠서 점심식사를 챙겨먹지 못했다.

빵에 버터를 발라 먹다
パンにバターを塗って食べる

삶은 계란
ゆで玉子

・ゆで玉子(たまご)を半熟(はんじゅく)にして食(た)べる。

달걀을 반숙으로 삶아서 먹다.

Tip '반숙 달걀'은 「半熟(はんじゅく)」라고 한다.

아침을 거르다

朝(あさ)ごはんを抜(ぬ)く

朝飯抜(あさめしぬ)き

아침을 굶고 출근하다

朝(あさ)ごはんを食(た)べないで出勤(しゅっきん)する

Tip '굶다'는 「飢(あ)える」라고 하지만, 식사를 거르는 것은 「抜(ぬ)く」라고 한다.

・寝坊(ねぼう)して朝飯抜(あさめしぬ)きで出勤(しゅっきん)した。

늦잠을 자는 바람에 아침을 굶고 출근했다.

빵으로 때우다

パンでごはんの代(か)わりにする

・パンを買(か)ってきてごはんの代(か)わりに食(た)べた。

빵을 사와서 밥 대신 먹었다. (식사를 빵으로 때웠다.)

10 주부의 하루 ①

엄마가 아이에게

MP3 6-10▸

어서 일어나야지.	はやく(さっさと)起(お)きなさい。 Tip さっさと : 빨랑빨랑, 어서어서(재촉할 때)
일어나세요.	起(お)きなさい。
늦겠다.	遅(おく)れる(わ)よ。(엄마가) · 遅(おく)れるぞ。(아빠가)
양치질하고 세수해.	歯(は)を磨(みが)いて、顔(かお)を洗(あら)いなさい。
밥 먹자.	ごはん食(た)べるわよ。(엄마가) · ごはん食(た)べるぞ。(아빠가)
꼭꼭 씹어야지.	よくかみなさい。
자, 옷 갈아입어.	着替(きが)えなさい。
준비물은 챙겼어?	学校(がっこう)に持(も)っていくもの、持(も)った? Tip '준비물'은 「準備(じゅんび)するもの」라고 해도 된다.
갔다 와라.	行(い)ってらっしゃい。
이제 오니?	お帰(かえ)り(なさい)。 Tip '빨리 왔구나'는 「早(はや)かった(わ)ね」, '늦었구나'는 「遅(おそ)かった(わ)ね」라고 한다.

오늘 어땠어?·재미있었어?	今日(きょう)はどうだった?・おもしろかった?
손 씻고 와라.	手(て)を洗(あら)って来(き)なさい。
밥 먹어야지.	ごはん食(た)べなさい。
식사하세요.	ごはんですよ。 Tip 아이들에게 말할 경우 아빠는 「ごはんだよ」, 엄마는 「ごはんよ」와 같이 표현한다.
이것도 먹어봐. 맛있어.	これも食(た)べて。おいしいよ。
씻고 준비해야지.	顔洗(かおあら)って準備(じゅんび)しなさい。(「準備」 대신 「支度(したく)」도 가능.)
숙제는 다 했니?	宿題全部(しゅくだいぜんぶ)したの?
책 읽어 줄까?	本読(ほんよ)んであげようか?
이불 잘 덮고 자	ちゃんとふとんかけて寝(ね)なさい。 ・ふとんをかける 이불을 덮다. ·ふとんをたたむ 이불을 개다.
잘 자.	おやすみ。
말을 잘 들어야지	・言(い)うことを聞(き)け!(명령조) ・言(い)うことを聞(き)きなさい!(훈계조) ・言(い)うことを聞(き)かなきゃだめよ(だめじゃない)!(엄마가) ・言(い)うことを聞(き)かなきゃだめじゃないか!(아빠가)

11 주부의 하루 ②

차를 탔을 때

MP3 6-11▶

자, 타.	さあ、乗(の)って。
위험하니까 앉아 있어.	危(あぶ)ないから座(すわ)って(い)て。
그건 만지면 안 돼.	それ、いじっちゃ(いじっては)だめ。 Tip 「いじる」는 '만지작거리다' '매만지다'란 뜻.
저건 뭘까?	あれ、何(なに)かな?・あれ、何(なん)だろう?
날씨가 좋지!	天気(てんき)がいいね!
노래 하나 해보렴.	歌(うた)うたってごらん。 Tip 「～てごらん」은 '～해 봐'란 뜻으로 반말체 명령표현이다.
지금 운전하니까 좀 있다 줄게.	今運転(いまうんてん)して(い)るから、後(あと)であげるね。
주유소에서 기름 넣고 가자.	ガソリンスタンドでガソリン入(い)れていこう。
가득 채워 주세요.	満(まん)タンでお願(ねが)いします。
조금만 더 가면 돼.	もうちょっとだけ行(い)けばいいから。

자 다왔다.	着(つ)いたよ。 Tip '왔다~!'라고 할 때는 「来(き)た~!」가 아니고 「着(つ)いた~!」라고 한다.
내려.	降(お)りて。
같이 가야지.	いっしょに行(い)こう。
이리 와.	こっち来(き)て。 こっちにおいで。
옳지.	そうそう。
착하다. 잘했어.	えらいね~。おりこうさんだね。
왜 울어?	何(なん)で(なぜ・どうして)泣(な)いてるの?
누가 그랬어?	誰(だれ)のせい? • 誰(だれ)が泣(な)かせたの? 누가 울렸어? (울고 있을 경우) • 誰(だれ)が叩(たた)いたの? 누가 때렸어? (누가 때렸을 경우)

12 주부의 하루 ③

가사는 힘들어

MP3 6-12▸

다림질을 하다.

アイロンをかける。

・乾(かわ)いた洗濯物(せんたくもの)にアイロンをかける。
마른 옷가지를 다리다.

방을 닦다.

(床(ゆか)を)拭(ふ)く。

Tip 雑巾(ぞうきん)がけをする : 걸레질을 하다.

・掃除機(そうじき)をかけた後(あと)、雑巾(ぞうきん)で床(ゆか)を拭(ふ)く。
진공청소기를 돌린 뒤 걸레로 마루를 닦는다.

빨래

洗濯(せんたく)

・洗濯機(せんたくき)から洗濯物(せんたくもの)を取(と)り出(だ)す。 세탁기에서 빨래를 꺼내다.
・洗濯物(せんたくもの)を広(ひろ)げて乾(かわ)かす。 빨래를 널다.
・洗濯物(せんたくもの)を取(と)り込(こ)む。 빨래를 개다.

(빨래를) 삶다

煮(に)る

Tip 일본에서는 식탁보 등 일부 주방용품만 삶는 정도다.

설거지

洗(あら)い物(もの)・皿洗(さらあら)い

・食事(しょくじ)をした後(あと)にすぐ洗(あら)い物(もの)をするのが自炊(じすい)を続(つづ)ける秘訣(ひけつ)だ。 밥을 먹은 다음 바로 설거지를 하는 것이 자취를 계속할 수 있는 비결이다.

식사준비	ごはんの支度(したく) Tip 支度(したく) : 준비, 채비(한자에 주의)
세탁소에 옷을 맡기다.	クリーニングに服(ふく)を預(あず)ける。 ・クリーニングに預(あず)けた服(ふく)を受(う)け取(と)ってきた。 세탁소에 맡긴 옷을 찾아왔다.
장을 보다.	買(か)い物(もの)に行(い)く。
방을 정리하다.	部屋(へや)を片付(かたづ)ける。
이불을 개다.	布団(ふとん)をたたむ。・布団(ふとん)をあげる。
이불을 털어서 개놓다.	布団(ふとん)を叩(たた)いてたたむ。 Tip 이불을 햇볕에 말린 후 막대기로 두드려서 먼지를 턴다.
청소기를 돌리다.	掃除機(そうじき)をかける。・掃除機(そうじき)で掃除(そうじ)をする。 ・アパートで夜遅(よるおそ)く掃除機(そうじき)をかけるのは近所迷惑(きんじょめいわく)に なる。 아파트에서 밤늦게 청소기를 돌리는 것은 옆집에 피해를 준다. Tip 近所迷惑(きんじょめいわく) : 이웃에게 폐를 끼치는 것
아이를 목욕시키다.	子供(こども)を風呂(ふろ)に入(い)れる。
놀아주다.	遊(あそ)んでやる。・子供(こども)の相手(あいて)をしてやる。 ・宿題(しゅくだい)を見(み)てやる。 숙제를 봐주다. ・子供(こども)を寝(ね)かせる。 아이를 재우다.

13 교육기관

학교에서

MP3 6-13▸

놀이방	保育園(ほいくえん)
영아반	乳児保育(にゅうじほいく)
어린이집	保育園(ほいくえん)・幼稚園(ようちえん)
유치원	幼稚園(ようちえん)
초등학교	小学校(しょうがっこう)
중학교	中学校(ちゅうがっこう)
고등학교	高校(こうこう) Tip 「高等学校(こうとうがっこう)」라고도 하지만 잘 안 쓴다. 따라서 고등학생은 「高校生(こうこうせい)」라고 한다.
전문대학	短大(たんだい) Tip 「短期大学(たんきだいがく)」의 준말이다.
대학교	大学(だいがく) Tip 「大学校」라고 하지 않는 것에 주의.
대학원	大学院(だいがくいん)

해외유학

かいがい りゅうがく
(海外)留学

시립

し りつ
市立

Tip 「市立」은 「私立」와 마찬가지로 「しりつ」라고도 읽을 수 있는데, 혼동을 막기 위해 「市(いち)」를 훈(訓)으로 읽어 「いちりつ」라고 읽는다.

공립

こうりつ
公立

사립

わたくしりつ
私 立

Tip 「私立」도 「市立」와 혼동을 막기 위해 「私(わたくし)」를 '훈(訓)'으로 읽어 「わたくしりつ」라고 읽는다.

여학생

じょ し がくせい
女子学生

Tip 「女学生」이라고는 하지 않는다.

- じょ し だいせい
  女子大生 : 여대생
- じょ し こうせい
  女子高生 : 여고생
- だん し がくせい
  男子学生 : 남학생

재수생

ろうにん
浪人

Tip 원래는 관직을 잃은 무사(武士)를 가리키는 말이다. '재수'는 「一浪(いちろう)」, '삼수'는 「二浪(にろう)」라고 한다.

전학

てんこう
転校

Tip '전학을 가다(오다)'는 「転校(てんこう)する」라고 한다.

퇴학

たいがく
退学

Tip '자퇴'는 「自主退学(じしゅたいがく)」, '중퇴'는 「中退(ちゅうたい)」, '조퇴'는 「早退(そうたい)」라고 한다.

14 한일간에 다르게 쓰는 말

학교에 관한 말

MP3 6-14▶

강당

体育館(たいいくかん)

Tip 「講堂(こうどう)」라는 말도 있지만 「体育館(たいいくかん)」이라고 할 경우가 많다. 한편 일본어의 「体育館」에는 '무술이나 운동을 가르치는 학습기관'이라는 뜻은 없다.

교감

教頭(きょうとう)

Tip '교감 선생님'은 「教頭先生(きょうとうせんせい)」라고 한다.

교무실

職員室(しょくいんしつ)

국민체조

Tip 「ラジオ体操(たいそう)」라고 한다. NHK가 보급하여 방송하고 있다.

담임선생님

担任(たんにん)の先生(せんせい)

당번

当番(とうばん)・日直(にっちょく)

반

クラス(class)・学級(がっきゅう)・組(くみ)

반장

学級委員(がっきゅういいん)

Tip 일본에서는 학급 안의 소 단위 조(組:くみ)를 '반(班はん)'이라고 라며 그 대표자를 「班長(はんちょう)」라고 한다.

선도위원

せいかつ い いん
生活委員

Tip 「風紀委員(ふうきいいん)」이라고도 한다.

수위(사환·소사)

よう む いん
用務員

칠판

こくばん
黒板

Tip '하얀 칠판'은 「ホワイトボード(white board)」라고 한다.

칠판지우개

こくばん け　こくばん ふ
黒板消し・黒板拭き

Tip 관동지방에서는 「黒板拭き」, 관서지방에서는 「黒板消し」라고 했으나 지금은 「黒板消し」가 일반적이다.

○학년 ○반

ねん　くみ
○年○組

Tip 가령 '3학년 1반'은 「三年一組」이다.

학생회장

Tip 小学校(しょうがっこう)에서는 「児童会長(じどうかいちょう)」, 중학교·고등학교에서는 「生徒会長(せいとかいちょう)」, 대학교에서는 「学生会長(がくせいかいちょう)」 또는 「自治会長(じちかいちょう)」라고 한다. 또, 학생에 대한 명칭도 일본에서는 초등학생(소학생)은 「児童(じどう)」, 중학생과 고등학생은 「生徒(せいと)」, 대학생은 「学生(がくせい)」라고 한다.

학부모회

PTA

Tip 「父兄会(ふけいかい)」라는 말도 있으나 잘 쓰지 않는다. PTA는 'Parent Teacher Association'의 준말. '학부모'는 「父兄(ふけい)」라고 한다.

- ふ けいさんかん
  父兄参観 공개수업

15 학교에서 많이 쓰는 말

학교에서

MP3 6-15▸

가장 인기 있는 선생님

一番人気(いちばんにんき)のある先生(せんせい)

교생

教育実習生(きょういくじっしゅうせい)

Tip '교생실습'은 「教育実習(きょういくじっしゅう)」라고 한다.

교복

制服(せいふく)

Tip 남학생들이 입는 검정색 교복은 「学生服(がくせいふく)」라고 한다.

급식

給食(きゅうしょく)・学校給食(がっこうきゅうしょく)

- 高校(こうこう)では学校給食(がっこうきゅうしょく)がないので、弁当(べんとう)を持(も)って行(い)かなければならない。
  고등학교에서는 급식을 하지 않기 때문에, 도시락을 싸 다녀야 한다.

방과후

放課後(ほうかご)

여름방학

夏休(なつやす)み

Tip 일본어에는 '放学(방학)'이라는 말은 없고 방학의 계절을 가리키는 말을 「休み」 앞에 붙여서 표현한다.

- 冬休(ふゆやす)み　겨울방학
- 春休(はるやす)み　봄방학

봉사활동	ボランティア(volunteer) Tip '봉사활동(자원봉사)하는 사람'을 가리켜「ボランティア」라고도 한다.
분필	チョーク(choke) Tip「白墨(はくぼく)」라는 말도 있으나 거의 쓰이지 않는다.
차렷	気(き)をつけ! · 休(やす)め! 열중쉬엇! · 礼(れい)! 경례! · 伏(ふ)せ! 엎드려 뻗쳐! · 逆立(さかだ)ち 물구나무서기!
출석부	出席簿(しゅっせきぼ) Tip '출석을 부르다'는「出席(しゅっせき)をとる」.
결석	欠席(けっせき)
학예회	学芸会(がくげいかい)
호랑이 선생님	怖(こわ)い先生(せんせい)
1절·2절·3절·4절 (음악)	一番(いちばん)・二番(にばん)・三番(さんばん)・四番(よんばん) Tip 후렴구는「リフレーン」 또는「くりかえし」라고 한다.
준비, 시~작! (체육)	用意(ようい)、始(はじ)め!
이겨라 이겨라(응원)	ファイト(fight)、ファイト!・がんばれ! Tip 보통「がんばって~!」「ファイト~!」와 같이 응원한다.

16 학생들에 관한 말

용어 외 자주 쓰는 말

MP3 6-16▸

과외

Tip 일본에서 「課外授業(かがいじゅぎょう)」라고 하면 학교에서 이루어지는 보충 수업 및 방과후의 과외 활동을 가리킨다. 가정 교사에게 배우는 소위 고액 과외는 「課外授業」라고 하지 않고 「家庭教師(かていきょうし)に勉強(べんきょう)を教(おし)えてもらう」, 「個人授業(こじんじゅぎょう)を受(う)ける」와 같이 표현한다.

과외선생님

家庭教師(かていきょうし)の先生(せんせい)

과외 아르바이트

家庭教師(かていきょうし)のアルバイト

불량서클

不良(ふりょう)の集(あつ)まり

- 高校(こうこう)に入(はい)ってから、不良(ふりょう)の集(あつ)まりに加(くわ)わるなど、素行(そこう)に問題(もんだい)がある。

  고등학교에 들어가고 나서, 불량서클에 드는가 하면 소행에 문제가 있다.

사춘기

思春期(ししゅんき)

스타디그룹

勉強会(べんきょうかい)・集(あつ)まって勉強(べんきょう)する

이성교제

異性(いせい)との交際(こうさい)

Tip '불순한 이성 교제'는 「不純異性交遊(ふじゅんいせいこうゆう)」라고 한다.

입시지옥	<ruby>受験地獄<rt>じゅけん じ ごく</rt></ruby>

・<ruby>有名大学<rt>ゆうめいだいがく</rt></ruby>に<ruby>入<rt>はい</rt></ruby>るなら<ruby>受験地獄<rt>じゅけん じ ごく</rt></ruby>を<ruby>覚悟<rt>かく ご</rt></ruby>しなければならない。

명문대학에 들어가려면 입시지옥을 각오하지 않으면 안 된다.

짝	Tip '짝'에 해당하는 일본말은 없다. 굳이 표현하자면「クラスで<ruby>横<rt>よこ</rt></ruby>に<ruby>座<rt>すわ</rt></ruby>った<ruby>友達<rt>ともだち</rt></ruby>」와 같이 표현할 수밖에 없다. '제일 친한 친구'는「<ruby>一番<rt>いちばん</rt></ruby><ruby>仲<rt>なか</rt></ruby>のいい<ruby>友<rt>とも</rt></ruby>だち」라고 한다.

태권도를 배우다	テコンドーを<ruby>習<rt>なら</rt></ruby>う

학습지를 집에서 하다	<ruby>家<rt>いえ</rt></ruby>で<ruby>学習雑誌<rt>がくしゅうざっ し</rt></ruby>で<ruby>勉強<rt>べんきょう</rt></ruby>する

Tip '학습지'는「<ruby>学習雑誌<rt>がくしゅうざっし</rt></ruby>」라고 한다.

・<ruby>日本<rt>に ほん</rt></ruby>では<ruby>学研<rt>がっけん</rt></ruby>(<ruby>学習研究社<rt>がくしゅうけんきゅうしゃ</rt></ruby>)の<ruby>学習雑誌<rt>がくしゅうざっ し</rt></ruby>が<ruby>一番有名<rt>いちばんゆうめい</rt></ruby>だ。

일본에서는 학연(학습연구사)의 학습지가 가장 유명하다.

학원에 다니다	<ruby>塾<rt>じゅく</rt></ruby>に<ruby>通<rt>かよ</rt></ruby>う

Tip 보습학원이나 입시학원 등은「<ruby>塾<rt>じゅく</rt></ruby>」, 어학이나 수영 등 보통 학원은「<ruby>学校<rt>がっこう</rt></ruby>」,「<ruby>教室<rt>きょうしつ</rt></ruby>」라고 한다.

・<ruby>学校<rt>がっこう</rt></ruby>の<ruby>授業<rt>じゅぎょう</rt></ruby>だけではよく<ruby>理解<rt>り かい</rt></ruby>できず、<ruby>塾<rt>じゅく</rt></ruby>に<ruby>通<rt>かよ</rt></ruby>う<ruby>生徒<rt>せい と</rt></ruby>が<ruby>多<rt>おお</rt></ruby>い。

학교수업만으로는 이해가 가지 않아, 학원에 다니는 학생들이 많다.

학점을 따다	<ruby>単位<rt>たん い</rt></ruby>を<ruby>取<rt>と</rt></ruby>る

Tip '(학점이) 펑크나다'는「<ruby>単位<rt>たんい</rt></ruby>を<ruby>落<rt>お</rt></ruby>とす」.

17 학교에서 일어나는 일

행동에 관한 말

MP3 6-17▸

군것질을 하다	**買(か)い食(ぐ)いをする** ・下校途中(げこうとちゅう)にあれこれ買(か)い食(ぐ)いする。 하굣길에 이것저것 군것질을 한다.
꾸벅꾸벅 졸다	**こっくりこっくり眠(ねむ)る** ・午後(ごご)の授業(じゅぎょう)ではこっくりこっくり居眠(いねむ)りすることが多(おお)かった。 오후수업 때는 꾸벅꾸벅 졸 때가 많았다.
낙서를 하다	**落書(らくが)きをする** ・この頃(ごろ)はトイレに落書(らくが)きする人(ひと)は少(すく)なくなった。 요즘은 화장실에 낙서하는 사람이 줄었다.
낙서장	**落書(らくが)き帳(ちょう)**
도시락을 까먹다	**お弁当(べんとう)を食(た)べる** ・(お)弁当(べんとう)を家(いえ)に忘(わす)れて学校(がっこう)に行(い)ってしまった。 도시락을 잊어먹고 학교에 안 가져갔다.
따돌리다	**仲間外(なかまはず)れにする** Tip '따돌림을 당하다'는 「仲間外(なかまはず)れにされる」.

- 勉強(べんきょう)のできない生徒(せいと)をみんなで仲間外(なかまはず)れにした。
  공부 못하는 학생을 다른 아이들이 모두 따돌렸다.

친구를 놀리다

友(とも)だちをからかう

Tip 「からかう」는 '비웃다' '조롱하다'란 뜻.

수업을 빼먹다

授業(じゅぎょう)をサボる

Tip サボる : 땡땡이치다.

이르다·고자질하다

いいつける

Tip 「告(つ)げ口(ぐち)する」 또는 「ちくる」(은어)라고도 한다.

- 友(とも)だちが試験(しけん)で不正行為(ふせいこうい)をしたことを先生(せんせい)に言(い)いつけた。 친구가 시험 때 부정행위를 한 것(사실)을 선생님께 일러바쳤다.

장난치다

いたずらをする

- 授業中(じゅぎょうちゅう)に友(とも)だちにいたずらをして先生(せんせい)にしかられた。
  수업 중에 친구한테 장난치다가 선생님께 혼났다.

외래어에서 유래된 말

- ダブる : 「double」. 이중이 되다. (학생 은어로) 유급하다. (ものがダブって見(み)える。 사물이 겹쳐보인다.)
- メモる : 「memo(memorandum)」. 메모하다.
- ハモる : 「harmony」. 합창하다.
- ミスる : 「miss」. 실수를 하다.
- フリマ : 「free market」. 프리마켓.
- オール : 「all night」. 밤샘.
- マイブーム : 「my boom」. 마이붐(자신만의 붐)

18 시험에 관한 말

학교에서

MP3 6-18▶

| 컨닝을 하다 | カンニング(cunning)をする |

답안지를 베끼다

答案(とうあん)を写(うつ)す

들키다

ばれる

・友(とも)だちの答案(とうあん)を丸写(まるうつ)しにして先生(せんせい)にばれた。
친구 답안지를 통째로 베꼈다가 선생님께 들켰다.

미운털이 박히다

目(め)を付(つ)けられる

・態度(たいど)が悪(わる)くて先生(せんせい)に目(め)をつけられている。
태도가 나빠서 선생님께 미운털이 박혔다.

・一度(いちど)問題児(もんだいじ)として目(め)をつけられたら、それで一巻(いっかん)の終(お)わりだ。 한번 문제아로 찍히면 그걸로 끝장이다.

Tip 一巻(いっかん)の終(お)わり : 끝장

벌을 서다

立(た)たされる

・宿題(しゅくだい)を忘(わす)れて廊下(ろうか)に立(た)たされた。
숙제를 안 해서 복도에서 벌을 섰다.

쪽지시험

ミニテスト(mini test)・小(しょう)テスト

중간고사·기말고사
中間試験(ちゅうかんしけん)・期末試験(きまつしけん)

수능시험
大学入試(だいがくにゅうし)センター試験(しけん)・センター入試(にゅうし)

Tip 흔히 센터시험이라고 불리는데, 국공립대학의 경우 필수이고, 사립대학의 경우 전형에 따라 대학 자율시험을 치르는 곳도 있다.

내신성적
内申(ないしん)・内申書(ないしんしょ)

논술시험
小論文(しょうろんぶん)

- 小論文(しょうろんぶん)をうまく書(か)くためには普段(ふだん)から新聞(しんぶん)の社説(しゃせつ)やコラムを読(よ)んでおくといい。
  논술을 잘 보려면 평소 신문 사설이나 칼럼을 읽어두면 좋다.

모의고사
模擬試験(もぎしけん)(模試(もし))

- 試験(しけん)に受(う)かる·試験(しけん)に合格(ごうかく)する　시험에 붙다
- 試験(しけん)に落(お)ちる·不合格(ふごうかく)となる　시험에 떨어지다

시험을 잘 쳤다 ↔ 죽을 썼다
(試験(しけん)が)できた ↔ うまくできなかった

- ヤマがはずれて試験(しけん)はうまくできなかった。
  예상이 빗나가서 완전히 망쳤다.

Tip ヤマがはずれる : 예상했던 출제범위가 빗나가다.

일등
一番(いちばん)・トップ(top) ↔ (びり 꼴찌)

점수가 짜다·후하다
点数(てんすう)が辛(から)い・点数(てんすう)が甘(あま)い

Tip 점수가 후할 경우, 「仏(ほとけ)の○○(이름)」라고 한다.

19 도형, 모양에 관한 말

수업시간에 쓰는 말

MP3 6-19▶

가로 · 세로	横(よこ) · 縦(たて)
높이 · 폭	高(たか)さ · 幅(はば)
끝이 몽통하다	先(さき)が丸(まる)い
뾰족하다	鋭(するど)い · 尖(とが)っている
길쭉하다	長(なが)い · 細長(ほそなが)い
각지다	四角(しかく)い · 角張(かくば)っている
솟아있다	尖(とが)っている
꺼져있다	引(ひ)っ込(こ)んでいる
닮은꼴	相似形(そうじけい)
동그랗다	丸(まる)い
울퉁불퉁하다	でこぼこしている · 凹凸(おうとつ)がある
직선 · 곡선	直線(ちょくせん) · 曲線(きょくせん)
평행선	平行線(へいこうせん)
사다리꼴	台形(だいけい)

원 · 원뿔 · 원기둥	円・円錐(形)・円筒(形)	えん　えんすい　けい　えんとう　けい
타원	楕円形	だえんけい
삼각형 · 역삼각형	三角形・逆三角形	さんかくけい　ぎゃくさんかくけい
사각형	四角形	しかくけい
육각형	六角形	ろっかくけい
마름모	菱形	ひしがた
정육면체	正六面体	せいろくめんたい
포물선	放物線	ほうぶつせん
부채꼴	扇形	おうぎがた
원주	円柱	えんちゅう
반달모양	半月形	はんげつけい
초승달모양	三日月形	みかづきがた
중량	重量・重さ	じゅうりょう　おも
저울	秤	はかり
눈금	目盛り	めも
지름 · 반지름	直径・半径	ちょっけい　はんけい

20 수식, 단위를 나타내는 말

수업시간에 쓰는 말

MP3 6-20▶

인치	インチ(inch)
평	坪(つぼ)
제곱	自乗(じじょう)・二乗(にじょう)
소수점	小数点(しょうすうてん)
나머지	余(あま)り
더하다 · 덧셈	足(た)す・足(た)し算(ざん)
곱하다 · 곱셈	掛(か)ける・掛(か)け算(ざん)
빼다 · 뺄셈	引(ひ)く・引(ひ)き算(ざん)
나누다 · 나눗셈	割(わ)る・割(わ)り算(ざん)
ml	ミリリットル(milli liter)
cc	シーシー(cc)
cm	センチメートル(centimeter)・センチ(centi)
km	キロメートル・キロ
m	メートル(meter)

kg	キログラム
섭씨 ○○도	摂氏(せっし) ○○度(ど) Tip '화씨'는 「華氏(かし)」라고 한다.
영상	プラス(plus)
영하	マイナス(minus) · 零下(れいか) Tip 한국에서는 신체 몸 사이즈(가슴·허리·엉덩이)를 인치(inch)로 표시하지만, 일본에서는 센티(centi)로 표시하고, 신체 사이즈는 「スリーサイズは」(three size)라고 한다. 또, 한국에서는 신발 사이즈를 밀리(milli)로 표시하지만 일본에서는 센티(centi)로 표시한다.

- スリーサイズは 88·62·95です。
  신체 사이즈는 35·24·38입니다.
- くつのサイズは 26.5です。
  구두 사이즈는 265mm입니다.

세탁물 표시

ドライ	手洗い30°	中	エンソサラシ
드라이 클리닝	30도 정도 물에서 손세탁	다리미 온도 140°~160°	염소표백제 사용불가

21 미술활동에 쓰는 말

동작에 관한 말

MP3 6-21▸

가위로 자르다	**はさみで切(き)る** · はさみで新聞(しんぶん)を切(き)り取(と)ってスクラップにする。 가위로 신문을 오려 스크랩하다.
그림을 그리다	**絵(え)を描(か)く(描(えが)く)** · 画用紙(がようし)に絵(え)を描(か)く。 도화지에 그림을 그리다.
물감을 짜다	**絵(え)の具(ぐ)を出(だ)す** · パレットに絵(え)の具(ぐ)を出(だ)す。 팔레트에 물감을 짜다.
색칠을 하다	**色(いろ)を塗(ぬ)る** · ポスターカラーがなかったので普通(ふつう)の絵(え)の具(ぐ)で色(いろ)を塗(ぬ)った。 포스터칼라가 없어서 보통 물감으로 색을 칠했다.
선을 긋다	**線(せん)を引(ひ)く** · 定規(じょうぎ)でまっすぐ線(せん)を引(ひ)く。 자로 곧바로 선을 긋다.

연필을 깎다

鉛筆(えんぴつ)を削(けず)る

・鉛筆削(えんぴつけず)りで鉛筆(えんぴつ)を削(けず)る。

연필깎이로 연필을 깎다.

연필꽂이에 꽂다

筆立(ふでた)てに立(た)てる

종이를 접다

折(お)り紙(がみ)をする

Tip 종이접기는 「折(お)り紙(がみ)」, 종이학은 「折(お)り鶴(づる)」라고 한다.

・色紙(いろがみ)を買(か)ってきて折(お)り紙(がみ)をする。

색종이를 사와서 종이접기를 하다.

풀칠을 하다

のりで貼(は)る

・のりで封筒(ふうとう)に切手(きって)をはりつける。

풀로 봉투에 우표를 붙이다.

미술용구

・筆(ふで)	붓
・パレット	팔레트
・スケッチブック	스케치북
・色鉛筆(いろえんぴつ)	색연필
・絵(え)の具(ぐ)	물감
・水(みず)おけ·バケツ	물통

22 회사에서

사무실 비품 및 사무용품

MP3 6-22▸

거울	鏡(かがみ)
난로, 난방	ストーブ, 暖房(だんぼう)
버티컬(블라인드)	ブラインド(blind)
복사기	コピー機(き)
사무실	オフィス(office)・事務室(じむしつ)
서류	書類(しょるい)
쓰레기통	ゴミ箱(ばこ)
액자	額(がく)・額縁(がくぶち)
응접실	応接室(おうせつしつ)
창문	窓(まど)
커피잔	コーヒーカップ(coffee cup) Tip '머그잔'은 「マグカップ(mug cup)」라고 한다.
컴퓨터	コンピューター(computer)
탕비실	給湯室(きゅうとうしつ)

파티션(칸막이)	パーティション(partition)・衝立(ついたて)
프린터	プリンター(printer)
회의실	会議室(かいぎしつ)

사무용품

- 도장 印鑑(いんかん), はんこ(고무인은 ゴム印(いん))
- 메모지 メモ用紙(ようし)
- 복사용지 コピー用紙(ようし)
- 샤프 ペンシル(シャープペンシル)
- 수정액(화이트) 修正液(しゅうせいえき), ホワイト(white)
- 스카치테이프 セロテープ(cellophane tape)
- 스탬프 スタンプ(stamp)台(だい)
- 이면지 '이면지를 활용하다'는 「裏面(うらめん)を再利用(さいりよう)する」.
- 자 物差(ものさ)し, スケール(scale)
- 전자계산기 電卓(でんたく)(電子卓上計算機(でんしたくじょうけいさんき))
- 지우개 消(け)しゴム
- 집게 クリップ(clip)
- 클립 クリップ(clip)
- 편지지 便箋(びんせん)
- 풀 糊(のり)
- 형광펜 蛍光(けいこう)ペン
- 호치키스 ホッチキス(hotchkiss)
  ステープル(stapler)

23 회사의 직함명

회사에서

MP3 6-23▶

회장	会長(かいちょう)
	・放漫経営(ほうまんけいえい)の責任(せきにん)をとって会長(かいちょう)が辞任(じにん)した。 방만한 경영의 책임을 지고 회장이 사임했다.
사장	社長(しゃちょう)
	・旧経営陣(きゅうけいえいじん)の退陣(たいじん)により新(あたら)しい社長(しゃちょう)が就任(しゅうにん)した。 구 경영진이 퇴진함에 따라 새로운 사장이 취임했다.
대표이사	代表取締役(だいひょうとりしまりやく)
	・会社(かいしゃ)の全体的(ぜんたいてき)な仕事(しごと)を管理(かんり)·監督(かんとく)して、外部(がいぶ)に対(たい)して会社(かいしゃ)を代表(だいひょう)する人(ひと)を取締役(とりしまりやく)という。 회사의 전체적인 업무를 관리·감독하고, 외부에 대해 회사를 대표하는 사람을 '대표이사'라고 한다.
이사	役員(やくいん)
	Tip 보통 회사에서 取締役(とりしまりやく)·監査役(かんさやく)·相談役(そうだんやく)를 「役員(やくいん)」이라고 한다.
상무	常務(じょうむ)
실장	室長(しつちょう)

- 部長(ぶちょう) 부장 次長(じちょう) 차장 課長(かちょう) 과장

팀장

Tip 팀장은「チーム長(ちょう)」라고 할 수 있지만, 일본에서는 '팀'이란 말은 잘 쓰지 않는다.

대리

Tip「～補佐(ほさ)」라는 말이 일반적이다. 따라서 '대리'는「課長補佐(かちょうほさ)」라고 한다.

평사원

平社員(ひらしゃいん)

- 生涯(しょうがい)、平社員(ひらしゃいん)でも満足(まんぞく)だという若者(わかもの)が増(ふ)えた。
  평생 평사원이라도 만족한다는 젊은 사람들이 늘었다.

선배

先輩(せんぱい)

- 彼(かれ)は会社(かいしゃ)でわたしより３年先輩(ねんせんぱい)である。
  그는 회사에서 나보다 3년 선배이다.

신입사원

新入社員(しんにゅうしゃいん)

Tip '말단'은「末端(まったん)」이라고 한다.

- 我(わ)が課(か)にも新入社員(しんにゅうしゃいん)が二人配属(ふたりはいぞく)された。
  우리 과에도 신입사원이 둘 배치되었다.

· 取締役(とりしまりやく) : 주식회사나 유한회사의 업무집행을 담당하는 임원.
· 重役(じゅうやく) : 회사경영을 지휘하는 임원을 말한다.
· 常務(じょうむ) :「取締役」가운데 일상적인 경영 업무를 집행하는 자를 말한다.
· 専務(せんむ) :「取締役会」의 호선(互選)으로「代表取締役」를 보좌하며 회사업무를 집행하는 자를 말한다.
· 監査役(かんさやく) : 회사의 회계를 감사하는 임원.
· 相談役(そうだんやく) : 고문. 조언이나 분쟁 조정 등.

24 업무에 대한 구분
부서 및 조직

MP3 6-24▸

경리

けいり
経理

でんさんか　けいり　ぼき　しかく　い
・電算化で経理にも簿記の資格は要らなくなった。
전산화로 경리에게도 부기 자격은 필요 없게 되었다.

계약직사원

けいやくしゃいん
契約社員

・アルバイト(Arbeit)　아르바이트
・パートタイム(part time)　파트타임

경영직

けいえいしょく
経営職

Tip 「経営陣(けいえいじん)」이라고도 하며 개인 상점이나 소규모 회사에서는 「経営者(けいえいしゃ)」라고도 한다.

さいきん　けいえいじん　ていか　もんだい
・最近、経営陣のモラル低下が問題となっている。
최근에 경영진의 도덕성 저하가 문제가 되고 있다.

고객지원부

きゃくさままどぐち
お客様窓口

Tip 「窓口(まどぐち)」는 '창구'.

관리직

かんりしょく
管理職

비서

ひしょ
秘書

사규

しゃき
社規 (「社員規則(しゃいんきそく)」의 준말.)

사무직	**事務職**(じむしょく)
수습사원	**見習い・研習社員**(みならい・けんしゅうしゃいん) ・研修社員(けんしゅうしゃいん)は入社前(にゅうしゃまえ)に厳(きび)しい研修(けんしゅう)を受(う)ける。 수습사원은 입사 전에 혹독한 연수를 받는다.
영업부	**営業部**(えいぎょうぶ)
인사관리	**人事管理**(じんじかんり)
임원	**役員**(やくいん)
중역	**重役**(じゅうやく)
간부	**幹部**(かんぶ) ・今回(こんかい)の株主総会(かぶぬしそうかい)では、会社幹部(かいしゃかんぶ)の経営責任(けいえいせきにん)が問(と)われた。 이번 주주총회에서는 회사 간부의 경영책임을 물었다.
총무부	**総務部**(そうむぶ)
홍보부	**広報部**(こうほうぶ)
사우회	**社友会・OB会**(しゃゆうかい・かい) Tip 일본의 사우회는 사원 외에 퇴직직원, 사원가족들로 구성되고, OB会(old boy)는 퇴직자로 구성된 모임을 말한다.
노조(노동조합)	**労組・労働組合**(ろうそ・ろうどうくみあい) Tip 최근에는 「ユニオン(union)」라는 말도 많이 쓴다.

25 은행, 입출금에 관한 말

은행관련

MP3 6-25▸

(은행)통장

通帳(つうちょう)

- 預金通帳(よきんつうちょう)がなくてもカードでお引(ひ)き出(だ)しができます。 예금통장이 없더라도 카드로 인출할 수 있습니다.

인감

実印(じついん)

Tip 보통 '도장'은 「はんこ」 또는 「印鑑(いんかん)」이라고 하고, 중요한 거래나 계약 때 쓰는 '인감 도장'은 「実印(じついん)」, '막도장'은 「三文印(さんもんいん)」, 은행에서 주로 쓰는 도장은 「銀行印(ぎんこういん)」이라고 한다.

- 通帳(つうちょう)を作(つく)るのには印鑑(いんかん)が必要(ひつよう)ですが、実印(じついん)でなくてもかまいません。
  통장을 만들려면 도장이 필요한데, 인감도장이 아니어도 상관없습니다.

비밀번호

暗証番号(あんしょうばんごう)

계좌번호

口座番号(こうざばんごう)

Tip '깡통계좌'는 「通帳(つうちょう)の残高(ざんだか)が0(ゼロ)だ。」와 같이 표현할 수 있다.

송금

送金(そうきん)

- 送金(そうきん)は現金書留(げんきんかきとめ)か郵便為替(ゆうびんかわせ)が便利(べんり)です。
  송금은 현금등기(우편)나 우편환이 편리합니다.

입금	にゅうきん **入金**
	とりひきさき　たがく　にゅうきん • 取引先から多額の入金があった。 거래처로부터 고액이 입금되었다.
돈을 찾다	かね　ひ　だ **(お)金を引き出す**
	かね　ひ　だ • クレジットカードでお金を引き出す。 현금카드로 돈을 찾다.
돈을 보내다	そうきん **送金する**
	ぎんこう　ふ　か　こうざ　そうきん • 銀行の振り替え口座に送金する。 은행 자동이체계좌로 송금하다.
예금	Tip 일본에서는 우체국예금은 「貯金(ちょきん)」 은행예금은 「預金(よきん)」이라고 한다.
	つうちょう　つく • 通帳を作りたいのですが…。 예금통장을 하나 들고 싶은데요….
예금주	めいぎにん **名義人** Tip 「顧客(こきゃく)」라고도 한다.
	つうちょう　めいぎ A この通帳はどなたの名義ですか。 이 통장은 누구 명의지요? おっと　めいぎ B 夫の名義になっています。 남편 명의로 되어 있습니다.

26 월급, 돈에 관한 말

차입금과 빚

MP3 6-26▸

수당

手当て

Tip 최근 일본에서는 연공서열에서 실력위주로 회사 조직이 바뀜에 따라 수당의 의미가 희박해졌고 경비 절감을 위해 복잡한 수당 지급을 간소화하고 있는 추세이다.

월급

給与・給料

- 給与は通帳に振り込まれるため、直接渡されるのは明細書だけだ。
  급여는 통장으로 들어오기 때문에, 직접 받는 것은 명세서뿐이다.

Tip 「振(ふ)り込(こ)まれる」는 '불입되다'란 뜻.

빚(차입금)

借金

- あの人にお金を貸した。(借金が残っている。)
  저 사람에게 돈을 빌려줬다. (차입금이 남아 있다.)
- 借金の返済に余念がない。
  빚을 갚느라 여념이 없다.

Tip 빚을 받아내는 것은 「借金(しゃっきん)とり」 또는 「借金の取(と)り立(た)て」라고 한다.

부채

負債

- 会社が負債だらけになる。 회사가 빚더미에 올라앉다.

용돈

小遣(こづか)い

・小遣(こづか)いをもらって、それを使(つか)う。

용돈을 타서 쓰고 있다.

부자

お金持(かねも)ち

Tip '벼락부자'는 「成金(なりきん)」이라 하고, 땅값 상승으로 벼락 부자가 된 사람은 「土地成金」(とちなりきん)이라고 한다.

자금 세탁

マネーロンダリング (money laundering)

재테크

財(ざい)テク

ATM(현금자동인출기)

Tip 'Automated Teller Machine'의 준말. 일본어로는 「現金(げんきん)自動(じどう)預(あず)け入(い)れ·支払(しはら)い機(き)」라고 한다.

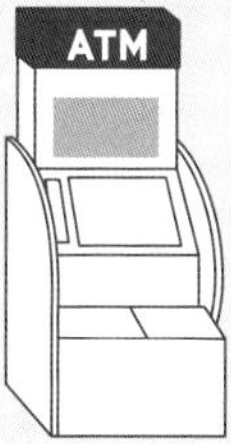

수당의 종류

・家族手当(かぞくてあて)　가족수당
・住宅手当(じゅうたくてあて)　주택수당
・残業手当(ざんぎょうてあて)　잔업수당
・役職手当(やくしょくてあて)　직책수당
・資格手当(しかくてあて)　자격수당
・勤続手当(きんぞくてあて)　근속수당
・食事手当(しょくじてあて)　식사수당
・子女教育手当(しじょきょういくてあて)　자녀교육수당
・休日手当(きゅうじつてあて)　휴일수당

27 사회생활에서 자주 쓰는 말

회사에서

MP3 6-27▸

낙하산 인사

天下り(あまくだり)

Tip 「天下り」는 원래는 일본의 신화에서 신이 천상(天上 てんじょう)에서 인간계에 강림하는 것을 나타내는 말로, 고급 관료가 관직을 그만두고 관련 단체나 회사의 높은 자리에 재취업하는 것을 두고 이렇게 말한다.

- あの公団(こうだん)の幹部(かんぶ)はほとんど大蔵省(おおくらしょう)の天下(あまくだ)りだ。

  저 공단의 간부는 거의 다 대장성에서 낙하산 타고 온 사람들이다.

사내연애

社内恋愛(しゃないれんあい)

- 同僚(どうりょう)に気(き)づかれないように社内恋愛(しゃないれんあい)をするのは容易(ようい)ではなかった。

  동료들이 눈치채지 않게 사내연애하기란 쉽지 않았다.

사내결혼

社内結婚(しゃないけっこん)

- 社内結婚(しゃないけっこん)の場合(ばあい)、上司(じょうし)が仲人(なこうど)をつとめることが多(おお)い。

  사내결혼의 경우, 윗사람이 중매를 서는 경우가 많다.

성희롱

セクハラ

Tip セクシャルハラスメント[sexual harassment]의 준말.

- 女性(じょせい)に猥褻(わいせつ)な冗談(じょうだん)を言(い)うのもセクハラにあたる。

  여성에게 외설스러운 농담을 하는 것도 성희롱에 해당된다.

명퇴

名誉退職(めいよたいしょく)

Tip 「早期退職(そうきたいしょく)」라고도 한다.

・定年(ていねん)は65歳(さい)だが60歳(さい)で名誉退職(めいよたいしょく)すれば退職金(たいしょくきん)が増(ふ)える。 정년은 65세지만, 60세로 명예퇴직을 하면 퇴직금이 많아진다.

・昇進(しょうしん)	승진	出張(しゅっちょう)	출장
・転勤(てんきん)	전근	退職(たいしょく)	퇴직
・リストラ	정리해고	倒産(とうさん)	도산

휴가를 내다

休暇(きゅうか)を取(と)る

・久(ひさ)しぶりに休暇(きゅうか)を取(と)って家族(かぞく)と旅行(りょこう)にでかけた。
오랜만에 휴가를 내어 가족들과 여행을 떠났다.

야근을 하다

夜勤(やきん)する

・警察署(けいさつしょ)に努(つと)める職員(しょくいん)は6日に一度(いちど)夜勤(やきん)がある。
경찰서에 근무하는 직원은 6일에 한 번 야근이 있다.

하청업체

下請業者(したうけぎょうしゃ)

・コストを削減(さくげん)すると下請業者(したうけぎょうしゃ)に負担(ふたん)がかかる。
비용을 삭감하게 되면 하청업체에 부담이 가중된다.

하청을 주다·받다

下請業者(したうけぎょうしゃ)に発注(はっちゅう)する・発注(はっちゅう)をうける

・製品(せいひん)を増産(ぞうさん)するために下請業者(したうけぎょうしゃ)に追加発注(ついかはっちゅう)をする。
제품을 증산하기 위해 하청업체에 추가발주를 하다.

협력업체

出入(でい)りの業者(ぎょうしゃ)・関連業者(かんれんぎょうしゃ)・御用達(ごようたし)

28 회사생활편 ①

회사에서 일어나는 일상

MP3 6-28▸

출근기록카드	**タイムカード(time card)** ・出勤するとすぐタイムカードを押す。 출근하면 바로 타임카드를 찍는다.
일찍 나오셨네요	**おはようございます。** A おはようございます。 안녕하세요? B あ、おはようございます。今日ははやいですね。 아, 안녕하세요? 오늘 일찍 나왔군요.
책상 정리를 하다	**机の整理をする**
복사를 하다	**コピー(copy)をとる・コピーする**
팩스를 보내다	**ファックス(fax)を送る・ファクシミリ(facsimile)を送る**
커피를 끓이다	**コーヒーを入れる** ・コーヒーをお入れしましょうか。 커피 드릴까요?
커피 잔을 씻다	**コーヒーカップを洗う** Tip 손잡이가 있는 컵(잔)은 「カップ」라고 한다.

종이컵

紙(かみ)コップ

Tip 일회용 컵도 「紙(かみ)コップ」이다. 일회용 도시락용기는 「使(つか)い捨(す)て弁当容器(べんとうようき)」라고 한다.

자동판매기에서 커피를 뽑다

自動販売機(じどうはんばいき)(自販機(じはんき))でコーヒーを買(か)う

점심 시간

昼休(ひるやす)み

점심 뭐 시킬까요?

お昼(ひる)に何(なに)を食(た)べましょうか。

Tip '배달시키다'라고 할 때는 「とる」를 쓴다.

- 中華料理(ちゅうかりょうり)でもとりましょうか。 중화요리라도 시킬까요?

오늘은 내가 살게요.

今日(きょう)はわたしのおごりです。

잘 먹었어요.

ごちそうさま。

도시락

(お)弁当(べんとう)

Tip 도시락집에서 구입하는 도시락은 「ホカ弁(べん)」.

구내 식당

社員食堂(しゃいんしょくどう)

- 社員食堂(しゃいんしょくどう)は安(やす)いがおいしいものがない。
  구내식당은 싸지만, 맛있는 게 없다.

동료직원

同僚(どうりょう) ('입사동기'는 「同期(どうき)」)

간식을 먹다

おやつを食(た)べる

Tip 「おやつ」는 원래 오후 3시 전후의 시각을 나타내는 말이다. 밤에 먹는 간식은 「夜食(やしょく)」라고 한다.

29 회사생활편 ②

오후~저녁

MP3 6-29▸

담배를 피우다	**たばこを吸(す)う** Tip ヘビースモーカー(heavy smoker) : 골초 Tip '담배 한 갑'은 'たばこ一箱(ひとはこ)'라고 한다. '두 갑'은 「ふたはこ」, '세 갑'은 「みはこ」, '네 갑'은 「よはこ」 또는 「よんはこ」라고 한다.
재떨이	**灰皿(はいざら)** ・灰皿(はいざら)に灰(はい)を捨(す)てる。 재떨이에 재를 털다.
흡연실	**喫煙室(きつえんしつ)・喫煙(きつえん)コーナー**
금연	**禁煙(きんえん)**
업무를 마무리하다	**業務(ぎょうむ)を終(お)える** ・業務(ぎょうむ)を終(お)えて退勤(たいきん)する。 업무를 마치고 퇴근하다.
귀가길	**退勤(たいきん)の途中(とちゅう)** Tip 「帰る途中」, 「帰り」라고도 표현할 수 있다. ・退勤(たいきん)の途中(とちゅう)に交通事故(こうつうじこ)に遭(あ)う。 퇴근하다가 도중에 교통사고를 당하다. ・会社(かいしゃ)の帰(かえ)りにケーキを買(か)っていく。 퇴근길에 케익을 사가다.

밤샘근무하다	**徹夜で勤務する** てつや きんむ ・ 夜間の残業には夜勤手当がつく。 や かん ざんぎょう や きんて あて 　야간잔업에는 야근수당이 붙는다.
퇴근	**退社・退勤** たいしゃ たいきん
회식	**会食・宴会** かいしょく えんかい Tip 「会食(かいしょく)」는 격식을 차린 회식을 말하고, 보통 술을 마시면서 하는 회식은 「宴会(えんかい)」 또는 「飲(の)み会(かい)」라고 한다. 대표적인 宴会에는 「忘年会(ぼうねんかい)」, 「新年会(しんねんかい)」, 「送別会(そうべつかい)」, 「歓迎会(かんげいかい)」 등이 있다.

・ 一次会の費用は会社の経費で落ちますが、二次会 いちじかい ひよう かいしゃ けいひ お にじかい
の会費は各自負担してください。 かいひ かくじ ふたん

1차 비용은 회사경비로 처리하지만, 2차 회비는 각자 부담해주세요.

Tip 「経費(けいひ)で落(お)ちる」는 '회사 경비로 인정되어 회사 예산으로 지출되다'는 뜻이다.

술에 관한 말	
・ 술에 취한 사람	酔っぱらい・酒に酔った人 よ さけ よ ひと
・ 술고래	酒飲み・飲んべえ さけの の
・ 해장술	迎え酒 むか ざけ
・ 술이 세다	酒が強い・上戸だ さけ つよ じょうご
・ 술이 약하다	酒が弱い・下戸だ さけ よわ げこ
・ 술을 먹으면 우는 사람	泣き上戸 な じょうご
・ 술을 먹으면 웃는 사람	笑い上戸 わら じょうご
・ 애주가	酒好き・飲んべえ・左党 さけず の さとう

30 차에 관한 말 ①

도로에서①

MP3 6-30▸

건널목 앞에서 멈추다	交差点で一旦停止をする
기름을 넣다	ガソリンを入れる ・ガソリンスタンド(gasoline stand)に寄る。 주유소에 들르다. ・あそこのガソリンスタンドによってガソリンを入れていこう。 저기 주유소에 들러서 기름을 넣고 가자.
깜빡이를 켜다	ウィンカー(winker)をつける
끼어들다	割り込みする・割り込む ・横の車がセンターラインを無視していきなり割り込んできた。 옆 차가 중앙선을 무시하고 갑자기 끼어들었다. Tip 「センターライン(center line)」은 '중앙선'을 의미한다.
난폭운전	乱暴運転
대리운전	代行運転 ・酒を飲んで運転するより代行運転を頼むのが安全だ。 술 마시고 운전하기보다 대리운전을 부탁하는 것이 안전하다.

딱지·딱지를 끊다

(交通違反の)切符を切る・交通切符を切る

Tip 속도 위반 단속에 걸리는 것을「ねずみとりにかかる」(쥐덫에 걸리다)라고 한다.

- スピード違反で違反切符を切られた。
  속도위반으로 딱지를 끊겼다.

시동을 켜다·끄다

エンジン(engine)をかける・切る

- ガソリンを入れるときにはエンジンを切ってください。
  주유중에는 시동을 꺼 주십시오.

신호를 지키다

信号を守る

Tip 信号違反(しんごういはん) : 신호위반

안전벨트를 매다·풀다

シートベルト(seat belt)をする・はずす

Tip「安全(あんぜん)ベルト」는 비행기 좌석의 안전띠.

- 助手席にいる人も必ずシートベルトをしめてください。 조수석에 있는 사람도 반드시 안전벨트를 매 주세요.

- 앞유리　フロントガラス(front glass)
- 핸들(운전대)　ハンドル(handle)
- 백 미러　バックミラー(back mirror)
- 조수석 앞 보관함　ダッシュボード(dash-board)
- 와이퍼　ワイパー(wiper)
- 안개용 전조등　フォグランプ(fog lamp)
- 액셀　アクセル(accelerator)
- 에어 백　エアバック(air bag)
- 유아용 의자　チャイルドシート(child seat)

31 차에 관한 말 ②

도로에서 ②

MP3 6-31▸

양보운전	**譲り合い運転**
	・渋滞した道路では譲り合いが事故を防ぐ。 정체한 도로에서는 양보운전이 사고를 막는다.
왕초보운전	**初心者運転・若葉マーク** Tip 若葉(わかば)マーク : 일본에서는 자동차 면허 취득 후 1년 동안은 녹색과 노란색으로 표시된 마름모 모양의 스티커를 자동차에 부착해야 하는데, 이 마크를 「若葉(わかば)マーク」라고 한다. 면허 취득 후 1년이 지나면 부착하지 않아도 된다.
음주운전	**酒飲み運転・酒気帯び運転**
	・年末の取り締まり期間なので酒飲み運転を取り締まっている。 연말 단속기간이라 음주운전을 단속하고 있다.
접촉사고	**接触事故**
	・アイスバーンでブレーキをかけたが、前の車と追突してしまった。 빙판길에서 브레이크를 밟았지만, 앞 차와 부딪히고 말았다. Tip アイスバーン(Eisbahn) : 빙판길(독일어)
졸음운전	**居眠り運転**

주차장에 차를 대다

駐車場(ちゅうしゃじょう)に車(くるま)を止(と)める

- 駐車場(ちゅうしゃじょう)に車(くるま)を止(と)めたが、車(くるま)の中(なか)にキーを置(お)いたままロックしてしまった。
  주차장에 차를 댔는데, 차 안에 키를 놓고 잠궈버렸다.

Tip 「ロック(lock)」는 '열쇠를 잠그다'는 뜻이다.

주차장에서 나오다

駐車場(ちゅうしゃじょう)から出(で)る

클렉션을 울리다

クラクション(klaxon)を鳴(な)らす

후진하다

バック(back)する

- バックしていて電柱(でんちゅう)にぶつかり、バンパーが破損(はそん)した。
  백하다가 전주를 들이박아 범퍼가 망가졌다.

Tip バンパー(bumper) : 범퍼

차에 대한 표현

• 차가 긁히다	車(くるま)に傷(きず)がつく
• 새차를 뽑다	新車(しんしゃ)を買(か)う(購入(こうにゅう)する)
• 뺑소니를 하다	ひき逃(に)げをする
• 사람을 치다	人(ひと)を轢(ひ)く
• 차에 치다	車(くるま)に轢(ひ)かれる
• 부딪히다	ぶつかる · 衝突(しょうとつ)する
• 들이받다	ぶつける
• 과속을 하다	スピードを出(だ)す
• 세게 밟다	アクセルを踏(ふ)みこむ

액셀과 브레이크를 혼동한 사고는「アクセルとブレーキ踏み間違い事故(ふみまちがいじこ)」라고 한다.

32 통근길
대중교통

MP3 6-32▸

만원버스	満員(まんいん)バス
버스를 놓치다	バスに乗(の)り遅(おく)れる · 寝坊(ねぼう)をしてバスに乗(の)り遅(おく)れてしまった。 늦잠을 자는 바람에 버스를 놓쳐버렸다.
버스를 잘못 타다	バスに間違(まちが)って乗(の)る · 反対方向(はんたいほうこう)のバスに乗(の)る · バスに間違(まちが)って乗(の)ってしまい、とんでもないところに行(い)ってしまった。 버스를 잘못 타서 엉뚱한 곳에 가고 말았다.
시청역에서 1호선으로 갈아타다	市庁駅(しちょうえき)で1号線(いちごうせん)に乗(の)り換(か)える
신문을 읽다	新聞(しんぶん)を読(よ)む
엘리베이터를 타다	エレベーターに乗(の)る
엘리베이터에서 내리다	エレベーターから降(お)りる
왜 이리 안 오지?	どうしてこんなに遅(おく)れるんだ? Tip 「こないな~」, 「おそいね~」와 같이 표현할 수 있다. 직접 항의할 경우에는 「どうしてこんなに遅(おく)れるんですか。」와 같이 표현한다.

지하철을 타다

地下鉄(ちかてつ)に乗(の)る

Tip '지하철에서 내리다'는 「地下鉄(ちかてつ)から降(お)りる」라고 한다.

층수를 누르다

ボタンを押(お)す

Tip 직역하면 '버튼을 누르다'.

콩나물시루같이 복잡하다

芋(いも)を洗(あら)うような混雑(こんざつ)

Tip 「芋(いも)の子(こ)を洗(あら)うような」라고도 한다. 「いも」는 감자(じゃがいも)나 고구마(さつまいも) 등을 가리키는데, 「芋(いも)を洗(あら)うような」는 많은 사람들로 북적거리는 모양을 나타낸다. 「ぎゅうぎゅうづめの」(꽉꽉 쑤셔 넣은)라는 표현도 있다.

- ぎゅうぎゅうづめのバス
  콩나물 버스
- 満員電車(まんいんでんしゃ)
  초만원의 전철(지옥철)
- お盆期間中(ぼんきかんちゅう)の新幹線(しんかんせん)は帰省客(きせいきゃく)で芋(いも)を洗(あら)うような混雑(こんざつ)だ。
  추석 기간 중의 신칸센은 귀성객으로 발 디딜 틈 없이 혼잡하다.

표를 끊다

切符(きっぷ)を買(か)う

지하철패스

Tip 일본에서는 「オレンジカード」, 「イオカード」, 「スイカ」라는 상품명으로 판매되고 있다.

일본 직장인들의 세금납부와 재테크

일본이 2000년 실시한 조사에 의하면 일본의 근로자 세대의 한 달 평균 소득은 560,954만 엔으로 나타났다. 근로자의 평균소득은 호황기인 1988년~90년에 실질적인 증가를 보였으나 불황에 접어든 1990년대 중반에는 거의 증가하지 않았다. 특히 수입 증가율이 1998년에는 -1.8%, 1999년에는 -2.0%, 2000년에는 -2.2%로 3년 연속 감소하고 있는데, 이러한 수입의 감소세를 반영해서 소비 지출도 1993년 이후 8년 연속 계속 감소하고 있다. 최근 데이타에 따르면 한 세대당 연평균 소득금액이 2021년 564만 3천엔(2019년 552만 3천엔)으로 나타났다.

저축을 저축 방법별로 보면 보통예금·저금(11.4%), 정기(定期) 예금·저금(42.8%), 생명보험(33.0%), 주식(4.5%), 채권·신탁(4.2%) 등으로 나타났다. 한편 일본 근로자 세대의 평균 부채는 5,798,000엔으로 나타났다. 일본 국민의 가처분(可処分) 소득에 차지하는 세금 및 사회 보험(연금·의료 보험)의 비율은 1999년 현재 37.8이며 캐나다(36.8), 프랑스(60.0), 독일(55.3), 스웨덴(75.6)보다 훨씬 세금 부담이 적고 영국(44.4), 미국(37.1)에 비해도 적은 편이다.
(総務庁統計局統計調査部消費統計課編 『家計調査年報』, 『貯蓄動向調査宝庫』, 内閣府経済社会総合研究所編 『国民経済計算年報』)

PART 7
사람에 대해

01 신체부위에 관한 표현

신체용어 및 관련표현

MP3 7-01▸

머리

頭・髪

Tip 신체적으로 '두부(頭部)' 내지는 '두뇌(頭脳)'를 가리킬 때는 「頭(あたま)」, '머리카락'을 가리킬 때는 「髪(かみ)」라고 한다.

· 頭がよい(いい)	머리가 좋다(두뇌)
· いびつな頭	찌그러진 머리(머리)
· 髪が長い	머리가 길다(머리카락)
· 頭をひねる(=知恵をしぼる)	머리를 짜다(두뇌)
· (髪が)白髪で真っ白だ。	머리가 하얗게 세다

고개

Tip 표현에 따라서 쓰는 말이 다르다.

· 顔を上げる	고개를 들다
· うつむく	고개를 떨구다(숙이다)
· 顔を伏せる	고개를 숙이다
· うなずく	고개를 끄덕이다

Tip '고개를 들 수 없다'는 「顔向(かおむ)けができない」, 「顔(かお)を上(あ)げることができない」라고 한다.

· 申し訳なくて、あの人には顔向けができない。
미안해서 저 사람한테는 고개를 들 수 없다.

- 恥(は)ずかしくて、顔(かお)を上(あ)げることができなかった。
  창피해서 고개를 들 수가 없었다.

눈 目(め)

・目(め)の病気(びょうき)	눈병
・まぶた	눈꺼풀
・涙(なみだ)	눈물
・眉毛(まゆげ)	눈썹
・まつげ	속눈썹
・瞳(ひとみ)·目玉(めだま)	눈동자
・澄(す)んだ瞳(ひとみ)	맑은 눈동자
・目(め)が高(たか)い	안목이 있다, 눈이 높다

미간 眉間(みけん)

Tip 眉(まゆ)をひそめる : 미간을 찌푸리다.

코 鼻(はな)

・鼻柱(はなっぱしら)が強(つよ)い = 高慢(こうまん)(だ)	콧대가 높다
・面目(めんぼく)を失(うしな)う = 恥(はじ)をかく	코가 납작해지다
・鼻(はな)をかむ	코를 풀다
・鼻水(はなみず)	콧물
・いびきをかく	코를 골다
・鼻(はな)で笑(わら)う	콧방귀를 끼다
・臭(にお)いを嗅(か)ぐ	냄새를 맡다

입

口(くち)

- 唇(くちびる) — 입술
- 口(くち)をとがらす — 입술을 뾰로통하게 내밀다
- 口(くち)が堅(かた)い — 입이 무겁다(비밀을 누설치 않음)
- 口(くち)が重(おも)い — 말수가 적다
- 食(しょく)が細(ほそ)い — 입이 짧다(=あまり食べない)
- 口先(くちさき)では·口先(くちさき)だけ — 입으로만(말로만)

- 必(かなら)ずやるという約束(やくそく)は口先(くちさき)だけだった。
  반드시 하겠다는 약속은 말뿐이었다.
- 食(しょく)が細(ほそ)くて、好(す)き嫌(きら)いがあるからなかなか太(ふと)らない。
  입이 짧아서 음식을 가려먹으니 좀처럼 살이 찌지 않는다.

이(치아)

歯(は)

- 歯茎(はぐき) — 잇몸
- 歯軋(はぎし)りする·歯(は)がみする — 이를 갈다
- 楊枝(ようじ) — 이쑤시개
- 歯(は)を抜(ぬ)く·抜歯(ばっし)する — 이를 빼다
- 八重歯(やえば) — 덧니
- 虫歯(むしば) — 충치
- 親知(おやし)らず — 사랑니
- 奥歯(おくば)·臼歯(きゅうし) — 어금니

Tip 그릇의 이가 빠지는 것은 「ふちがかける」라고 한다. 「楊枝(ようじ)」는 「楊子」라고도 쓴다.

혀

舌(した)

Tip ‘혓바닥’도 「舌(した)」라고 한다.

- 飲(の)み込(こ)む　삼키다
- 舌(した)がもつれる　혀가 꼬부라지다
- 舌(した)を巻(ま)く　혀를 내두르다(혀를 내밀다)
- 舌打(したう)ちする　혀를 차다

Tip 「ちぇっ」と舌打(したう)ちする : ‘쯧쯧’ 하고 혀를 차다.

턱

顎(あご)

- 頬杖(ほおづえ)をつく　턱을 괴고 앉다
- 懸垂(けんすい)　턱걸이
- 杓子(しゃくし)あご(=しゃくれあご)　주걱턱

귀

耳(みみ)

- 耳(みみ)が遠(とお)い　귀가 멀다
- 耳(みみ)をふさぐ　귀를 막다
- 耳(みみ)を傾(かたむ)ける　귀를 기울이다
- 聞(き)き耳(みみ)を立(た)てる　귀가 솔깃해지다
- 耳(みみ)をほじる(ほじくる)　귀를 후비다
- 耳(みみ)に痛(いた)い　귀에 거슬리다
- 耳掻(みみか)き　귀이개

Tip 壁(かべ)に耳(みみ)あり障子(しょうじ)に目(め)あり : 낮 말은 새가 듣고 밤 말은 쥐가 듣는다.

목

喉(のど)・首(くび)

Tip '후두(喉頭)'는 「のど」, '목덜미'는 「くび」라고 한다. '목을 축이다'라고 할 때는 「喉(のど)を湿(しめ)らす(湿らせる)」 또는 「乾(かわ)きをいやす」와 같이 표현한다.

· 声(こえ)がかれる	목이 쉬다
· 振(ふ)り向(む)く	목을(고개를) 돌리다
· 声(こえ)	목소리
· 叫(さけ)ぶ(외침)・どなる(호통)	소리를 지르다
· どなる・どなりつける・わめく	고함을 치다
· 首(くび)を長(なが)くして待(ま)つ	학수고대(鶴首苦待)하다
· 首(くび)になる	해고되다

볼

頬(ほお・ほほ)

Tip 「ほっぺた」라고도 한다.

· 涙(なみだ)がほほを伝(つた)って落(お)ちた。
눈물이 볼을 타고 떨어졌다.

보조개

えくぼ

Tip 「あばたもえくぼ」 사랑에 빠지면 상대방의 단점(마마 자국:あばた)도 장점(보조개:えくぼ)으로 보인다는 속담.

· 恋(こい)は盲目(もうもく)、あばたもえくぼ。
사랑을 하면 다 예뻐 보이는 법.

가슴

胸(むね)

· 胸(むね)をはる
가슴을 펴다

배

腹(はら)・お腹(なか)

Tip 일반적으로 '배가 고프다'라고 할 때는 「お腹(なか)がすいた」라고 하고, 남자가 거칠게 표현할 때는 「腹(はら)へった」라고도 한다.(친구나 동료에게만 사용) 또, 관용표현으로 '배가 아프다'(샘이 난다)라고 할 때는 「しゃくにさわる」, 「気(き)にくわない」라고 한다. (しゃく: 울화, 부아)

- 腹(はら)が出(で)る　　배가 나왔다
- 腹(はら)が引(ひ)っ込(こ)む　　배가 들어갔다

허리

腰(こし)

- 腰(こし)をのばす　　허리를 펴다
- 腰(こし)をかがめる　　허리를 구부리다
- 細(ほそ)い腰(こし)·スマートなウエスト　　개미허리(가는 허리)

손

手(て)

- 手首(てくび)　　손목
- 手(て)のひら　　손바닥
- 手(て)をかける　　공을 들이다
- 手(て)がかかる　　손이 가다
- 使(つか)いなれる　　손에 익다

Tip '포기하다'는 뜻의 '손을 놓고 있다'는 「手をつけかねている」, 「手をこまねいている」라고 한다.

섬섬옥수(纖纖玉手)

Tip 「ほっそりしてしなやかな手(て)」와 같이 표현한다. 손가락에 대해 말할 경우에는 「白魚(しらうお)のような指(ゆび)」(뱅어 같은 손가락)와 같이 표현한다.

손뼉을 치다

手(て)をたたく

- 手(て)をたたいて拍子(ひょうし)をとった。
  손뼉을 치며 박자를 맞추었다.

깍지를 끼다

手(て)を組(く)む · 指(ゆび)を組(く)み合(あ)わせる

팔꿈치

肘(ひじ)

발

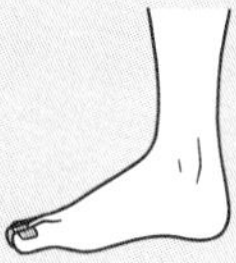

足(あし)

- 足首(あしくび) 발목
- 足(あし)の指(ゆび)·足指(あしゆび) 발가락
- かかと 발꿈치
- 顔(かお)が広(ひろ)い 발이 넓다
- 足(あし)が出(で)る 적자가 나다
- 足(あし)が棒(ぼう)になる 너무 돌아다녀서 뻗장다리가 되다

Tip '손이 발이 되도록 빌다'는 「土下座(どげさ)をするようにして謝(あやま)る」 또는 「頭(あたま)を地(ち)にすりつけるようにして謝(あやま)る」라고 하고, '애가 타서 발을 동동 구르다'는 「足踏(あしぶ)み(を)する」, 「(足を)踏(ふ)みならす」, 「地団駄(じだんだ)を踏(ふ)む」와 같이 표현할 수 있다.

주먹

拳(こぶし) · げんこつ

Tip '주먹을 쥐다'는 「拳(こぶし)を固(かた)める」, 「握(にぎ)りこぶしを作(つく)る」와 같이 표현한다.

팔

腕(うで)

Tip '팔짱을 끼다'는 「腕組(うでぐ)みをする」라고 한다.

다리

あし
足

Tip 「脚(あし)」라고도 쓴다. 보통 발목 아래 '발'은 足, 발목 위 '다리'는 脚로 표기한다.

- あし　は
  足が腫れる　다리가 붓다
- あし　く
  足を組む　다리를 꼬다
- あぐらをかく　양반다리를 하다
- あし　の
  足を伸ばす　다리를 쭉 뻗다

허벅지

ふともも
太股

엉덩이

しり
尻

Tip 「けつ」라는 말도 있지만 「しり」보다 거친 말이다.

- しり
  尻もちをつく。
  엉덩방아를 찧다.

종아리

ふくらはぎ

Tip '무다리'는 「大根足(だいこんあし)」라고 한다.

무릎

ひざ
膝

Tip 무릎을 꿇고 앉는 것은 「正座(せいざ)」라고 하며 단순히 무릎을 꿇는 것은 「ひざまずく」라고 한다.

- う
  ひざを打つ　무릎을 치다(감탄)
- せいざ
  正座しろ。·ひざまずけ。　꿇어!

손톱, 발톱

Tip 양쪽 다 「爪(つめ)」라고 하며 특별히 구별할 경우에는 「手(て)の爪(つめ)」, 「足(あし)の爪(つめ)」라고 한다.

얼굴

顔(かお)

- 顔色(かおいろ)が良(よ)くなった　얼굴이 좋아졌다
- 顔(かお)つき　얼굴생김새
- 顔色(かおいろ)　안색
- 顔馴染(かおなじ)み·見慣(みな)れた顔(かお)　낯익은 얼굴
- 顔見知(かおみし)り(だ)　안면이 있다

- 顔色(かおいろ)が良(よ)くなりましたね。
  얼굴이 좋아졌네요.
- 彼(かれ)はやさしい顔付(かおつ)きのせいで女(おんな)の子(こ)にもてる。
  그는 얼굴이 곱상해서 여자들에게 인기가 있다.
- このごろずっと顔色(かおいろ)が良(よ)くない。
  요사이 계속 안색이 안 좋다.

주름

しわ

Tip '거들먹거리다'란 뜻으로 '주름을 잡다'라고 할 때는「牛耳(ぎゅうじ)る」라고 하며 단순히 '옷의 주름을 잡다'라고 할 때는「折(お)り目(め)をつける」라고 한다.

- 小(こ)じわができた。
  잔주름이 생겼다.

피부

肌(はだ)·皮膚(ひふ)

Tip '백옥 같은 피부'라고 할 때는「透(す)き通(とお)るように白(しろ)い肌(はだ)」와 같이 표현하고, 보통 하얀 피부는「もちはだ」(희고 매끄러운 피부란 뜻)라고도 한다.

- 肌(はだ)(皮膚(ひふ))が荒(あ)れる。
  피부가 거칠어지다.

・冬は空気が乾燥しているので肌が荒れる。

겨울에는 공기가 건조해서 피부가 거칠어진다.

・透き通るような白い肌も日に焼けて真っ黒だ。

백옥같이 하얀 피부도 햇볕에 타서 새까맣다.

눕다

寝る

Tip '자다'는 「寝(ね)る」, 그냥 '눕다'는 「横(よこ)になる」라고도 한다.

・うつぶせになる。 엎드리다.

・あおむけになる。 바로 눕다.

・畳の上に大の字に寝てしまった。

다다미 위에 '대(大)'자로 누워 버렸다.

・疲れていたのでソファーの上で横になった。

피곤해서 소파 위에 누웠다.

걸음

歩み・歩き方

・足踏み 제자리걸음

・足が遅い 걸음이 늦다

・よちよち歩き 걸음마

Tip '황소걸음'은 「のそのそ(のそりのそり)と歩く」와 같이 표현한다.

02 사람의 성격을 나타내는 말 ①

주로 긍정적인 이미지

MP3 7-02▸

겸손하다

謙虚(けんきょ)である

・実(みの)るほど頭(あたま)の下(さ)がる稲穂(いなほ)かな

익을수록 고개를 숙이는 벼 이삭처럼

・実(みの)る稲田(いなだ)は頭(あたま)が下(さ)がる。

익은 벼밭은 고개를 숙인다.

・稲(いね)が実(みの)れば頭(あたま)が下(さ)がるように、成功(せいこう)しても謙虚(けんきょ)でなくてはならない。

벼가 익으면 고개를 숙이듯이 성공하더라도 겸손하지 않으면 안 된다.

・高(たか)い地位(ちい)にいるにもかかわらず態度(たいど)は謙虚(けんきょ)である。

높은 지위에 있음에도 불구하고 태도는 겸손하다.

예의바르다

礼儀(れいぎ)が正(ただ)しい・礼儀正(れいぎただ)しい

Tip '인사성이 밝다'는 「礼儀(れいぎ)をわきまえている」「行儀(ぎょうぎ)がいい(よい)」와 같이 표현할 수 있다.

・支配人(しはいにん)が礼儀正(れいぎただ)しくわたしたちを迎(むか)えてくれた。

지배인이 예의를 갖추어 우리를 맞아주었다.

・彼(かれ)はとても腰(こし)の低(ひく)い人(ひと)です。

그 사람은 아주 겸손한 사람이에요.

Tip 「腰(こし)の低(ひく)い人」는 허리가 낮은 사람, 즉 예의 바르고 자신을 굽힐 줄 아는 겸손한 사람이란 뜻이다.

다부지다

頼(たの)もしい・粘(ねば)り強(づよ)い・根気(こんき)強(づよ)い

Tip 「頼(たの)もしい」는 믿음직하다, 미덥다는 느낌이고, 「粘(ねば)り強(づよ)い·根気(こんき)強(づよ)い」는 끈기가 있다는 느낌을 주는 말이다.

- 頼(たの)もしい人(ひと) 다부진 사람
- 根気強(こんきづよ)くがんばる人(ひと) 끈기 있게 노력하는 사람
- 粘(ねば)り強(づよ)い·根気強(こんきづよ)い 끈기가 있다
- 粘(ねば)り強(づよ)く仕事(しごと)を続(つづ)ける 다부지게 일하다

당차다

しっかりしている・気丈(きじょう)である

Tip 「しっかりしている」는 나이나 겉보기에 비해 오달지다는 뜻이고, 「気丈(きじょう)だ」는 생각이나 마음이 다부진 모양을 나타낸다.

- 彼(かれ)はまだ若(わか)いが、しっかりした性格(せいかく)だ。
  그는 아직 나이가 어리지만, 다부진 성격이다.
- 女手一つ(おんなでひと)で５人(にん)の子供(こども)を育(そだ)てているとは気丈(きじょう)だ。
  여자 혼자서 5명의 아이들을 키우다니 억척이다.

똑똑하다, 현명하다

賢(かしこ)い

Tip 「賢明(けんめい)だ」라고도 한다.

- まだ若(わか)いのに知恵(ちえ)がある。 아직 젊은데 지혜가 있다. (똑똑하다)
- 賢明(けんめい)な選択(せんたく)だったと思(おも)う。 현명한 선택이었다고 생각해.
- 彼女(かのじょ)は賢(かしこ)い母親(ははおや)となった。 그녀는 현명한 어머니가 되었다.

영리하다

利口(りこう)だ

머리가 좋다	**頭(あたま)がいい** • 頭(あたま)がいい人(ひと)が偉大(いだい)な発明(はつめい)をするとは限(かぎ)らない。 머리가 좋은 사람이 꼭 위대한 발명을 하는 것은 아니다.
똘똘하다	**はきはきしている** Tip 시원시원하고 매사에 빠르고 분명한 모양. • 返事(へんじ)がはきはきしておらず、実(じつ)にもどかしい。 대답을 시원시원하게 하지 않아 정말 답답하다.
믿음직스럽다 (믿을 수 있다, 믿음이 간다)	**信頼(しんらい)できる** Tip '믿음을 주다'는 「信頼させる」라고 한다. • 彼女(かのじょ)なら安心(あんしん)して任(まか)せられる。 그녀라면 안심하고 맡길 수 있다. • 信(しん)じてもらえなくて、すまない。 믿음을 주지 못해 미안해. (← 믿음을 받지 못해 미안해.)
솔직하다	**率直(そっちょく)だ**
순진하다	**純真(じゅんしん)だ・純情(じゅんじょう)だ** • 彼女(かのじょ)はまだ世(よ)の中(なか)のことをよく知(し)らず、純情(じゅんじょう)だ。 그녀는 아직 세상 물정을 잘 모르는 순진한 사람이다.
천진난만하다	**天真爛漫(てんしんらんまん)だ**
순하다	**素直(すなお)だ・おとなしい** Tip 「素直(すなお)」는 비뚤어지지 않고 고분고분한 느낌을, 「おとなしい」는 온순하고 얌전하며 점잖은 느낌을 준다.

씩씩하다, 용감하다

勇(いさ)ましい・勇敢(ゆうかん)だ

- その人(ひと)が本当(ほんとう)に勇(いさ)ましいかどうかは危機(きき)に際(さい)してはじめてわかる。
  그 사람이 정말 용감한지 어떤지는 위기에 처해봐야 비로소 알 수 있다.
- 勇敢(ゆうかん)な人(ひと)と無謀(むぼう)な人(ひと)とは根本的(こんぽんてき)に異(こと)なる。
  용감한 사람과 무모한 사람은 근본적으로 다르다.

Tip 危機(きき)に際(さい)する : 위기에 처하다

애교가 있다

愛敬(あいきょう)がある

Tip 愛敬(あいきょう)たっぷり : 애교만점

차분하다

落(お)ち着(つ)いている

- 落(お)ち着(つ)いた雰囲気(ふんいき)の中(なか)で行事(ぎょうじ)が行(おこな)われた。
  차분한 분위기 속에서 행사가 거행되었다.
- インテリアに気(き)を使(つか)って、落(お)ち着(つ)いた雰囲気(ふんいき)を作(つく)り出(だ)した。
  인테리어에 신경을 써서 차분한 분위기를 연출했다.

부지런하다

勤勉(きんべん)だ・働(はたら)き者(もの)・よく働(はたら)く

- 本当(ほんとう)に働(はたら)き者(もの)だね。= 本当(ほんとう)によく働(はたら)く。
  참 부지런하기도 하지.

성실하다, 착실하다

誠実(せいじつ)だ・まじめだ

Tip 「まじめ」는 착실하고 성실한 모습을 나타낸다.

- 勤務態度(きんむたいど)は非常(ひじょう)にまじめだ。
  근무태도가 아주 성실하다.

Tip 「まめ」라는 말도 있는데, 만사에 귀찮아하지 않고 부지런하다는 뜻이다.

- まめに家計簿(かけいぼ)をつけている。
  부지런히 가계부를 적고 있다.

Tip 「こまめ」는 아주 근면하고 바지런한 모습을 나타낸다.

- こまめに農作(のうさく)にはげむ。
  부지런히 농사를 짓다.
- 彼(かれ)は人(ひと)の見(み)ていないところでも一生懸命(いっしょうけんめい)やるまじめな人(ひと)です。
  그는 사람들이 보지 않는 곳에서도 열심히 하는 성실한 사람입니다.

착하다

善良(ぜんりょう)だ・いい人(ひと)だ・いい奴(やつ)だ

Tip 「善良(ぜんりょう)だ」는 '선하다, 선량하다'란 뜻으로 약간 딱딱한 말이고, 「いい人だ」라고 하면 '선량하고 착한 사람, 다른 사람에게 잘해 주는 사람'이란 뜻이다. 또, 「いい奴(やつ)だ」는 '착한 놈이다, 좋은 녀석이다'란 뜻으로 친구로서 신뢰할 수 있는 사람이란 뜻이다.

- 善良(ぜんりょう)な行(おこな)いはいつかは報(むく)われる。
  선한 행실은 언젠가 보답받는다.
- 彼(かれ)は同僚(どうりょう)からも頼(たよ)りにされ、部下(ぶか)からも慕(した)われるいい人(ひと)だ。
  그는 동료들로부터도 믿음을 사고, 부하들도 잘 따르는 좋은 사람이다.
- あいつは絶対(ぜったい)に人(ひと)の悪口(わるくち)を言(い)わない。いい奴(やつ)だ。
  그 녀석은 절대로 다른 사람 욕을 하지 않는다. 착한 놈이다.

Tip 頼(たよ)りにされる : 의지가 되다
慕(した)われる : 존경받다, 흠모를 받다

배짱이 있다

大胆(だいたん)だ・肝(きも)っ玉(たま)の太(ふと)い

Tip 「肝っ玉(きもったま)」는 '간덩이'란 뜻으로 배짱, 담력을 뜻하는 말로 쓰인다. 주로 「肝っ玉が太い」 「肝(きも)のすわっている」와 같이 많이 쓰인다.

- 배짱이 있다　度胸(どきょう)がある, 肝(きも)っ玉(たま)が太(ふと)い, 図太(ずぶと)い
- 강심장이다　強心臓(きょうしんぞう)だ
- 파렴치하다　破廉恥(はれんち)だ(ハレンチだ), 恥知(はじし)らずだ
- 철면피하다　鉄面皮(てつめんぴ)だ
- 후안무치　厚顔無恥(こうがんむち)だ

청순가련형

純情(じゅんじょう)で可憐(かれん)なタイプ

현모양처형

良妻賢母(りょうさいけんぼ)タイプ

이상적인 신랑감은?

일본의 東海銀行(とうかいぎんこう)이 도쿄(東京)·나고야(名古屋)에 사는 여성 849명에게 '결혼 상대에 대한 요구조건'을 조사한 결과, 1위는 '誠実(せいじつ)な人(성실한 사람)', 2위는 '経済力(けいざいりょく)·生活力(せいかつりょく)のある人(경제력·생활력이 있는 사람)', 3위는 '尊敬(そんけい)できる人(존경할 수 있는 사람)'으로 나타났다. 기혼자일수록 경제력을 점차 더 중요하게 여기는 것과, 결혼 여부에 상관없이 이상적인 상대가 '誠実で経済力·生活力のある人'인 것은 비단 일본에만 해당하는 것은 아닐 것 같다.

	전체	미혼20대	30대	기혼20대	30대
やさしい人	12.1	7.8	4.4	16.7	15.4
誠実な人	25.8	24.1	35.5	25.8	25.4
あきない人	14.0	18.9	7.4	11.4	12.4
経済力のある人	20.1	17.0	5.9	22.0	23.0
尊敬できる人	15.5	17.4	30.9	12.1	12.1
その他	12.5	14.8	15.9	12.0	11.7

03 사람의 성격을 나타내는 말 ②

부정적 이미지

MP3 7-03▸

까다롭다(까탈스럽다)

気難しい・扱いにくい

Tip 「気難(きむずか)しい」는 성미(성질)가 까다롭고 신경질적이어서 대하기가 어렵다, 「扱(あつか)いにくい」는 다루기 어렵다, 대처하기(취급하기) 어렵다는 뜻이다.

- 複雑な問題·扱いにくい問題·解決が難しい問題
  까다로운 문제
- 深刻な問題·解決が難しい問題
  어려운 문제
- 気難しい人·扱いにくい人·近寄りがたい(近寄りにくい)人 (대하기가)어려운 사람
- 舅とはまだ気まずい(=よそよそしい)。
  시아버님은 아직 어렵다.

야무지다

負けん気が強い・意地っ張りだ・勝ち気

Tip 「負(ま)けん気(き)が強(つよ)い」는 지지 않으려는 마음이나 오기가 있다는 뜻이다.

- 小さい頃から負けん気が強くて、何事にも勝たなくては気がすまなかった。
  어렸을 때부터 지는 것을 싫어해서 무슨 일이든 이기지 않고는 못 배겼다.

Tip 아이가 고집이 센 것은 「きかんぼう」, 「だだっこ」라고 한다. 「だだっこ」는 「駄々(だだ)をこねる: 떼를 쓰다」에서 온 말.

Tip 「意地(いじ)っ張(ぱ)り」는 고집이 센 사람을 가리킨다.

- 祖父(そふ)は意地(いじ)っ張(ぱ)りで、一度(いちど)言(い)い出(だ)したら絶対(ぜったい)にほかの人(ひと)の言(い)うことなど聞(き)かない。
  할아버지는 아주 완고하셔서 한번 말하면 절대 다른 사람이 하는 말 따위는 듣지 않는다.

Tip 「勝(か)ち気(き)」는 지기 싫어하는 성질이나 기질을 뜻하는 말로, 「負(ま)けん気(き)が強(つよ)い」와 같이 쓰이기도 한다.

- 男(おとこ)の兄弟(きょうだい)の中(なか)で育(そだ)ってきたせいか、勝(か)ち気(き)な女(おんな)だとよく言(い)われる。
  남자형제들 틈에서 자라서인지 지기 싫어하는 여자라는 말을 자주 듣는다.

완고하다

頑固(がんこ)だ・偏屈(へんくつ)だ

Tip 「頑固(がんこ)」는 완고(완강)하고 고집이 세다, 「偏屈(へんくつ)」는 성질이 비뚤어지고 까다로운 것을 나타낸다.

고집불통

石頭(いしあたま)・頑固(がんこ)で融通(ゆうづう)がきかない

고집이 세다

我(が)が強(つよ)い・意地(いじ)が強(つよ)い

- 彼女(かのじょ)は我(が)が強(つよ)くて一度(いちど)言(い)い出(だ)したら、なかなかあきらめない。
  그녀는 고집이 세서 한번 말한 것은 좀처럼 포기하지 않는다.

대쪽 같은 성격

竹(たけ)を割(わ)ったような性格(せいかく)

- 彼女(かのじょ)はさっぱりしていて、まるで竹(たけ)を割(わ)ったような性格(せいかく)だ。
  그녀는 성격이 분명하고 대쪽 같은 성격이다.

개구쟁이

腕白(わんぱく)

Tip 「腕白(わんぱく)」는 어린 아이가 장난이 심해서 말을 잘 듣지 않는 모양, 또는 그런 사람을 가리킨다.

- おとなしい彼(かれ)も子供(こども)の頃(ころ)は腕白(わんぱく)だった。
  얌전한 그도 어렸을 때는 개구쟁이였다.

말괄량이

おてんば(お転婆)

건방지다

生意気(なまいき)だ

Tip 「生意気(なまいき)」는 건방지고 주제 넘은 언동을 하는 것을 말한다.

- 若(わか)いくせに生意気(なまいき)で、年長者(ねんちょうしゃ)の意見(いけん)にあれこれ口(くち)を出(だ)す。
  나이도 어린 주제에 건방지게 연장자의 의견에 이러쿵저러쿵 참견을 한다.

겁쟁이

こわがり・臆病(おくびょう)・臆病者(おくびょうもの)

Tip 「こわがり」는 「こわがる(무서워하다)」의 명사형으로, 쉽게 겁을 먹거나 두려워하는 사람을 뜻하고, 「臆病(おくびょう)」는 겁이 많고 사소한 일을 두려워한다는 뜻으로, 「小心(しょうしん)だ」라고도 한다. 「臆病者(おくびょうもの)」는 '겁쟁이'란 뜻으로, 「小心者(しょうしんもの)」와 같은 뜻이다.

겁이 많다

臆病(おくびょう)だ

- 겁이 나다　怖(こわ)がる・恐(おそ)れる
- 겁이 많다　こわがりだ・臆病(おくびょう)だ
- 겁을 먹다　おびえる・怖(こわ)がる
- 겁을 주다　脅(おびや)かす・威(おど)かす・こわがらせる

게으르다

怠(なま)ける

Tip '게으름을 피우다'도 「怠(なま)ける」라고 한다.

- 怠(なま)け者(もの)
  게으름뱅이
- そのように怠(なま)けている場合(ばあい)じゃないぞ!
  그렇게 게으름을 피우고 있을 때가 아니야!

구두쇠

けち・けちんぼ

- わたしの上司(じょうし)はけちで、勘定(かんじょう)はいつも割(わ)り勘(かん)だ。
  우리 상사는 인색해서, 계산은 늘 각자 부담이다.

기분파

お天気屋(てんきや)

Tip 기분파, 변덕쟁이, 기분이 자주 바뀌는 사람을 가리킨다.

- 彼(かれ)はお天気屋(てんきや)で笑(わら)っていたかと思(おも)うと急(きゅう)に怒(おこ)り出(だ)したりする。
  그는 변덕이 심해서 웃고 있는가 하면 갑자기 화를 버럭 내기도 한다.

고리타분하다, 케케묵다

古(ふる)くさい

- 伝統(でんとう)は重要(じゅうよう)だが、現代(げんだい)の感覚(かんかく)に合(あ)わない古(ふる)くさい習慣(しゅうかん)は改(あらた)めるべきだ。
  전통이 중요하긴 하지만, 현대 감각에 맞지 않는 고리타분한 습관은 고쳐야 한다.

くさい가 붙는 말

- 抹香(まっこう)くさい　불교 냄새가 풍기다
- 面倒(めんどう)くさい　귀찮다, 번거롭다
- しち面倒(めんどう)くさい　매우 귀찮다, 몹시 번거롭다
- 青(あお)くさい　미숙하다, 풀 냄새가 나다
- 陰気(いんき)くさい　우울하고 초라하다
- 焦(こ)げくさい　탄내가 나다
- 酒(さけ)くさい　술 냄새가 나다
- 水(みず)くさい　서먹서먹하다, 수분이 많아 싱겁다
- ひなたくさい　(침구나 옷)햇볕에 쬔 냄새가 나다
- バタくさい　서양 냄새가 풍기다
- けちくさい　인색하다
- かびくさい　곰팡이 냄새가 나다
- しゃらくさい　아는 체하다, 시건방지다
- 照(て)れくさい　쑥스럽다
- どろくさい　흙내가 난다, 촌스럽다
- うさんくさい　어쩐지 수상쩍다

꼼꼼하다

几帳面(きちょうめん)だ・用心深(ようじんぶか)い・注意深(ちゅういぶか)い

Tip 「几帳面(きちょうめん)だ」는 착실하고 꼼꼼하다, 「用心深(ようじんぶか)い」는 조심스럽고 신중하다, 「注意深(ちゅういぶか)い」는 만사에 주의를 기울이다는 뜻이다.

- 彼女(かのじょ)は几帳面(きちょうめん)な性格(せいかく)で、何(なに)ごともいい加減(かげん)にしない。
  그녀는 성격이 꼼꼼해서 무슨 일이든 대충 하지 않는다.

빈틈(허점)이 없다

隙がない

・あの人は相手の目を見て話すので隙がない。

저 사람은 상대방의 눈을 보고 이야기하기 때문에 허점이 없다.

얕보다, 깔보다

馬鹿にする・見下す・蔑む・侮る

Tip 「馬鹿(ばか)にする」는 직역하면 '바보취급하다'이고, 깔보다, 업신여기다, 무시하다, 우습게 보다 등의 뜻이 들어있다.

・子供だからといって馬鹿にするな。

어린애라고 얕보지 마.

・人を馬鹿にしたような態度。

사람을 우습게 보는 태도.

Tip 「見下(みくだ)す」는 직역하면 '내려보다'이므로, 깔보다. 멸시하다, 얕보다는 뜻이 들어 있다.

・彼の能力をそのように見下してはいけません。

그의 능력을 그런 식으로 얕보면 안 됩니다.

・彼は君を見下している。

그 사람은 너를 깔보고 있어.

Tip 「蔑(さげす)む」는 경멸하다, 멸시하다는 뜻이다.

・それは人を蔑む言葉だから、言ってはならない。

그건 사람을 경멸하는 말이니까 해서는 안돼.

Tip 「侮(あなど)る」는 깔보다, 경시하다, 대수롭지 않게 여기다는 뜻이다.

・年下でも決して侮るな。

나이가 어리더라도 결코 깔보지 마.

Tip 「軽(かる)んずる」는 얕보다, 대수롭지 않게 여기다, 가볍게 여기다는 뜻이다.

- 彼(かれ)の実力(じつりょく)を軽(かる)んじてはならない。
  그의 실력을 가볍게 봐서는 안 된다.

멸시하다

蔑視(べっし)する・馬鹿(ばか)にする・蔑(さげす)む

- 自分(じぶん)を生(う)んでくれた両親(りょうしん)を蔑(さげす)むな。
  자신을 낳아주신 부모를 멸시하지 마라.

무시하다

馬鹿(ばか)にする・見下(みくだ)す・なめる

Tip 「無視(むし)する」라는 말도 있지만, 이 말은 '보고도 못 본 척하다'라는 뜻이다.

- 後輩(こうはい)にあまり親切(しんせつ)にすると、先輩(せんぱい)をなめて馬鹿(ばか)にすることがある。
  후배한테 너무 잘해 주면 선배한테 기어오르려 하기도 한다.

눈치가 빠르다

機転(きてん)がきく・すばしこい・目(め)ざとい

Tip 「機転(きてん)がきく」는 순발력이 있다, 재치가 있다. 임기응변으로 잘 대응하다는 뜻이 들어 있다.

- 機関士(きかんし)が機転(きてん)をきかせたおかげで、事故(じこ)は起(お)こらなかった。
  기관사가 순발력을 발휘한 덕분에 사고는 일어나지 않았다.

Tip 「気(き)が利(き)く」는 눈치가 빠르고 재치가 있다는 뜻이다.

- 面接(めんせつ)では気(き)の利(き)いた返事(へんじ)をしなければならない。
  면접에서는 재치 있는 대답을 해야 한다.

Tip 「めざとい」는 (보는 눈이) '빠르다, 약삭빠르다'는 뜻.

· 他人(たにん)の欠点(けってん)を目(め)ざとく見(み)つけて攻撃(こうげき)する。

타인의 결점을 재빨리 찾아 공격하다.

다혈질이다

血(ち)の気(け)が多(おお)い・多血質(たけつしつ)

Tip 「血(ち)の気(け)が多(おお)い」는 혈기있는, 동요(動搖)·흥분하기 쉬운 느낌을 주는 말이다. 「血気(けっき)」라고도 하지만 이 말은 「血気(けっき)さかんな~」, 「血気(けっき)の勇(ゆう)」와 같은 형태로 많이 쓰인다.

· 血(ち)の気(け)の多(おお)い若者(わかもの)たちが酒(さけ)を飲(の)んで殴(なぐ)りあったので、多(おお)くのけが人(にん)が出(で)た。

혈기 있는 젊은 사람들이 술을 마시고 치고받다 보니, 다친 사람이 많이 나왔다.

Tip 「多血質(たけつしつ)」는 다혈질로, 쉽게 흥분하고 금방 식는 성질을 나타낸다.

· 彼(かれ)は多血質(たけつしつ)で熱中(ねっちゅう)していたかと思(おも)ったら、すぐ飽(あ)きてしまう。

그는 다혈질이라 열중하고 있는가 싶으면 금세 질려버린다.

덜렁대다

おっちょこちょいだ

Tip 「おっちょこちょい(だ)」는 경박한 행동, 또는 그런 행동을 하는 사람을 가리킨다.

· 落(お)ち着(つ)きがなく軽々(かるがる)しく振(ふ)る舞(ま)う。

침착하지 않고 경솔하게 행동하다.

· 軽率(けいそつ)に行動(こうどう)する。

경솔하게 행동하다.

덜렁이

おっちょこちょい

Tip 경박하고 경솔한 행동을 하는 사람을 가리킨다.

- 浮かれ者　　항상 들떠 있는 사람
- そそっかしい人　　경솔하고 덜렁덜렁한 사람

독불장군

独善的な人・ワンマン(one man)

- 独善的な性格の人は、他人の批判を受け付けないものだ。
  독선적인 성격의 사람은, 타인의 비판을 받아들이지 않는다.
- ワンマン経営者は部下から反発を買いやすい。
  독불장군 경영자는 부하로부터 반발을 사기 쉽다.

되바라졌다

ませている・一皮むけている

Tip 나이에 비해 조숙하고 자깔스럽다는 뜻. 비슷한 뜻으로 「こしゃまくれる」라는 말도 있다.

- 小さいくせにませていて、かわいげがない。
  어린 주제에 되바라져서 귀여운 구석이 없다.

Tip 「一枚上手(いちまいうわて)」는 '한 수 위'란 뜻으로, 「一枚上(いちまいうえ)」라고도 한다.

- 口では先生より学生のほうが一枚上手だ。
  말로는 선생님보다 학생 쪽이 한 수 위다.

드세다

気が強い・気性が荒い

- 彼女は気が強くて、夫婦げんかでも負けていない。
  그녀는 기가 세서 부부싸움에서도 지지 않는다.

・気が弱い 숫기가 없다

・弟は気が弱く、人前では話すことができない性格だ。

동생은 숫기가 없어서 사람들 앞에서는 이야기를 잘 못하는 성격이다.

억척스럽다

負けず嫌い・粘り強い

Tip 「粘(ねば)り強(づよ)い」는 끈끈하게 달라붙는 성질이 강한 것을 나타낸다.

・貧困の中でも、粘り強く努力を続け、大学を卒業した。

빈곤한 가운데에서도 끈기있게 노력하여 대학을 졸업했다.

・負けず嫌いで碁でも将棋でも勝つまでやめようとしない。

억척같아서(지기 싫어해서) 바둑이든 장기든 이길 때까지 그만두려 하지 않는다.

모질다

しぶとい・根気がある

Tip 「しぶとい」는 끈질기고 강인한 것, 「根気(こんき)がある」는 근성이 있고 끈질긴 느낌을 주는 말이다.

・皆があきらめてしまったのに、一人だけ残ってしぶとく頑張っている。

모두들 포기했는데도 혼자 남아서 끝까지 애쓰고 있다.

・難しい作業だから根気がある人にまかせなくてはならない。

어려운 작업이니까 끈기가 있는 사람에게 맡겨야 한다.

・根気がなくて、何事もすぐあきらめてしまう。

끈기가 없어서 무슨 일이든 금방 포기해버린다.

Tip 「がむしゃら(だ)」는 어떤 일을 앞 뒤 생각 없이 덮어놓고 하거나 저돌적으로 하는 모습을 나타낸다.

・いきなりがむしゃらに勉強(べんきょう)しても、成績(せいせき)はすぐにはあがらないよ。
갑자기 벼락치기로 공부해도 성적은 바로 오르지 않아.

마마보이

マザコン

Tip 「マザーコンプレックス(mother complex)」의 준말.

・実(じつ)はあの人(ひと)、マザコンだったの。
알고 보니 그 사람 마마보이였어.

모가 나다

角(かど)が立(た)つ・角(かど)を立(た)てる

Tip 「角(かど)が立(た)つ」는 모가 나다, 남의 감정을 자극하다는 뜻.

・そんな風(ふう)に言(い)うと角(かど)が立(た)ちます。もっと穏(おだ)やかに言(い)ってください。
그런 식으로 말하면 감정적으로 들리니까, 좀 더 부드럽게 말해주세요.

Tip 「角(かど)を立(た)てる」는 모가 나게 하다, 남의 감정을 자극하여 악화시키다는 뜻이다.

・なんとか角(かど)を立(た)てずに解決(かいけつ)できないか。
어떻게든 서로 감정을 상하지 않게 해결할 수 없을까.

・感情的(かんじょうてき)な口(くち)のききかたで周囲(しゅうい)に角(かど)を立(た)てる。
감정적인 말투로 주위 사람들의 감정을 거슬린다.

모난 성격

ぎすぎすした性格(せいかく)

못된 성격

性格が悪い・性格がよくない。

Tip 「性格(せいかく)が悪(わる)い」는 성격이 원만치 못하다. 원만한 성격이 못되다 정도의 뜻.

- 器量がよくても性格が悪くてはどうにもならない。
  기량이 좋아도 성격이 나쁘면 쓸모가 없다.
- あいつ、性格悪いよ。
  저 녀석 성격 안 좋아.

무뚝뚝하다

無愛想だ・気難しい・愛想のない

Tip 「無愛想だ」는 무뚝뚝하고 투박하다는 뜻으로, 짧게 「ぶあいそ」라고도 발음한다.

- あの店の店員はいつも無愛想だ。
  저 가게 점원은 늘 무뚝뚝하다.

Tip 「気難(きむずか)しい」는 성미가 까다롭고 신경질적이라는 뜻이다.

- アパートの管理人は気難しくて手に負えない人だ。
  아파트 관리인은 성미가 까다로워서 대하기가 어려운 사람이다.

Tip 「愛想(あいそう· あいそ)が悪(わる)い」는 '붙임성이 없다'. 반대말은 「愛想がいい」.

- たくさん買い物をしたのに、店員は愛想が悪い。
  물건을 많이 샀는데도 점원은 무뚝뚝하게 대한다.

무식하다

何も知らない・ものを知らない・物知らず

- 本を全く読まないので何も知らない。
  책을 전혀 읽지 않아 아무것도 모른다.

- 彼は見かけによらず以外と物知らずだ。

  그는 보기하고 다르게 의외로 뭘 잘 모른다.

Tip '뭘 좀 아는 사람이다'라고 할 때는 「物知(ものし)りだ」, 「世故(せこ)に長(た)けた」와 같이 표현한다.

- あの人は物知りだ。

  저 사람은 뭘 좀 아는 사람이다.

- 世故に長けた人だ。

  세상 물정을 좀 아는 사람이다.

- 物事をよくわきまえた人だ。

  상식을 잘 갖춘 사람이다.

- 世間知らずだ。

  세상 물정을 모른다.

바람둥이

浮気者

바람을 피우다

浮気(を)する

바람 맞았어

Tip '약속을 어기다'는 뜻으로 「すっぽかす」라는 말이 있는데, '약속을 불이행 당했다(바람 맞았다)'라고 할 때는 「すっぽかされた」라고 한다.

버릇이 없다

行儀が悪い・不作法だ

Tip 「行儀(ぎょうぎ)が悪(わる)い」는 예의 범절에 어긋나는 행동을 하거나 예의가 바르지 못하다는 뜻이고, 「不作法(ぶさほう)だ」는 예의에 어긋나다, 버릇이 없다는 뜻이다.

- 歩きながらものを食べるのは行儀が悪い。

  걸어가면서 음식을 먹는 것은 바르지 못한 행동이다.

- あいさつもしないで別れるのは不作法だ。
  인사도 하지 않고 헤어지는 것은 예의에 어긋난다.

> 「作法(さほう)」란?
>
> 사전에 「あいさつしたり、食(た)べたり、立(た)ったり座(すわ)ったりするときの、むかしから伝(つた)えられているやりかた」(인사하거나 먹거나 앉고서고 할 때의 옛날부터 전해져오는 방법)이라고 설명되어 있다. 한국어의 '예의' '에티켓'(エチケット)에 해당하는 말.
>
> 食事(しょくじ)の作法(さほう)を身につける : 식사예절을 익히다
>
> 作法(さほう)にかなう : 예의에 맞다
>
> 行儀作法(ぎょうぎさほう) : 예의범절

변덕쟁이

気まぐれ・気分屋・むら気がある

Tip 「むら気(き)がある」는 변덕스러운 성질이나 성격이 있다는 뜻이다. 또, 말을 잘 바꾸는 것은 「言(い)うことが変(か)わる」라고 한다.

- 彼は言うことがころころと変わり、周りの人を慌てさせた(当惑させた)。
  그는 말을 쉽게 잘 바꾸어 주위 사람을 당황하게 했다.
- 手のひらを返すように態度が変わった。
  손바닥 뒤집듯이 태도가 바뀌었다.
- その日の雰囲気によって、よく気分が変わる。
  그 날의 분위기에 따라 기분이 잘 바뀐다.
- むら気があって、すぐ泣いたかと思うと、たちまち笑ったりする。
  변덕이 심해서 금세 울었나 하면 금방 웃곤 한다.

변덕이 죽 끓듯 하다

ころころと気の変わり方が激しい

변덕이 심하다

よく気が変わる

변덕스럽다

気まぐれ・むら気がある

새침때기

すまし屋

気取り屋

つんとすましている人

Tip 「すます」는 '시치미를 떼다'란 뜻이므로 「すまし屋(や)」는 새침떼기, 점잔을 빼는 사람을 가리킨다. 「気取(きど)り屋(や)」는 젠체하는 사람, 「つんとすましている人(ひと)」는 새치름해 있는 사람을 가리킨다.

- あの人は要領がいい。
  저 사람은 깍쟁이다.

성격이 급하다

せっかちだ

Tip 「せっかち」는 매사에 침착하지 않고 서두르는 모습이나 그런 사람을 말한다. 한국어의 '성미가 급하다' 또는 '극성맞다' 정도의 뉘앙스.

- 性格がせっかちでしくじることが多い。
  성격이 급해서 낭패를 보는 일이 많다.

Tip 「しくじる」는 下手(へた)なやりかたで失敗(しっぱい)する(서툴게 하다가 잘못하다)는 뜻이다.

- 運転をしくじって前の車にぶつかった。
  운전을 잘못해서 앞 차를 박고 말았다.

성격이 불같다

火のように激しい性格

気性が荒い

Tip 「気性(きしょう)」는 타고난 기질이나 성질을 말한다. 「気性(きしょう)が激(はげ)しい」 같이 표현할 수도 있다.

- 酒(さけ)を飲(の)むと気性(きしょう)が荒(あら)くなって、わめいたり、ののしったりする。
  술을 마시면 성질이 격해져서 소리도 지르고 울부짖기도 한다.

소심하다

臆病(おくびょう)だ

小心(しょうしん)だ

Tip 겁이 많고 대범하지 못하다는 뜻.

속이 좁은 사람

器(うつわ)の小(ちい)さい人(ひと)

融通(ゆうずう)のきかない人(ひと)

- うぶで融通(ゆうずう)がきかないので説得(せっとく)に苦労(くろう)した。
  앞뒤가 막힌 사람이라 설득하느라 애먹었다.

Tip 「うぶ」는 세상물정에 익숙지 않은 순진한 사람을 말한다.

손버릇이 나쁘다

手癖(てくせ)が悪(わる)い

Tip 손버릇이 나쁘다, 도벽(盜癖)이 있다는 뜻.

- 幼(おさな)いときから手癖(てくせ)が悪(わる)く、店(みせ)の品物(しなもの)を万引(まんび)きすることがよくあった。
  어렸을 때부터 손버릇이 나빠 가게 물건을 슬쩍하는 일이 종종 있었다.

수다쟁이

おしゃべり

- 授業中(じゅぎょうちゅう)におしゃべりをしていて、よく先生(せんせい)に注意(ちゅうい)されたものだ。
  수업중에 떠들다가 자주 선생님께 주의를 받곤 했다.

말이 많다

口数(くちかず)が多(おお)い

Tip 반대말은 「口数(くちかず)が少(すく)ない」「無口(むくち)だ」.

• しゃべり疲(つか)れた。 말을 많이 했더니 기운이 없다.

수다를 떨다

しゃべる

しゃべくる

しゃべりたてる

無駄口(むだぐち)をたたく

Tip 「しゃべる」는 '지껄이다, 재잘거리다, 수다를 떨다'는 뜻이고, 「しゃべくる·しゃべりたてる」는 「しゃべる」의 강조형으로 '마구 지껄이다', 「無駄口(むだぐち)をたたく」는 '쓸데없는 말을 지껄이다'는 뜻이다.

숫기가 없다

恥(は)ずかしがり屋(や)だ

内気(うちき)だ

부끄럼을 타다

恥(は)ずかしがり屋(や)だ

照(て)れ屋(や)だ

• 彼女(かのじょ)は照(て)れ屋(や)で、人前(ひとまえ)に出(で)ると顔(かお)が赤(あか)くなる。
그녀는 수줍음이 많아서, 사람들 앞에 나가면 얼굴이 빨개진다.

아부를 잘한다

お世辞(せじ)がうまい

• あんまり(あまり)おだてないでください。
너무 비행기 태우지 마세요.

Tip おだてる : 추켜세우다

아첨꾼

おべっか使(つか)い

Tip 「お世辞屋(せじや)」라는 말도 있지만, 잘 쓰지 않는다.

- 上司(じょうし)におべっかを使(つか)って昇進(しょうしん)の機会(きかい)をうかがっている。
  상사한테 아부를 해서 승진의 기회를 엿보고 있다.
- おべっかを使(つか)う。
  아첨하다. 알랑거리다.

아첨을 떨다

お世辞(せじ)を言(い)う

へつらう

おべっかを使(つか)う(遣(つか)う)

Tip 「お世辞(せじ)を言(い)う」는 알랑거리는 말을 하거나 가식적인 빈 말을 하는 것이고, 「へつらう」는 '아첨하다, 알랑거리다, 비굴하게굴다'는 뜻이다.

야하다

セクシー(sexy)だ

エッチ(H)だ

- 胸元(むなもと)が大(おお)きく開(あ)いたセクシーな水着(みずぎ)を着(き)ている。
  가슴팍이 크게 파인 섹시한 수영복을 입고 있다.
- インターネットにはエッチな写真(しゃしん)が多(おお)い。
  인터넷에는 야한 사진이 많다.

Hって?

「エッチ」란 성(性)에 관련된 화제를 다른 사람 앞에서 말하거나 행동으로 나타내는 것, 또는 그러한 행위를 하는 사람을 일컫는 말이다. 「変態(へんたい·변태)」의 영문자 표기인 「hentai」의 머리글자에서 왔다는 설이 유력한데, 「h」는 일본에서는 「エイチ」라고 하지만 이 경우는 「エッチ」라고 한다. 1960년대의 유행어로 최근에는 직접적인 성행위를 의미하는 말로도 쓰이고 있다.

어리석다	**愚^{おろ}かだ・馬鹿^{ば か}だ**
	Tip◀ 관서(関西) 지방에서는 「あほ(だ)」(바보)라는 말도 많이 쓴다.

- この馬鹿^{ば か}(野郎^{や ろう})！ 이 어리석은 놈아!
- 馬鹿^{ば か}めが…！ 어리석기는….

미련하다	**馬鹿^{ば か}だ・愚^{おろ}かだ・足^たりない**

답답하다	**じれったい・もどかしい**
	Tip◀ 짜증나다, 감질나다, 답답하다란 뜻. '둔하다'란 뜻으로 「鈍(にぶ)い」란 말도 있다.

- もどかしい心情^{しんじょう}を吐露^{と ろ}する術^{すべ}がない。
 답답한 심정을 토로할 길이 없다.
- 一般的^{いっぱんてき}に熊^{くま}は動^{うご}きの鈍^{にぶ}い動物^{どうぶつ}と思^{おも}われているが、攻撃^{こうげき}する時^{とき}には非常^{ひじょう}に敏捷^{びんしょう}である。
 일반적으로 곰은 움직임이 둔한 동물로 여겨지고 있지만, 공격할 때는 상당히 민첩하다.

엉뚱하다	Tip◀ 사람의 성격을 말할 경우에는 「とんでもない人(ひと)」, 「変(か)わっている人(ひと)」, 「とんちんかんな人(ひと)」, 「変(か)わった人(ひと)」와 같이 표현한다.

- 芸術家^{げいじゅつか}はどこか変^かわったところがある。
 예술가는 어딘지 모르게 엉뚱한 구석이 있다.

엉큼하다	**ずるい・ずる賢^{がしこ}い・下心^{したごころ}のある**
	Tip◀ 「ずるい」는 교활하다, 뺀들거리다, 「ずる賢(かしこ)い」는 교활하다, 약아빠지다, 「下心(したごころ)がある / 下心(したごころ)のある」는 흑심(음모)을 품고 있다는 뜻이다.

・親切(しんせつ)そうに見(み)えるが、実(じつ)は下心(したごころ)があって親切(しんせつ)にしているだけだ。

친절하게 보이지만, 실은 흑심이 있어서 친절하게 하고 있는 것뿐이다.

우유부단하다

優柔不断(ゆうじゅうふだん)

・優柔不断(ゆうじゅうふだん)で何(なに)かを決定(けってい)するのにやたらと時間(じかん)がかかる。

우유부단해서 무슨 일을 결정하는 데 쓸데없이 시간이 걸린다.

이기적이다

利己的(りこてき)だ・自分勝手(じぶんかって)だ

Tip 「自分勝手(じぶんかって)」는 제멋대로 생각하고 행동하는 것을 말한다.

・父(ちち)は家庭(かてい)でも利己的(りこてき)でよく母(はは)に暴力(ぼうりょく)をふるった。

아버지는 가정에서도 이기적이어서 자주 엄마에게 폭력을 휘둘렀다.

인색하다

みみっちい・けちくさい

こせこせしている・せせこましい

Tip 「みみっちい」는 인색하거나, 사소한 일이나 작은 금액에 고집하거나 고심하는 모습을 나타낸다.

・その程度(ていど)の遺産(いさん)で親戚同士(しんせきどうし)争(あらそ)うとは、みみっちい話(はなし)だ。

그 정도 유산으로 친척끼리 다투다니 볼썽사나운 이야기다.

Tip 「けちくさい」는 인색하다. 돈이나 물건을 내놓는 것을 이수 아쉬워하는 모습을 뜻한다.

・寄付金(きふきん)も一切(いっさい)出(だ)さないとは、まったくけちくさい。

기부금도 일절 내놓지 않다니 정말 인색하다.

Tip 「こせこせしている」는 대범한 데가 없이 사소한 일을 걱정하는 모습. 행동이나 태도에 여유가 없고 사소한 일에만 신경을 쓰고 있는 모습을 말한다.

- 叔母の性格はこせこせしていて、おっとりしたところがない。
  큰 엄마는 소심해서 느긋한 데가 없다.

Tip 「せせこましい」는 사소한 일에 안달하고 곰상스러운 모습을 나타낸다.

- そんなせせこましい考えでは、人の上に立てない。
  그렇게 좁은 생각으로는 다른 사람 위에 설 수 없다.

잘 삐지다

すぐふくれる

すぐごねる

機嫌を悪くする

Tip 「すぐふくれる」는 금방(사소한 일로) 뾰로통해지다, 「すぐごねる」는 사소한 일로 투덜거리다(불평·투정)하다, 「機嫌(きげん)を悪(わる)くする」는 기분을 상하다, 불쾌해하다는 뜻이다.

- 気にくわないことがあるとすぐふくれる(機嫌を悪くする)。
  마음에 들지 않는 일이 있으면 금방 삐진다.

Tip 회화에서는 「いじける」(삐지다)란 말도 많이 쓴다.

A いじけた?
삐졌어?

B いや いじけてない。
아니, 안 삐졌어.

잘난 척하다

いい子(こ)ぶる

・あの子(こ)は先生(せんせい)の前(まえ)ではことさらいい子(こ)ぶっている。
재는 선생님 앞에서는 더 잘난 척 하고 있다.

Tip '왕자병, 공주병'에 해당하는 말로는 「いい子(こ)ぶる」「身(み)の程(ほど)知(し)らず」가 여기에 해당하고, 「いい子(こ)ぶりっ子(こ)」의 준말로 「ぶっりっこ」라는 말도 쓴다. 비슷한 말인 '뽐내다'는 「得意(とくい)になる·いばる·自慢(じまん)する」라고 한다.

장난꾸러기

いたずら小僧(こぞう)
腕白坊主(わんぱくぼうず)

・いたずらをする　장난을 치다
・おもしろ半分(はんぶん)·いたずら半分(はんぶん)　장난삼아

철부지

うぶな人(ひと)

Tip 「世間(せけん)知(し)らず」 또는 「わきまえのない人(ひと)」라고도 한다.

허풍을 떨다

虚勢(きょせい)を張(は)る·ほらをふく
大(おお)ぶろしきを広(ひろ)げる

Tip 「虚勢(きょせい)を張(は)る」는 허세를 부리거나 허황된 말을 하는 것을 말한다.

・実力(じつりょく)もないくせに、虚勢(きょせい)を張(は)ってできると言(い)い張(は)っている。
실력도 없는 주제에 허풍을 떨며 할 수 있다고 큰 소리를 치고 있다.

Tip 「ほらをふく」는 허풍을 떨다.

・高い利子を保証するとほらを吹いて、被害者から金を巻き上げた。

높은 이자를 보증하겠다고 허풍을 떨어 피해자로부터 돈을 갈취했다.

Tip 「大(おお)ぶろしきを広(ひろ)げる」는 직역하면 큰 보자기를 펴다는 뜻인데, 과장되게 허풍을 떨다, 호들갑을 떨다는 뜻으로 쓰인다.

・一年したら大成功をおさめて帰ってくると大ぶろしきを広げた。

1년 있으면 크게 성공해서 돌아오겠다고 허풍을 떨었다.

과장이 심하다

おおげさだ

・大げさに痛がっていたので、骨折でもしたのかと思ったが、ただの捻挫だったそうさ。

아프다고 엄살을 피워서 골절이라도 된 줄 알았더니 그냥 약간 삔 것이었다는 것 있지.

오버다

オーバー(over)だ

Tip 한국어로는 '너무 오버한다'처럼 '~하다'로 쓰기도 하지만, 일본어에서는 「オーバーする」는 「予算(よさん)がオーバーした」(예산이 오버했다)처럼 쓰인다.

・ちょっと手を切ったくらいで大事のように病院に行くなんて、少しオーバーだ。

손을 조금 베인 것을 가지고 큰일 난 것처럼 병원에 가다니 좀 오버다.

(씀씀이가) 헤프다

金遣いが荒い

・彼(かれ)は金遣(かねづか)いが荒(あら)く、一晩(ひとばん)で10万円使(まんえんつか)ったこともあるそうだ。

그는 씀씀이가 헤퍼서 하룻밤에 10만 엔을 쓴 적도 있다고 한다.

낭비벽이 있다

浪費癖(ろうひへき)

無駄遣(むだづか)いをするくせがある

無駄遣(むだづか)いをする人(ひと)

~屋가 붙는 말

・むっつり屋(や)

무뚝뚝하고 말수가 적은 사람

・恥(は)ずかしがり屋(や)

수줍음이 많은 사람 자주 쑥스러워하는 사람

・はにかみ屋(や)

자주 수줍어하는 사람 자주 쑥스러워하는 사람

・がんばり屋(や)

노력가(努力家)

・わからず屋(や)

아무리 타일러도 알아듣지 못하는 사람

・のんびり屋(や)

태평스럽고 유유한 성격을 가진 사람

・やかまし屋(や)

잔소리가 심한 사람

・りくつ屋(や)

이치만 따지는 까다로운 사람, 따지기 좋아하는 사람

・天気屋(てんきや)

기분파

04 사람의 외모를 나타내는 말

겉모습이나 첫인상에 관한 말

MP3 7-04▸

가발

かつら・ウイッグ(wig)

・禿(は)げている人(ひと)が、かつらをかぶることは勇気(ゆうき)がいるものだ。

머리가 벗겨진 사람이 가발은 쓴다는 것은 용기가 필요한 일이다.

곱슬머리

縮(ちぢ)れ毛(げ)・天然(てんねん)パーマ

・高校(こうこう)の時(とき)にパーマをかけて先生(せんせい)に注意(ちゅうい)されたが、天然(てんねん)パーマだと言(い)い逃(のが)れた。

고등학교 때 퍼머를 해서 선생님께 주의를 받았는데, 곱슬머리라고 우겨 벗어났다.

근육질

筋肉質(きんにくしつ)・中肉中背(ちゅうにくちゅうぜい)

Tip 「中肉中背(ちゅうにくちゅうぜい)」는 중키에 살이 알맞게 찐 사람을 가리킨다.

・犯人(はんにん)は40歳(さい)くらいで中肉中背(ちゅうにくちゅうぜい)、眼鏡(めがね)をかけた男(おとこ)だ。

범인은 40세 정도로 중키에 알맞게 살이 찐 체형에, 안경을 쓴 남자다.

나이 들어 보이다

年(とし)より老(ふ)けて見(み)える

・頭(あたま)が薄(うす)くなって、年(とし)より老(ふ)けてみえる。

머리카락이 빠져서 나이들어 보인다.

Tip 頭(あたま)が薄(うす)くなる：머리카락이 빠지다

나이보다 젊어보이다

年(とし)より若(わか)く見(み)える

- 童顔(どうがん)なので、年(とし)より若(わか)く見(み)える。
  동안이어서 나이보다 어려보인다.

날씬하다

すらりとしている・スマートである

- 姉(あね)はすらりとした体型(たいけい)なのでミニスカートをはいてもよく似合(にあ)う。
  언니는 몸이 날씬해서 미니스커트를 입어도 잘 어울린다.

날카롭다

鋭(するど)い

- とがったあごが鋭(するど)い印象(いんしょう)を与(あた)えている。
  뾰족한 턱이 날카로운 인상을 준다.

단발머리

ショート(short)・ショートカット(shortcut)

- 失恋(しつれん)して髪(かみ)を切(き)りショートカットにした。
  실연한 후 머리를 잘라 숏커트로 했다.

뚱뚱하다·통통하다

ぽっちゃりしている・ふとっている

Tip '뚱보'는 「でぶ」라고 한다.

- ぽっちゃりしたタイプが好(この)みだという。
  통통한 타입이 취향이라고 한다.

말랐다

痩(や)せている

- やせたね~。 살 빠졌네?
- がりがりに痩(や)せている。 깡 말랐다.

매부리코

鷲鼻(わしばな)

- 小鼻(こばな)　콧방울
- かぎ鼻(ばな)　매부리코(열쇠처럼 끝부분만 동그랗고 큰 코)
- だんご鼻(ばな)　주먹코

배가 나왔다

腹(はら)が出(で)た

보통체격

普通(ふつう)の体格(たいかく)

- 普通(ふつう)の体格(たいかく)ではロングコートは似合(にあ)わない。
  보통 체격에서는 롱코트는 어울리지 않는다.

볼륨감 있다

ボリュームがある

- ウェストからヒップにかけてボリュームのある体格(たいかく)である。
  허리부터 힙까지 볼륨있는 체격이다.

쌍꺼풀

二重瞼(ふたえまぶた)

- 二重瞼(ふたえまぶた)にするにはかなりの費用(ひよう)がかかる。
  쌍꺼풀로 하려면 상당한 비용이 든다.

생머리

ストレート(straight)

인상이 좋다

印象(いんしょう)がいい・イメージ(image)がいい

Tip 첫인상은 「第一印象(だいいちいんしょう)」라고 한다.

잘 빠졌다

すらりとしている・スマート(smart)だ

・ダイエットの結果(けっか)が現(あらわ)れすこしスマートになった。
다이어트한 결과로 조금 살이 빠졌다.

짱구

さいつぼ頭(あたま)

Tip 「さいつぼ」란 나무로 양쪽이 동그랗게 튀어나온 나무로 된 망치를 말한다. 이 망치 처럼 머리가 앞 뒤로 튀어나온 데서 생긴 이름이다.

키가 크다·작다

背(せ)が高(たか)い・背(せ)が低(ひく)い

・スチュワーデスの条件(じょうけん)としては背(せ)が高(たか)いことが上(あ)げられる。
스튜어디스의 조건으로는 큰 키를 들 수 있다.

퍼머머리

パーマ(をかけた髪(かみ))

・パーマがゆるんでもう一度(いちど)パーマした。
퍼머가 풀어져서 다시 퍼머했다.

• 성형외과(成形外科)	整形外科(せいけいげか)
• 탈모	脱毛(だつもう)
• 가슴수술	豊胸手術(ほうきょうしゅじゅつ), バストアップ
• 쌍꺼풀	二重瞼(ふたえまぶた)
• 지방흡입	脂肪吸引(しぼうきゅういん)
• 주름제거	しわ消(け)し, たるみ除去(じょきょ)
• 문신	タトゥー(tattoo)
• 기미 티 제거	しみ除去(じょきょ)
• (수술이) 잘 되었다	うまくいった(成功(せいこう)した)
• (수술이) 잘못되었다	うまくいかなかった(失敗(しっぱい)した)

05 사람의 외모를 보고

생김새나 표정에 관한 말

MP3 7-05▸

복스럽게 생겼다

ぽっちゃりしている

Tip 「ぽっちゃりしている」는 여성의 몸이 풍만한 모양을 나타내는 말이고, 아이들이 동글동글하거나 체격이 큰 경우에는 「丸(まる)いね」 라든지 「大(おお)きいね」라고도 하지만, 단지 동글동글하다, 크다라는 뜻이므로 직접 이렇게 말하면 실례가 될 수도 있다.

참 잘 생겼다

Tip 남자의 경우는 「かっこいい」, 여자의 경우는 「きれいだ」, 「かわいい」라고 하는 경우가 많다.

A きよし君(くん)ってほんとかっこいー。
기요시는 너무 잘 생겼다.

B ほんとー。 정말.

엄마를 쏙 빼닮았다

Tip 「お母(かあ)さんとそっくりだ」와 같이 표현한다.

A 目(め)もとと鼻(はな)がお母(かあ)さんとそっくりだね。
눈가랑 코가 엄마를 쏙 빼닮았네.

B 口(くち)はお母(かあ)さんに似(に)てない。お父(とう)さんに似(に)たんだ。
입은 엄마 안 닮았어. 아빠 닮았어.

덤비고 싶다

Tip '덤비다'가 「文句(もんく)をつける」, 「くってかかる」이므로 「文句(もんく)をつけたい」, 「くってかかりたい」 정도로 표현할 수 있지만, 「気(き)に入(い)らない」, 「気(き)にくわない」가 더 적절한 표현이다.

・わざと高い品を売り付けたと文句をつけてくってかかった。

일부러 비싼 물건을 팔았다고 불평을 하며 덤벼들었다.

마음에 안 들다

気に入らない・気にくわない

・年下のくせに生意気で、気にくわない奴だ。

나이도 어린 주제에 건방져서 마음에 안 드는 녀석이다.

슬프다

悲しい

・あまりに悲しいと涙も出ないものだ。

너무 슬프면 눈물도 안 나오는 법이다.

신나다

心が浮き立つ・興に乗る

・心が浮き立って、自然に笑いが出た。

신이 나서 저절로 웃음이 나왔다.

실망스럽다

Tip 큰 실망을 겪었을 때는 「失望(しつぼう)する」라고 하지만, 보통 회화에서는 「がっかりする」가 일반적이다.

・彼の常識はずれの言動に失望した。

그 사람의 상식에 벗어난 언동에 실망했다.

풀이 죽어 있다

元気がない・がっかりしている

しょんぼりしている

Tip 「元気がない」는 풀이 죽어 힘이 없는 모습을 말한다.

・両親にひどく叱られて元気がない。

부모님께 호되게 야단을 맞아 풀이 죽어 있다.

Tip 「がっかりしている」는 실망하다, 낙담하다.

- 楽(たの)しみにしていた行事(ぎょうじ)が雨(あめ)で中止(ちゅうし)になりがっかりした。
  고대하던 행사가 비 때문에 중지되어 실망스러웠다.
- 先生(せんせい)も来(く)ると思(おも)っていたのに、来(こ)なかったのでがっかりした。
  선생님도 오실 줄 알았는데 오시지 않아서 실망했다.

Tip 「しょんぼりしている」는 기운 없이 풀이 죽은 모습, 기운이 없이 초라해 보이는 모습을 나타낸다. 「しょぼんとしている」라고도 한다.

- 全力(ぜんりょく)をあげて打(う)ち込(こ)んでいた事業(じぎょう)が失敗(しっぱい)し、しょんぼりしている。
  온 힘을 기울여 몰두했던 사업이 실패하여 낙심하고 있다.

어처구니가 없다

あきれかえる・あきれはてる

開(あ)いた口(くち)が塞(ふさ)がらない

Tip 「あきれかえる」는 어이가 없어서 기가 막히다, 「あきれはてる」는 아주 어이없어하다란 뜻이다.

- 賭博(とばく)で財産(ざいさん)をすべて失(うしな)うとは、あきれかえった奴(やつ)だ。
  도박으로 재산을 모두 날리다니 기가 막힐 노릇이다.
- 親(おや)のすねをかじりながら毎日(まいにち)遊(あそ)び歩(ある)いているとは、ほとほとあきれはてた。
  부모님께 돈을 타 쓰는 처지에 매일 놀러 돌아다니다니 정말 어처구니가 없었다.

Tip 「開(あ)いた口(くち)が塞(ふさ)がらない」는 벌어진 입이 다물어지지 않다, 즉 아주 어이가 없다는 뜻이다.

・消防委員が放火をするとは、開いた口がふさがらない。

소방위원이 방화를 하다니 어처구니가 없다.

초조해하다

あせる

・時間に追われ焦って運転すると事故を起こしやすい。

시간에 쫓겨 초조하게 운전하면 사고를 일으키기 쉽다.

・いそがず、あせらず。

너무 서둘지도 말고, 너무 초조해하지도 말라는 뜻.

화나다

腹が立つ · 腹を立てる

・腹が立つ　　화가 나다

・腹を立てる　　화를 내다

관련표현

・ああ、むかつく!

어, 열 받아!

・怒った?·いじけた?

삐졌니?

・笑い事じゃない。

웃을 일이 아니야.

・改まった顔をする(= 表情を改める)

정색을 하다

・事件のことに話題を変えると、彼は表情を改めた。

사건으로 화제를 돌리자 그는 정색을 하였다.

06 연애중에

인간관계

MP3 7-06▸

데이트 デート

사귀다 付(つ)き合(あ)う

- 今(いま)、付(つ)き合(あ)っている人(ひと)、いる?
  지금 사귀는 사람 있어요?
- 付(つ)き合(あ)ってからずいぶんたっている。
  사귄 지 꽤 오래되었어.
- 人付(ひとづ)き合(あ)いがいい。
  사귐성이 좋다. 붙임성이 있다.
- 人付(ひとづ)き合(あ)いが悪(わる)い。
  잘 사귀지 못한다. 붙임성이 없다.

정(情)

Tip 한국어에 딱 맞는 표현은 아니지만, '정(이) 들다'는 「情(じょう)が移(うつ)る, なじむ, 親(した)しくなる」와 같이 표현하고, '정을 주다'는 「愛情(あいじょう)を注(そそ)ぐ, 目(め)をかける」와 같이 표현할 수 있다.

차다 ふる

- 付(つ)き合(あ)っていた男(おとこ)(女(おんな))をふる。
  사귀던 남자(여자)를 차다.
- 涙(なみだ)ながらに付(つ)き合(あ)っていた彼女(かのじょ)と別(わか)れた。
  눈물을 머금고 사귀던 그녀와 헤어졌다.

・彼女(かのじょ)はこれまで何人(なんにん)もの男(おとこ)をふってきた。
그녀는 지금까지 여러 명의 남자를 차 왔다.

차이다

ふられる

Tip 「ふる」의 수동형.

・女(おんな)にふられる。 여자에게 차이다.

・約束(やくそく)を破(やぶ)る。 약속을 펑크내다.

~의 소개로

~の紹介(しょうかい)で

Tip '소개팅'도 「~の紹介(しょうかい)で会(あ)う」와 같이 표현한다.

・友(とも)だちに彼女(かのじょ)を紹介(しょうかい)したが、うまくいかなかったようだ。 친구한테 그녀를 소개했는데 잘 안된 모양이다.

맞선

(お)見合(みあ)い

・降(ふ)るように縁談(えんだん)があり、お見合(みあ)いも数(かぞ)えきれないほどした。
여기저기서 혼담이 있어, 맞선도 헤아릴 수 없을 만큼 보았다.

Tip 数(かぞ)えきれない : 다 헤아릴 수 없다

미팅

Tip 「コンパ」라고 한다(「company」의 준말). 일본에서는 「ミーティング」는 '회의'라는 뜻이고 '남녀의 만남'이라는 뜻은 없다.

A どこで会(あ)ったの。 어디서 만났어?

B 合(ごう)コンの二次会(にじかい)で…。 미팅 2차에서….

Tip 「合(ごう)コン」은 「合同(ごうどう)コンパ」의 준말.

07 결혼이야기 ①

인간관계

MP3 7-07▸

결혼식장	**結婚式場**
결혼을 차일피일 미루다	**結婚を一日(また)一日と延ばす** Tip '차일피일'은 「いちにち いちにちと」 또는 「いちにち また いちにちと」와 같이 표현한다. • あれこれ理由をつけて、結婚を一日一日と延ばしている。 이것저것 이유를 달며 결혼을 차일피일 미루고 있다. Tip 理由(りゆう)をつける : 이유를 달다
결혼허락을 받다	**結婚の許しをもらう** • 相手の両親に会って、結婚の許しをもらおうと思う。 남자(여자) 쪽 부모님을 만나 결혼 허락을 받을까 한다.
만나는 동안에 서로 좋아지게 되다	**会っているうちに好きになる** • 最初に出会った時には互いに意識しなかったが、会っているうちに好きになった。 처음에 만났을 때는 서로 의식하지 않았는데, 만나는 동안에 좋아하게 되었다.
부모님께 인사드리다	**両親に挨拶する** • 付き合っている彼が両親に挨拶に来た。 만나고 있는 사람(그)이 부모님께 인사하러 왔다.

상견례	**結婚式(けっこんしき)で新郎新婦(しんろうしんぷ)が互(たが)いに交(かわ)す礼(れい)(挨拶(あいさつ))**
신랑신부	**新郎新婦(しんろうしんぷ)** ・新郎新婦(しんろうしんぷ)の入場(にゅうじょう)でございます。 신랑신부 입장입니다.
신접살림	**新(あたら)しい所帯(しょたい)** ・所帯(しょたい)を持(も)つ。 가정을 꾸리다.
주례	**媒酌人(ばいしゃくにん)** ・媒酌人(ばいしゃくにん)をつとめられる方(かた)。 주례를 서 주실 분.
중매결혼	**見合(みあ)い結婚(けっこん)** ・若(わか)い世代(せだい)は見合(みあ)い結婚(けっこん)を望(のぞ)まない人(ひと)が多(おお)い。 젊은 세대는 중매결혼을 바라지 않는 사람이 많다.
중매를 서다	**仲人(なこうど)を引(ひ)き受(う)ける** ・何(なに)かと大変(たいへん)なので仲人(なこうど)は気軽(きがる)に引(ひ)き受(う)けるものではない。 이래저래 어렵기 때문에 함부로 중매를 설 게 아니다.
청첩장	**招待状(しょうたいじょう)・案内状(あんないじょう)** ・招待状(しょうたいじょう)は結婚式(けっこんしき)の一(いっ)ヶ(か)月前(げつまえ)までに発送(はっそう)するのが礼儀(れいぎ)だ。 청첩장은 결혼식 한 달 전까지 발송하는 것이 예의다.

08 결혼이야기 ②

절차와 결혼생활에 대해

MP3 7-08▸

피로연

披露宴(ひろうえん)

Tip 일본의 「披露宴(ひろうえん)」은 단지 식사만 하는 것이 아니라 꽤 복잡한 절차가 있는데, 보통 다음 순서로 진행되며 두 시간 정도 걸린다. ①하객 입장·착석, ②신랑신부 입장, ③개회사, ④중매인 인사, ⑤주빈(主賓)인사, ⑥건배, ⑦케이크 절단식(「入刀(にゅうとう)」), ⑧식사·환담, ⑨신랑신부 의상을 갈아입고 재입장(「お色直(いろなお)し」), ⑩스피치, 축전 공개, ⑪양가 부모님께 꽃다발 증정, ⑫양가 부모 인사, ⑬사회자의 폐회 선언(「お開(ひら)き」)의 순서로 진행되고, ⑧ ⑨ 때 친구들이 축가를 하거나 한다.

함

結納品(ゆいのうひん)

Tip 일본에서는 약혼의 증거로 교환하는 물건을 「結納品(ゆいのうひん)」이라고 한다. 신랑 측이 신부 측에 보내는 것인데, 「結納品」에는 전통적으로 전복, 가다랭이포, 말린 오징어, 다시마, 삼실, 부채 등 길조(吉兆)를 나타내는 물건을 넣어 보낸다. 또한 신랑은 월급의 2, 3배 정도의 금액을 「結納金(ゆいのうきん)」으로 신부에게 보낸다. 최근에는 「結納品」 대신 장신구 등을 보내기도 한다.

혼수(품)

嫁入り道具(よめいどうぐ)

Tip 여자 쪽에서 시집을 갈 때 같이 가져가는 도구. 지역에 따라 차이는 있지만, 기본적으로는 남자 쪽에서 받은 「結納金(ゆいのうきん)」으로 준비한다.

결혼생활에 관한 말

• 아이가 생기다	子供(こども)ができる
• 임신하다	妊娠(にんしん)する
• 첫아이를 낳다	初(はじ)めての子(こ)を産(う)む
• 살림이 늘다	家財道具(かざいどうぐ)が増(ふ)える
• 시댁식구	主人(しゅじん)の実家(じっか)の家族(かぞく)
• 화해하다	仲直(なかなお)りする
• 공처가	恐妻家(きょうさいか)
• 애처가	愛妻家(あいさいか)
• 내조를 잘하다	内助(ないじょ)の功(こう)が大(おお)きい
• 부부사이에 금이 가다	夫婦(ふうふ)の間(あいだ)にひびが入(はい)る
• 금슬이 좋다	夫婦(ふうふ)の仲(なか)が睦(むつ)まじい
	おしどり夫婦(ふうふ)(だ)
• 동거(부모와 같이 사는 것)	同居(どうきょ)
• 별거	別居(べっきょ)
• 결혼기념일	結婚記念日(けっこんきねんび)
• 은혼식	銀婚式(ぎんこんしき)
• 금혼식	金婚式(きんこんしき)

일본에서는 가정내에서 남편이 주도권을 쥐고 있는 것을 「亭主関白(ていしゅかんぱく)」라고 한다. 예전에 노래로도 니와서 한때 히트하기도 했다. (남편보다 먼저 자서도 안 되고, 밥은 맛있게 만들고, 항상 예쁘게 있어야 하고, 등등 남편위주의 노래가사) 반대로 아내의 발언권이 강할 경우에는 「かかあ天下(でんか)」라고 한다. 또 아내보다 남편의 몸집이 작은 부부를 가리켜 「のみの夫婦(ふうふ)」 (のみ=벼룩)라는 재미있는 표현을 쓴다.

09 결혼식에서 쓰면 안되는 말

금구

MP3 7-09▸

忌(い)み言葉(ことば)

Tip 일본에서는 「忌み言葉」라고 해서 결혼식에서는 써서는 안되는 말이 있다. 「忌み言葉」에는 「分かれる」, 「離れる」 등 직접적인 이별을 나타내는 말도 있고 「消える」, 「冷える」와 같이 부부 사이가 벌어지는 것을 암시하는 말도 있다. 「出る」, 「帰る」, 「戻す」 등은 신부가 친정에 돌아가는 것(이혼)과 결부되기 때문에 역시 忌み言葉이다. 또한 결혼은 한 평생에 한 번만 한다는 관점에서 「また」 「今一度」, 「再び」 같은 말도 피하는 것이 좋다.

忌み言葉	의미	연상되는 것
別(わか)れる·分(わ)ける	헤어지다·쪼개다	이혼, 이별, 사별
切(き)る·切(き)れる	자르다·끊다	이혼, 이별, 사별
出(で)る	나가다	이혼, 인연이 끊어지다
逃(に)げる	도망가다	가출, 이혼
外(はず)れる	빠지다	가출, 이혼
返(かえ)す·帰(かえ)る	돌려보내다·돌아가다	이혼, 친정에 돌아가다
戻(もど)る·戻(もど)す	되돌아오다·돌려보내다	이혼, 친정에 돌아가다
移(うつ)る·移(うつ)す	옮다·옮기다	애정이 식다
飽(あ)きる	싫증나다	애정이 식다
褪(あ)せる	색이 바래다	애정이 식다

冷(ひ)える	식다	애정이 식다
破(やぶ)る·破(やぶ)れる	찢다·찢어지다	파혼, 이혼
裂(さ)く·裂(さ)ける	찢다·찢어지다	파혼, 이혼
消(き)える	사라지다	애정이 식다, 이별, 죽음
終(お)わる	끝나다	애정이 식다, 이별, 죽음
失(うしな)う	잃다	애정이 식다, 배우자의 죽음
枯(か)れる	고사(枯死)하다	병, 죽음
散(ち)る	(잎·꽃잎)지다	병, 죽음
変(か)わる	변하다	변심
浅(あさ)い	얕다	인연이 없다
死(し)·死(し)ぬ	죽음·죽다	죽음, 불길함
血(ち)	피	죽음, 불길함
弔(とむら)う·葬(ほうむ)る	장례를 치르다	죽음, 불길함
割(わ)れる	깨지다	부부 간에 금이 가다
再(ふたた)び·再度(さいど)·また	다시·재차	재혼

바꿔 말하는 경우

- ケーキを切(き)る → ケーキにナイフを入(い)れる
- 出(で)る → ご登場(とうじょう)する
- ご出席(しゅっせき) → ご参列(さんれつ)
- 話(はなし)を終(お)える → 話(はなし)を結(むす)ぶ
- (披露宴(ひろうえん)を)終(お)える → お開(ひら)きにする

10 병, 증상에 관한 말

병원에서

MP3 7-10▶

간병인

付き添い

・家族が看病できない時は付き添いを頼むしかない。

가족들이 간병할 수 없을 때는 간병을 부탁할 수밖에 없다.

Tip 호스피스 : ホスピス(hospice)

간호사

看護婦・看護士

Tip 「看護士」는 주로 남자 간호사를 가리킨다.

・日本では看護婦は准看護婦と正看護婦に分かれている。

일본에서는 간호사는 준간호부와 정간호부로 나뉘어져 있다.

내과

内科

외과

外科

성형외과

整形外科

・日本では整形外科は形成外科ともいう。

일본에서는 성형외과는 형성외과라고도 한다.

안과

眼科

- 근시 — 近視(きんし)
- 원시 — 遠視(えんし)
- 난시 — 乱視(らんし)
- 라식 수술 — レーシック手術(しゅじゅつ) = RK手術(しゅじゅつ)
- 백내장 — 白内障(はくないしょう)
- 녹내장 — 緑内障(りょくないしょう)
- 망막박리 — 網膜剥離(もうまくはくり)
- 미숙아망막증 — 未熟児網膜症(みじゅくじもうまくしょう)
- 결막염 — 結膜炎(けつまくえん)
- 사시 — 斜視(しゃし)
- 약시 — 弱視(じゃくし)
- 색맹 — 色盲(しきもう)
- 색약 — 色弱(しきじゃく)

이비인후과	**耳鼻咽喉科(じびいんこうか)**
소아과	**小児科(しょうにか)**
치과	**歯科(しか)・歯医者(はいしゃ)**
레지던트 / 인턴	**実習医(じっしゅうい)**

- 日本(にほん)では実習医(じっしゅうい)はインターン(intern)という。
  일본에서는 실습의는 인턴이라고 한다.

Tip '인턴'은 「インターン(intern)」이라고 하지만 정식으로는 「臨床研修医(りんしょうけんしゅうい)」라고 한다. 일본의 의사법(医師法) '의사는 면허 취득 후 2년간은 지정된 병원 등에서 임상 연수를 받도록 노력한다'고 정해져 있다.

링거를 맞다

点滴(てんてき)を受(う)ける

Tip 「リンゲル(ringer)」라는 말이 있지만, 링거주사 일반을 「点滴(てんてき)」라고 한다.

병실

病室(びょうしつ)

산부인과

産婦人科(さんふじんか)

- 母子共(ぼしとも)に健康(けんこう)です。
  산모와 아기 모두 건강합니다.

산후조리원

助産院(じょさんいん)

Tip 일본에는 '산후조리원'에 해당되는 시설은 없고 조산소가 산모를 위한 숙박시설을 겸하고 있는 경우가 많다. 그러나 조산소에서 출산하는 임산부의 비율은 극히 적다. 1985년도의 후생성(厚生省:こうせいしょう) 조사에 따르면 조산소에서 출산하는 임산부는 1.9%에 불과하고 병원이 55.5%, 진료소(의원)가 42.4%로 나타났다.

산후조리

産後(さんご)の養生(ようじょう)・産後(さんご)の静養(せいよう)

Tip 「産後(さんご)の肥立(ひだ)ち」라고도 한다.

- 産後(さんご)の肥立(ひだ)ちが悪(わる)くて、産褥(さんじょく)で産婦(さんぷ)が亡(な)くなった。
  산후조리를 잘 못해서 산욕으로 산부가 목숨을 잃었다.

제왕절개수술

帝王切開(ていおうせっかい)

- 陣痛(じんつう)を避(さ)けたいという理由(りゆう)だけで安易(あんい)に帝王切開(ていおうせっかい)を選(えら)ぶのは考(かんが)えものだ。
  진통을 피하려는 이유만으로 안이하게 제왕절개를 선택하는 것은 생각해 볼 일이다.

자연분만

自然分娩（しぜんぶんべん）

- 帝王切開よりは自然分娩のほうが産婦に対する負担が少ないという。
  제왕절개보다는 자연분만을 하는 것이 산모에 대한 부담이 적다고 한다.

조산

早産（そうざん）

A このまま放置すると早産の恐れがあります。
이대로 방치하면 조산할 우려가 있습니다.

B それじゃ、どうしたらいいでしょうか?
그럼 어떻게 하면 좋을까요?

- 모유　母乳（ぼにゅう）
- 미숙아　未熟児（みじゅくじ）
- 분만　分娩（ぶんべん）
- 산모수첩　母子手帳（ぼしてちょう）
- 산부인과의사　産科医（さんかい）
- 산후우울증　産後うつ（さんごうつ）
- 양수　羊水（ようすい）
- 임신　妊娠（にんしん）
- 자궁　子宮（しきゅう）
- 진통　陣痛（じんつう）
- 출산　出産（しゅっさん）
- 태교　胎教（たいきょう）
- 태동　胎動（たいどう）
- 태반　胎盤（たいばん）
- 태아　胎児（たいじ）

소변검사

尿検査(にょうけんさ)

식욕

食欲(しょくよく)

- 食欲(しょくよく)が出(で)てきましたか。

  식욕이 좀 생깁니까?

엑스레이

レントゲン(roentgen)

Tip 「レントゲン」은 X선을 발견한 독일의 실험 물리학자 Wilhelm Konrad Rentgen(1845~1823)의 이름에서 유래되었다.

- CTスキャン CT촬영

응급실

救急治療室(きゅうきゅうちりょうしつ)

응급치료

救急治療(きゅうきゅうちりょう)

Tip '응급처치'는 「応急手当(おうきゅうてあ)て」라고 한다.

- 救急車(きゅうきゅうしゃ)の中(なか)で救急治療(きゅうきゅうちりょう)が行(おこな)われれば、患者(かんじゃ)の生存率(せいぞんりつ)は格段(かくだん)に高(たか)くなる。

  응급차 안에서 응급치료를 하면 환자의 생존율이 현격히 높아진다.

Tip 格段(かくだん)に : 현격히(物事の程度の差がはなはだしいこと)

의사

医師(いし)・医者(いしゃ)

- 当直(とうちょく)の医師(いし)が多忙(たぼう)で、他(ほか)の病院(びょういん)にたらい回(まわ)しされた。

  당직의사가 바쁜 바람에 다른 병원에 이리저리 옮겨다녀야 했다.

Tip 「たらい回(まわ)し」는 사람이나 어떤 일을 자꾸자꾸 다른 사람이나 장소로 옮기는 것을 말한다.

주사를 놓다

注射(ちゅうしゃ)する

・インフルエンザワクチンは2回(かい)注射(ちゅうしゃ)する必要(ひつよう)がある。

인플루엔자 백신은 2회 주사할 필요가 있다.

주치의

主治医(しゅじい)

・主治医(しゅじい)は患者(かんじゃ)に症状(しょうじょう)を詳細(しょうさい)に説明(せつめい)する義務(ぎむ)がある。

주치의는 환자에게 증상을 상세하게 설명할 의무가 있다.

중환자실

重患者室(じゅうかんじゃしつ)

集中治療室(しゅうちゅうちりょうしつ)(ICU)

증상을 말해 보세요.

症状(しょうじょう)をおっしゃってください。

容態(ようたい)をおっしゃってください。

진찰실

診察室(しんさつしつ)

진찰을 받다

診察(しんさつ)を受(う)ける

・限界(げんかい)までこらえ、手遅(ておく)れになってから医師(いし)の診察(しんさつ)を受(う)ける場合(ばあい)が多(おお)い。

한계에 이를 때까지 참다가 이미 손을 쓸 수 없게 되고서야 의사의 진찰을 받는 경우가 많다.

Tip こらえる : 참다, 견디다

처방전

処方箋(しょほうせん)

> 일본의 의약분업
>
> 일본에서는 대부분의 병원에서는 환자에게 직접 약을 조제하고 있다. 그러나 의약분업(医薬分業)도 부분적으로 시행되고 있다. (「의약분업」은 일본에서도 「医薬分業[いやくぶんぎょう]」)라고 한다. 일본에서는 약을 취급하는 약국을 「薬局(やっきょく)」와 「薬店(やくてん)」으로 구분하고 있는데 처방전으로 조제가 가능한 약국은 「薬局」이다. 의사의 진찰을 받은 후에 처방전을 받고 약국에 가서 조제된 약을 받는 것은 한국과 마찬가지다. 약의 복용에 관해 약사로부터 직접 자세한 설명을 들을 수 있고 환자가 형편이 좋을 때 약을 받으러 갈 수 있는 등 장점도 있으나 병원과 약국 두 군데를 가야 하고 환자의 경제적 부담(처방전 발행 수수료 및 조제비 등)이 늘어나는 등 단점도 있다.

청진기

聴診器(ちょうしんき)

체온계

体温計(たいおんけい)

초음파

超音波(ちょうおんぱ)

- 超音波診断(ちょうおんぱしんだん)で胎児(たいじ)の動(うご)きを確認(かくにん)することができる。

  초음파 진단으로 태아의 움직임을 확인할 수 있다.

헌혈

献血(けんけつ)

- 一度(いちど)、献血(けんけつ)した人(ひと)は一定期間献血(いっていきかんけんけつ)ができません。

  한번 헌혈한 사람은 일정 기간 헌혈할 수 없습니다.

- RH-型(がた)の血液(けつえき)が不足(ふそく)していて、輸血(ゆけつ)に支障(ししょう)をきたしている。

  RH-형 혈액이 부족하여 수혈에 지장을 초래하고 있다.

Tip 輸血(ゆけつ) : 수혈

그밖에 병원에서 쓰는 말

・薬剤師(やくざいし)	약제사, 약사
・入院(にゅういん)	입원
・退院(たいいん)	퇴원
・診察(しんさつ)	진찰
・治療費(ちりょうひ)	치료비
・はりを打(う)つ	침을 놓다
・きゅうを据(す)える	뜸을 놓다
・抗生物質(こうせいぶっしつ)	항생제
・MRI	핵자기영상공명법(인체 세포가 가지고 있는 자기를 이용하여 몸의 단층상을 찍어내는 방법)
・ワクチン	백신(감염증 등을 예방하기 위해 병원균(病原菌)을 제제하여 생체에 주사 또는 경구투여하여 생체에 면역체를 만드는 것.)
・予防接種(よぼうせっしゅ)	예방접종
・保険証(ほけんしょう)	보험증

11 병명

병의 종류

MP3 7-11▶

간염

肝炎(かんえん)

- B型肝炎(がたかんえん)は肝硬変(かんこうへん)、肝臓癌(かんぞうがん)を誘発(ゆうはつ)することが多(おお)い。

  B형간염은 간경화, 간암을 유발하는 경우가 많다.

결핵

結核(けっかく)

- 結核(けっかく)は一昔前(ひとむかしまえ)まで死(し)に至(いた)る病気(びょうき)だった。

  결핵은 이전까지는 죽음에 이르는 병이었다.

뇌졸중

脳卒中(のうそっちゅう)・卒中(そっちゅう)

- 脳卒中(のうそっちゅう)で倒(たお)れて救急車(きゅうきゅうしゃ)で病院(びょういん)に運(はこ)ばれた。

  뇌졸중으로 쓰러져 응급차로 병원에 실려왔다.

당뇨병

糖尿病(とうにょうびょう)・糖尿(とうにょう)

- 糖尿病(とうにょうびょう)の人(ひと)にはインシュリンの投与(とうよ)が欠(か)かせない。

  당뇨병이 있는 사람에게는 인슐린 투여를 빼놓을 수 없다.

독감

インフルエンザ(in uenza)

- インフルエンザは免疫力(めんえきりょく)の低下(ていか)したお年(とし)よりには致命的(ちめいてき)だ。

  독감은 면역력이 떨어진 노인에게는 치명적이다.

식중독	**食中毒**(しょくちゅうどく)

- 学校給食(がっこうきゅうしょく)を食(た)べた生徒(せいと)が集団食中毒(しゅうだんしょくちゅうどく)にかかり病院(びょういん)で手当(てあ)てを受(う)けている。
  학교급식을 먹은 학생들이 집단식중독에 걸려 병원에서 치료를 받고 있다.

알레르기	**アレルギー(allergy)**

- この軟膏(なんこう)はアレルギー性(せい)の皮膚炎(ひふえん)には効果(こうか)がない。
  이 연고는 알레르기성 피부염에는 효과가 없다.

암	**癌**(がん)

- 癌(がん)を患者(かんじゃ)に告知(こくち)する医師(いし)が増(ふ)えている。
  암을 환자에게 알리는 의사가 늘고 있다.

위경련	**胃痙攣**(いけいれん)

- まだ胃潰瘍(いかいよう)だが、治療(ちりょう)を怠(おこた)ると大事(おおごと)になる。
  아직 위궤양이지만, 치료를 게을리하면 큰일 난다.

위염	**胃炎**(いえん)

중풍	**中風**(ちゅうふう)

Tip 「ちゅうぶう」로 발음하기도 한다. = 中気(ちゅうき)

- 祖父(そふ)は中風(ちゅうふう)を患(わずら)ってから、ほとんど寝(ね)たきりになってしまった。
  할아버지는 중풍을 앓고 나서 거의 누워 계시기만 한다.

치매	**痴呆**(ちほう)

12 증상에 관한 말

증상을 호소할 때

MP3 7-12▶

가슴이 답답하고 잠이 안 와요	胸(むね)が苦(くる)しくて眠(ねむ)れません。
감기 같아요	風邪(かぜ)のようです。· 風邪(かぜ)をひいたようです。
	· 寒気(さむけ)がします。 감기 기운이 있어요. · 悪寒(おかん)があります。 으실으실 추워요. (오한이 나요.) Tip 寒気(さむけ)がする : 오한이 나다. 한기가 들다.
콧물이 나와요.	鼻水(はなみず)が出(で)ます。 Tip 鼻(はな)づまり : 코막힘
재채기를 해요.	くしゃみをします。
	· 喘息(ぜんそく) 천식　· 合併症(がっぺいしょう) 합병증
목이 아파요.	のどが痛(いた)いです。
	· のどの痛(いた)み 인후통
기침이 나요.	咳(せき)が出(で)ます。
가래	痰(たん)
	· 喉(のど)に痰(たん)がからまる。 가래가 생기다

관절통
関節(かんせつ)の痛(いた)み · 関節痛(かんせつつう)

근육통
筋肉痛(きんにくつう)

눈이 따끔거려요.
目(め)がひりひりします。

두통이 심해요.
頭痛(ずつう)がひどいです。

뜨거운 물에 데였어요.
熱湯(ねっとう)でやけどをしました。

머리가 지끈지끈 아파요.
頭(あたま)がずきずきします。

· 頭(あたま)がずきずき痛(いた)む。 머리가 지끈지끈 아프다.

목이 부었어요.
のどが腫(は)れました。

Tip 몸이 붓다 : 腫れる·腫れ上がる, むくむ

몸이 나른해요.
体(からだ)がだるいです。

몸이 으슬으슬 추워요.
ぞくぞくします。· 寒気(さむけ)がします。

· 頭(あたま)がずきずき痛(いた)み、体(からだ)はぞくぞくする。
머리가 띵하고 몸이 으슬으슬 춥다.

멀미
Tip 뱃멀미는 「船酔(ふなよ)い」, 차멀미는 「車酔(くるまよ)い」.

무좀
水虫(みずむし)

· 水虫(みずむし)は根気(こんき)よく治療(ちりょう)しなければならない。
무좀은 끈기를 가지고 치료하지 않으면 안 된다.

발열	発熱(はつねつ)・熱(ねつ)がある
벌레에 물려 가려워요.	虫(むし)に刺(さ)されて痛(いた)いです。
변비	便秘(べんぴ)
생리가 2주일이나 늦어지고 있어요.	生理(せいり)が二週間(にしゅうかん)も遅(おく)れています。
생리가 없어요.	生理(せいり)がありません。
생리통	生理痛(せいりつう)
속이 거북해요.	胃(い)がもたれています。
속이 쓰려요.	胃(い)が痛(いた)みます。
어깨가 뻐근해요.	肩(かた)がこっています。 Tip 肩(かた)こり : 어깨결림
이가 시려요.	歯(は)にしみます。 • 歯(は)が痛(いた)いです。 이가 아파요. • 歯(は)がぐらぐらします。 이가 흔들거려요.
임신중이에요.	妊娠中(にんしんちゅう)です。 • 妊娠(にんしん)した女性(じょせい)は喫煙(きつえん)をひかえなければならない。 임신한 여성은 흡연을 삼가해야 한다. • 出産予定日(しゅっさんよていび) 출산예정일

체중이 갑자기 늘었어요.

体重(たいじゅう)が突然(とつぜん)増(ふ)えました。

A アレルギーはありますか。

알레르기 있습니까?

B いいえ。/ はい。

아니요. / 네.

A この薬(くすり)を飲(の)んでください。

이 약을 드세요.

B どんな薬(くすり)ですか。

어떤 약이에요?

A 解熱剤(げねつざい)です。

해열제입니다.

B 一日(いちにち)に何回(なんかい)飲(の)むんですか。

하루에 몇 번 먹어요?

A 三回(さんかい)です。

세 번이요.

B 一回(いっかい)にいくつ飲(の)むんですか。

한 번에 몇 개 먹어요?

A 一つです。

하나요.

B 食後(しょくご) / 食間(しょっかん) / 食前(しょくぜん)ですか。

식후 / 식간 / 식전인가요?

A 食後(しょくご)です。

식후예요.

코가 꽉 막혔어요.	鼻(はな)がつまっています。
	・せきが出(で)ます。 (콜록콜록) 기침을 해요. ・鼻水(はなみず)が出(で)ます。 콧물이 계속 나와요.
토할 것 같아요.	吐(は)きそうです。
편두통	偏頭痛(へんずつう)
피가 나왔어요	血(ち)が出(で)ました。
피임약	避妊薬(ひにんやく)
하혈했어요.	下血(げけつ)しました。
허리를 삐끗했어요.	ぎっくり腰(ごし)になりました。
현기증이 나요.	めまいがします。
화상	火傷(やけど)
	・火傷(やけど)の応急手当(おうきゅうてあて)はまず水(みず)をかけて冷(ひ)やすことだ。 화상의 응급처치는 우선 물을 부어 식히는 일이다.

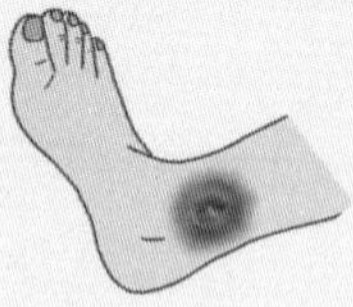

·貧血(ひんけつ)	빈혈	·ねんざ	염좌
·打撲(だぼく)	타박상	·切(き)り傷(きず)	베인 상처
·すり傷(きず)	찰상		

약국에서 간단하게 살 수 있는 것들

• コンタクトレンズの洗浄液(せんじょうえき)	렌즈세척액
• 虫刺(むしさ)され薬(ぐすり)	모기약(벌레물린 데 바르는약)
• 絆創膏(ばんそうこう)	반창고
• 包帯(ほうたい)	붕대
• 胃腸薬(いちょうやく)	위장약
• 消化剤(しょうかざい)	소화제
• 食塩水(しょくえんすい)	식염수
• 軟膏(なんこう)	연고
• ヘアカラー, ヘアダイ	염색약
• サロンパス(상품명)	파스
• 眼薬(めぐすり)	안약
• おむつ, おしめ	기저귀
• 睡眠薬(すいみんやく)	수면제
• 乗(の)り物酔(ものよ)いの薬(くすり)	멀미약
• 解熱剤(げねつざい)	해열제
• 座薬(ざやく)	좌약
• うがい薬(ぐすり)	양치약
• 錠剤(じょうざい)	알약
• 粉薬(こなぐすり)	가루약

몸이 아파요

'몸이 아프다'고 할 때 흔히 「体(からだ)が痛(いた)い」라고 하기 쉬운데, 이 말은 '운동이나 피로, 류마티스 등으로 몸에 통증을 느낀다'는 뜻이기 때문에, '건강이 안 좋다'라는 뜻으로는 쓰이지 않는다. '몸이 아프다'라고 할 때는 「体(からだ)の調子(ちょうし)が悪(わる)い」, 「体(からだ)の具合(ぐあい)が悪(わる)い」라고 하고, 경우에 따라서는 「気分(きぶん)が悪(わる)い」, 「気持(きも)ちが悪(わる)い」도 가능하다.

	몸이 아프다	기분이 나쁘다	속이 이상하다	징그럽다
体の調子(具合)が悪い	O	X	X	X
気分が悪い	O	O	O	X
気持ちが悪い	X	X	O	O

즉 「気分(きぶん)」, 「気持(きも)ち」도 심리 상태 외에 신체 상태에도 사용할 수 있다. 이 때, 「気分(きぶん)が悪(わる)い」는 감기, 과음, 불면 등으로 인해 몸 상태가 좋지 않을 때 사용한다. 한편 「気持(きも)ちが悪(わる)い」는 '금방이라도 토할 것 같다' 또는 '징그럽다'라는 의미를 가지고 있다.

PART 8
비교어휘의 장

01 신문 톱기사에서 자주 보는 말

한자어

MP3 8-01▸

강세

強勢・勢い

・勢いが強い。・勢いがいい。・勢いを見せる。

강세를 보이다.

・一時、値上がりする勢いを見せたかと思ったら、午後にはまっ逆さまに暴落した。

한 때 강세를 보이는 듯하더니 오후에는 곤두박질쳤다.

개미군단(증권)

個人投資家

・目標を失った個人投資家。

방향 잃은 개미분단.

견물생심

いざ実物を見ると欲が出る。

Tip いざ : 막상　欲(よく)が出(で)る : 욕심이 나다

・カタログを見ているときにはそうでもないが、実物を見ると欲が出る。

카탈로그를 볼 때는 그렇지 않았는데, 실물을 보니 욕심이 생긴다.

경기침체

景気の低迷

・景気の低迷で皆が苦労している。

경기침체로 다들 어려움을 겪고 있다.

급등세	きゅうとう 急騰
	・ かぶ か きゅうとう はじ 株価が急騰し始めた。 주가가 급등세를 보이기 시작했다.

급부상	きゅう ふ じょう 急浮上
	・ チョナン し かいはつ ち いき きゅう ふ じょう 天安市がニュータウン開発地域として急浮上して
	いる。 천안시가 신도시 개발지역으로 급부상하고 있다.
	Tip '신도시'는 「ニュータウン(new town)」이라고 한다.

내우외환	ないゆうがいかん 内憂外患
	・ ゆ しゅつ ふ しん ふ りょうさいけんしょ り おく かさ 輸出不振と不良債権処理の遅れが重なり、まさに
	ないゆうがいかん 内憂外患である。
	수출부진과 불량채권 처리가 지연되는 것이 겹쳐 실로 내우외환이다.

노숙자	ふ ろうしゃ ホームレス(homeless)・浮浪者
	・ えきまえ もう ふ ね とう 駅前で毛布にくるまって寝ていたホームレスが凍
	し じ けん お 死するという事件が起こった。
	역 앞에서 이불을 말고 자고 있던 노숙자가 동사하는 사건이 일어났다.

당리당략에 얽매이다	とう り とうりゃく 党利党略にとらわれる
	Tip 「とらわれる」 대신 「縛(しば)られる」를 쓸 수도 있다.

물의를 일으키다	ぶっ ぎ かも 物議を醸す
	Tip 「醸(かも)す」는 '빚어내다', '자아내다'는 뜻.
	・ ぶっ ぎ かも もう わけ 物議を醸して申し訳ありません。
	물의를 일으켜 죄송합니다.

미궁	**迷宮** めいきゅう ・事件が迷宮入りする。 사건이 미궁에 빠지다. 　じ けん　　めいきゅう い
미달사태	**不足(状態)** ふ そく じょうたい Tip 「不足(ふそく)した状態(じょうたい)」와 같이 표현할 수도 있다. ・国立大学の一部学科が史上初の定員不足。 　こくりつだいがく　　いち ぶ がっ か　　　し じょうはつ　　ていいん ぶ そく 국립대 일부 학과 사상초유 미달사태.
미흡	**不十分** ふ じゅうぶん ・意思の伝達が不十分だった。 의미전달이 미흡했다. 　い し　　でんたつ　　ふ じゅうぶん
민생	Tip 「国民(こくみん)の生活(せいかつ)」와 같이 표현할 수 있다. ・国民の生活苦はお構い無し、といった様子だ。 　こくみん　　せいかつく　　　　かま な　　　　　　　　ようす 민생고는 나 몰라라 하는 식이다.
본색	**本性** ほんしょう ・本性を現わす。 본색을 드러내다. 　ほんしょう　あら Tip 「本性(ほんしょう)」는 '타고난 성질이나 천성'을 뜻한다. 「本色(ほんしょく)」도 같은 뜻이지만「本性(ほんしょう)」를 많이 쓴다.
부각하다	**台頭する・頭角を現わす** たいとう　　とうかく　あら ・次第に頭角を現わし始めた。 　し だい　　とうかく　あら　　はじ 점차 두각을 나타내기 시작하였다.

부도

不渡り

- ついに不渡りを防げなかった。
  급기야 부도를 막지 못하고 말았다.
- 手形を落とすことができず、不渡りを出した。
  수표를 막지 못해 부도를 내고 말았다.

Tip 「手形(てがた)を落(お)とす」는 '수표를 결제하고 현금으로 바꾸다'는 뜻이다.

부실

手抜き

Tip 「手抜(てぬ)き」는 (일부러) 필요한 절차를 생략하는 것·해야 할 일을 하지 않고 적당히 마친다는 뜻으로 공사 등을 부실 시공하다는 뜻이다.

- 手を抜く。　일을 겉날리다.
- 手抜き工事のおかげで、再施工するはめになった。
  부실공사 때문에 재시공을 해야 될 처지가 되었다.

Tip 부실기업은 「不実企業(ふじつきぎょう)」 또는 「信頼性(しんらいせい)のない企業(きぎょう)」와 같이 표현할 수 있다.

비리

汚職

- 汚職事件に関連して苦境に陥った。
  비리사건에 연루되어 곤혹을 치렀다.
- 売官売職　매관매직
- 貪官汚吏　탐관오리

Tip 苦境(くきょう) : 고난·곤경·곤혹·역경 등의 뜻.

사사건건

何(なに)かにつけて

Tip 「万事(ばんじ)にわたって」「すべてにわたって」「あらゆることに対(たい)して」 등도 같은 표현이다.

- 何(なに)かにつけて追加料金(ついかりょうきん)を要求(ようきゅう)する。
  사사건건 웃돈을 요구하다.

사이비

エセ

Tip 「似非」라고 쓰고 「えせ」라고 읽는다.

- エセ宗教(しゅうきょう)にだまされて全財産(ぜんざいさん)を奉納(ほうのう)してしまった。
  사이비 종교에 속아 전재산을 바치고 말았다.

상투적이다

常套的(じょうとうてき)だ

Tip 「ありふれた」「よくある」「月並(つきな)み」「常套手段(じょうとうしゅだん)である」 등도 같은 뜻이다.

- ありふれた手口(てぐち)(=ありふれた手法(しゅほう))
  상투적인 수법.
- 以外(いがい)にありふれた手口(てぐち)の詐欺(さぎ)にだまされる人(ひと)が多(おお)い。
  의외로 상투적인 수법의 사기에 속는 사람이 많다.

속수무책

お手上(てあ)げ・なす術(すべ)がない

- なす術(すべ)がなく手(て)をこまねいている状態(じょうたい)だ。
  속수무책으로 손을 놓고 있는 실정이다.

Tip 「こまねく」는 원래 '팔짱을 끼다'라는 뜻이며 「手(て)をこまねく」는 '팔짱을 끼고 있다' 즉 '수수방관하다', '속수무책으로 바라보고만 있다'라는 뜻으로 쓰인다.

시장점유율

シェア(share)

・(市場における)シェアが毎年上がっている。

시장점유율이 해마다 높아지고 있다.

실직자

失業者・求職者

・失業者に対する社会的な対策が切実に必要である。

실직자를 위한 사회프로그램이 절실하다.

아이엠에프(IMF)

IMF(アイエムエフ) 国際通貨基金

Tip International Monetary Fund.

아수라장

修羅場

・浮気の現場に妻が乗り込んできて、修羅場になった。

바람피우는 현장에 아내가 들이닥쳐 아수라장이 되었다.

난장판

大騒動・大騒ぎ・騒乱

・瞬時に会場では大騒動が起こった。

순식간에 회의장은 난장판이 되고 말았다.

소동에도 여러 가지

- 騒ぎ : 소동·소란·혼란.
- 騒動 : (다툼이나 사건 때문에) 많은 사람이 떠들어대는(소란을 피우는) 것.
- 騒乱 : 소동이 일어나서 사회(세간)의 평화가 어지러워지는 일. 소요(騷擾).

「騒ぎ」·「騒動」·「騒乱」의 순서로 소동의 정도가 심하다.

열풍	**ブーム(boom)**

か がいじゅぎょう　　　　こころ　いた　　じゅけんせい　りょうしん
- 課外授業のブームに心を痛める受験生の両親。

  과외 열풍에 속 앓는 학부모.

외환딜러	がい か **外貨ディーラー**

がい か　　　　　　　たいぐう
- 外貨ディーラーの待遇がよくなってきている。

  외환딜러 몸값이 계속 오르고 있다.

원조교제	えんじょこうさい **援助交際**

Tip 「援交(えんこう)」라는 준말도 쓴다.

えんじょこうさい　　　　よう ぎ　　ゆうめい　　し　たい ほ
- 援助交際をした容疑で有名なA氏が逮捕された。

  원조교제 혐의로 유명한 A씨가 구속되었다.

임시방편	いち じ　　　　ざんていてき　しょ ち **一時しのぎ・暫定的な処置**

たいさく　た　　　いち じ　　　す
- 対策は立てたが、一時しのぎに過ぎない。

  대책을 세웠지만, 임시방편에 불과하다.

재벌	ざいばつ **財閥**

ざいばつ　　　　　し てい
- 財閥オーナーの子弟　　재벌2세

> 일본에도 재벌이?
>
> 일본에서 「財閥」이라는 말은 '가족 및 동족의 출자에 의한 지주(持株)회사를 통괄기관으로 하며 산하(傘下) 자회사를 지배하는 콘체른을 형성한 기업 집단'이란 뜻으로 쓰인다. 2차대전후 일본을 점령한 연합국은 경제 민주화 정책의 일환으로 재벌을 해체했지만, 연합국 점령이 종료되기 전부터 재벌 기업들의 재건 및 재집결이 시작되어 이른바 '기업집단'을 구성하게 되었다. '기업집단'은 집단내 기업끼리의 주식 상호소유 및 집단내 금융기관에 의한 투자, 집단내 기업 사장단 등으로 유대관계를 형성하고 있으며 앞에서 말한 '재벌'과는 분명 차이가 있다.

재판

裁判(さいばん)

재판관련용어

- 訴訟(そしょう)
  소송
- 控訴(こうそ)
  항소(지방법원에서 고등법원으로 항소할 경우)
- 上告(じょうこく)
  상고(고등법원에서 대법원으로 항소할 경우)
- 勝訴(しょうそ)
  승소
- 敗訴(はいそ)
  패소
- 証人(しょうにん)
  증인
- 証拠(しょうこ) / 証拠品(しょうこひん)
  증거물
- 裁判所(さいばんしょ)
  법원
- 地裁(ちさい) / 地方裁判所(ちほうさいばんしょ)
  지법(지방법원)
- 高裁(こうさい) / 高等裁判所(こうとうさいばんしょ)
  고법(고등법원)
- 最高裁(さいこうさい) / 最高裁判所(さいこうさいばんしょ)
  대법원

조심하다

気をつける・注意する・用心する

- 子供が車道に飛び出さないように注意する。
  아이가 차도에 뛰어들지 않도록 주의하다.
- 滑って転ばないよう注意する(気をつける)。
  미끄러져 넘어지지 않도록 조심하다.
- 気をつけろ。 조심해!
- 火の用心。 불조심.

졸속(拙速)

準備不足・無計画

- 無計画な行政のせいで市民だけが不便な目にあっている。 졸속행정으로 시민들만 불편을 겪고 있다.

Tip 「拙速(せっそく)」라는 말도 있지만, 이 말은 '완성도는 낮지만 빨리 완성된다'는 뜻으로 쓰인다. 한국어에서 쓰이는 '졸속'은 「準備不足」(준비부족), 「無計画」(무계획)이 적당하다.

주5일근무제

週休2日制

Tip 학교에서는 「週五日制(しゅういつかせい)」라고 한다.

주말부부

単身赴任

- 職場が離れているために単身赴任している。
  직장이 떨어져 있어 주말부부로 지내고 있다.

중산층

中流・中流階層

- 貧富の差 빈부차(이) ・貧困層 빈곤층
- 上流階層, 富裕層, 富有な階層 상류층·부유층

증시

証券市場(しょうけんしじょう)・株式市場(かぶしきしじょう)

- 過熱(かねつ)した証券市場(しょうけんしじょう)は選挙(せんきょ)のニュースが伝(つた)えられるや徐々(じょじょ)に冷(さ)めていった。
  뜨겁게 달아올랐던 증시가 선거소식이 전해지자 서서히 식어갔다.

차질

手違(てちが)い・蹉跌(さてつ)

- 手違(てちが)いをおこす。　착오를 일으키다.
- ~の妨(さまた)げになっている。　~의 방해가 되고 있다.
- 順調(じゅんちょう)に進(すす)んでいない。　차질을 빚다.

Tip 「手違い」는 '순서(절차)가 틀려서 예절·계획의 진행에 착오가(차질이) 생기다'는 뜻이다. 일본어의 「蹉跌(さてつ」(차질)는 '실수(실패) 때문에 벽에 부딪치다·좌절하다'라는 뜻으로 쓰인다.

- 青春(せいしゅん)の蹉跌(さてつ)　청년기의 좌절

천양지차

月(つき)とすっぽん・月(つき)とすっぽんの差(さ)

Tip 「月(つき)とすっぽん」은 '달과 자라'라는 뜻으로 둘 다 둥근 모양이지만, 전혀 다른 사물이라는 데에서 '천양지차', '하늘과 땅 차이'라는 뜻으로 쓰인다.

- アメリカとアフガニスタンの軍事力(ぐんじりょく)は月(つき)とすっぽんほどの差(さ)がある。 미국과 아프가니스탄의 군사력은 천양지차다.

초만원

超満員(ちょうまんいん)・満員御礼(まんいんおんれい)

- 年末(ねんまつ)は全部(ぜんぶ)のホテルが予約(よやく)で超満員(ちょうまんいん)となっていた。
  연말은 호텔마다 예약자로 초만원을 이뤘다.

초읽기

秒読(びょうよ)み

- 秒読(びょうよ)みに入(はい)った。
  초읽기에 들어갔다.

촉구하다

促(うなが)す

- 反省(はんせい)を促(うなが)す。 반성을 촉구하다.

파행

跛行(はこう)・停滞(ていたい)・とどこおる

- 国会審議(こっかいしんぎ)がとどこおっている。
  국회가 파행으로 치닫고 있다.

핵심

核心(かくしん)

- 核心(かくしん)を突(つ)く 핵심을 찌르다
- 中心(ちゅうしん)メンバー 핵심 멤버
- 急所(きゅうしょ)を突(つ)く 급소를 찌르다
- 正鵠(せいこく)を射(い)る(的(まと)を射(い)る) 정곡을 찌르다
- 的(まと)を射(い)た質問(しつもん) 정곡을 찌른 질문
- 良心(りょうしん)が痛(いた)んで到底(とうてい)できない。 양심이 찔려서 도저히 못하겠다.

형체

形(かたち)・原型(げんけい)・もとの姿(すがた)

- 事故(じこ)で車(くるま)は原型(げんけい)をとどめないほど壊(こわ)れた。
  사고로 차체는 형체를 알아볼 수 없을 정도로 망가졌다.

형편

Tip 한국어의 여러 의미는 그 용례별로 다음과 같이 나눠 표현할 수 있다.

・あっけなく負(ま)けてしまった。

형편없이 지고 말았다.

・本当(ほんとう)に(まったく)情(なさ)けない人(ひと)だ。

정말 형편 없는 사람이다.

A 今回(こんかい)の試験(しけん)、どうだった? 이번 시험 어땠어?

B 全然(ぜんぜん)だめだった。 형편 없었어.

요즘 형편이 좋지 않아요.

このごろ暮(く)らし向(む)きがよくありません。

・このごろ生活(せいかつ)が苦(くる)しいです。

요즘 형편이 좋지 않아요. (생활이 경제적으로 힘들다)

・このごろは不景気(ふけいき)です。(景気(けいき)がよくないです。)

요즘 불경기예요. (경기가 좋지 않아요.)

・ご都合(つごう)のいいようにしてください。

형편에 맞게 하세요.

・留学(りゅうがく)に行(い)くような状態(じょうたい)ではない。

유학 갈 형편이 아니다.

혼선

混乱(こんらん)

・政策(せいさく)に混乱(こんらん)を起(お)こしている。 정책에 혼선을 빚고 있다.

환율·환시세

レート(rate)

Tip 외환업무는 「外国為替業務(がいこくかわせぎょうむ)」라고 한다. 또, 편의상 '외환'을 「為替(かわせ)」라고도 한다.

횡령

横領(おうりょう)

・顧客(こきゃく)の預金(よきん)を横領(おうりょう)する。 고객예탁금을 횡령하다.

02 기사에서 자주 보는 이런 말 일본어로는?

주로 한자어가 아닌 말

MP3 8-02▸

~셈

Tip '~인·은(는) 셈이다'라는 형식으로 쓰일 경우에는 「~わけだ」·「~ということだ」가 쓰인다.

· 今回(こんかい)のことで借(か)りは返(かえ)したわけだ。

이번 일로 빚은 갚은 셈이다.

~할 만하다

Tip '~할 가치가 있다'라는 뜻으로 쓰일 경우에는 「동사(원형)·명사+にたえる」·「동사(원형)·명사+に価(あたい=値)する」와 같이 표현할 수 있다. 전자는 '~를 감당할 능력이 있다'라는 뜻이다. 또 「동사(원형·た)+だけのことはある」라고도 하는데 이것은 '~할 만한 가치가 있다'라는 뜻이다. 「동사(원형)+に+足(た)る」도 비슷한 표현이다.

· その人(ひと)は紹介(しょうかい)するに値(あたい)する。

· その人(ひと)は紹介(しょうかい)するだけのことはある。

그 사람이라면 소개할 만하다.

갑갑하다

じれったい・もどかしい

Tip 둘 다 '생각대로 일이 안 풀려서 답답해 하고 초조하다'는 뜻이다. 「じれったい」에는 '속이 차지 않아서 답답하다'·'지루하고 굼뜨다'라는 뉘앙스가 들어 있고, 「もどかしい」는 '자기 생각 대로 일이 풀리지 않아서 초조하다'라는 뉘앙스로 거의 구별 없이 쓰이고 있다.

· じれったい(もどかしい)思(おも)い 갑갑한 심정

걸림돌

障害・障害物・邪魔・邪魔物

- 保護法がむしろ障害になっている。

  보호법이 오히려 걸림돌이 되고 있다.

~격

~式に(で)・~という風に

- 「後の祭り」という風に。 사후약방문격으로.

Tip '~격(格)'은 「~ようだ」·「~式(で)」·「~という風(ふう)に」와 같이 표현한다.

- 後の祭り、というふうである。

  소 잃고 외양간 고치는 격이다.

- 盗人たけだけしいというように逆らう始末。

  적반하장 격으로 대드는 꼴이다.

골칫거리

悩みの種・悩み

- ひどい目にあわせる。·煮え湯を飲ませる。

  골탕을 먹이다.

- ひどい目にあう。 골탕을 먹다.

Tip 참고로 「邪魔(じゃま)」는 방해가 되는 것을 뜻하는 말로, 「邪魔者(じゃまもの)」는 '방해자', '방해꾼'이라는 뜻이다.

꼬리

尻尾・尾

Tip '꼬리에 꼬리를 무는'이라는 표현은 「数珠繋(じゅずつな)ぎ」라고 한다. 「数珠(じゅず)」는 '염주'이므로, 염주알이 이어져 있는 모양에서 나온 말이다.

- 尻尾をつかまれる。·化けの皮がはがれる。

  꼬리가 밟히다.

꼬이다

もつれる · よどむ · とどこおる

低迷(ていめい)する · 停滞(ていたい)する

Tip もつれる : 얽히다, 복잡해지다

· 離婚話(りこんばなし)がもつれる。

이혼이야기가 복잡해지다.

Tip よどむ : 물이 꼬이다

· 川(かわ)の水(みず)がよどむ。 강물이 꼬이다.

Tip とどこおる : 일이 꼬이다, 막히다

· 交渉(こうしょう)がとどこおっていて、ストに突入(とつにゅう)する可能性(かのうせい)が高(たか)い。

교섭이 막혀서 파업에 돌입할 가능성이 높다.

Tip 低迷(ていめい)する : 향상이 여의치 않다, 낮게 떠돌아다니다

· チームの成績(せいせき)は下位(かい)に低迷(ていめい)している。

팀 성적이 하위를 면치 못하고 있다.

Tip 停滞(ていたい)する : 순조롭게 진행되지 않는다.

· 経済成長率(けいざいせいちょうりつ)は最近停滞(さいきんていたい)している。

경제성장은 최근 주춤하고 있다.

· 経済(けいざい)が停滞(ていたい)している。

경제가 꼬인다.

날치기

ひったくり · かっぱらい

· 強行採決(きょうこうさいけつ)された法案(ほうあん)。

날치기 법안.

너끈하다

十分(じゅうぶん)だ・充分(じゅうぶん)だ・楽々(らくらく)~できる

・江南(カンナン)の34坪(つぼ)アパートを売(う)って地方(ちほう)に行(い)けば、その金(かね)で50坪(つぼ)のアパートは楽々十分(らくらくじゅうぶん)に買(か)える。

강남 34평 아파트를 팔아 지방으로 가면, 그 돈으로 50평 아파트는 너끈하게 살 수 있다.

누명을 쓰다

濡衣(ぬれぎぬ)を着(き)る・濡衣(ぬれぎぬ)を着(き)せられる

・汚名(おめい)をそそぐために努力(どりょく)する。

누명을 벗기 위해 노력하다.

눈높이

水準(すいじゅん)・レベル(level)

・水準(すいじゅん)を合(あ)わせる。·レベルを合(あ)わせる。

눈높이를 맞추다.

・ソウルの高校(こうこう)と田舎(いなか)の高校(こうこう)では同(おな)じ一番(いちばん)でもレベルが違(ちが)いすぎる。

서울의 고등학교와 시골 고등학교는 같은 일등이라도 수준이 너무 다르다.

눈독

物欲(ものほ)しそうな目付(めつ)き

・目(め)をつける。

・物欲(ものほ)しそうに見(み)る。

눈독을 들이다.

눈속임

インチキ・いかさま

Tip 「インチキ·いかさま」 양쪽 모두 '눈속임', '부정 행위', '속임수', '사기'란 뜻을 갖고 있다.

・頭隠(あたまかく)して尻隠(しりかく)さず。 눈 가리고 아웅 하는 격.

덜미

首筋(くびすじ)・首根(くびね)っこ

Tip '덜미를 잡다'는 「弱(よわ)みを握(にぎ)る・急所(きゅうしょ)を抑(おさ)える・首根(くびね)っこをつかまえる」 등과 같이 표현한다.

・弱(よわ)みを握(にぎ)られて、恐喝(きょうかつ)される。
약점을 잡혀 공갈을 당하다.

・急所(きゅうしょ)を押(お)さえられているので、逆(さか)らうことができない。
급소를 누르고 있어 거역할 수가 없다.

들쭉날쭉

まちまち・でこぼこ

・白菜(はくさい)の値段(ねだん)が市場(いちば)によってまちまちだ。
배추 값이 시장마다 들쭉날쭉이다.

따지다

問(と)いただす・問(と)い詰(つ)める・はっきりさせる

Tip 「問(と)い詰(つ)める」는 힐문하다, 캐묻다, 추궁하다는 뜻이고, 「問(と)いただす」는 추궁하다, 물어 밝히다는 뜻이 들어 있다. 「問い詰める」가 「問いただす」보다 힐문의 강도가 약간 강하다.

・こまごまと問(と)いただす。

・あれこれ問(と)いただす。

・根掘(ねほ)り葉掘(はほ)り問(と)いただす。　꼬치꼬치 캐묻다.

・煮(に)えきらない態度(たいど)の彼女(かのじょ)を激(はげ)しい口調(くちょう)で問(と)い詰(つ)めた。
석연치 않은 태도를 보이는 그녀를 심한 어조로 추궁했다.

Tip はっきりさせる : 확실하게 밝혀내다.

・白黒(しろくろ)をはっきりさせる。　흑백을 확실하게 밝히다.

뜻하지 않게

思いがけず・思いがけなく・何の考えもなしに

막판 뒤집기

どんでん返し

・9回の裏に逆転ホームランを打って試合はどんでん返しになった。
9회 후반에 역전 홈런을 쳐서 승부가 뒤집어졌다.

말썽

もめごと・騒ぎ

Tip ‘툭하면 말썽’이란 말은「ささいなことで(ちょっとしたことで)すぐもめごとを起(お)こす」 또는「何(なに)かあればすぐもめごとだ」라고 표현한다.

・酒に酔ってあばれるなど、よくもめごとを起こす人だ。 술을 마시고 설치는 등 자주 말썽을 피우는 사람이다.

망신을 당하다

恥をかく

・恥をかかせる。 망신을 주다.

맞춤-맞춤 양복

オーダー(order)

・オーダーにするとお渡しまで3日かかります。
맞춤으로 하면 인도까지 3일 걸립니다.

물밑접촉

根回し・水面下の接触

Tip 根回(ねまわ)し：협상이나 교섭·논의가 순조롭게 진행되도록 미리 관계자와 사전 교섭을 해 놓는 일.

・会議の前に事前に根回しをすることが重要だ。
회의하기 전에 사전에 물밑접촉을 하는 것이 중요하다.

밑천이 떨어지다	**元手(もとで)がなくなる**
바닥이 드러나다	**底(そこ)をつく** ・食糧(しょくりょう)も水(みず)も底(そこ)をつき、ついに餓死(がし)してしまった。 식량도 물도 바닥을 드러내어 마침내 아사하고 말았다.
천장을 치다	**天井知(てんじょうし)らず** ・この頃(ごろ)の株価(かぶか)の値上(ねあ)がりは天井知(てんじょうし)らずだ。 요즈음 주가는 천장을 치고 있다.(연일 상한가이다.)
백(뒷 배경)	**親(おや)の七光(ななひか)り** Tip 「七光(ななひかり)り」란 주군(主君)이나 부모의 영향력이 커서 그 후광이 오래 지속되는 것을 말한다. ・親(おや)の七光(ななひか)りで大手(おおて)の銀行(ぎんこう)に就職(しゅうしょく)する。 부모님 백으로 대기업 은행에 취직하다.
범죄	**犯罪(はんざい)** ・逮捕状(たいほじょう) 체포영장 ・逮捕(たいほ) 구속 ・供述(きょうじゅつ) (陳述(ちんじゅつ)) 진술 ・覆(くつがえ)す 번복 ・自白(じはく) 자백 ・容疑(ようぎ) 혐의
빈털터리	**お金(かね)がない**

空(あ)き巣(す)・空(あ)き巣(す)狙(ねら)い

빚

借金(しゃっきん)

- 借金(しゃっきん)の督促(さいそく) — 빚 독촉
- 借金(しゃっきん)まみれ / 借金(しゃっきん)だらけ — 빚더미
- 借金取(しゃっきんと)り / 借金(しゃっきん)の取(と)り立(た)て — 빚쟁이
- 借金(しゃっきん)をする — 빚을 지다
- 借(か)りがあるという心情(しんじょう) — 빚진 심정
- 借金(しゃっきん)を返(かえ)す — 빚을 갚다
- 借金返(しゃっきんかえ)せ。 — 빚 갚아!

빼돌리다

隠(かく)す・隠匿(いんとく)する

- 海外(かいがい)に横領(おうりょう)した公金(こうきん)を隠匿(いんとく)した店長(てんちょう)。
  해외로 공금을 빼돌린 점장.

뺑소니(사고)

ひき逃(に)げ

- 深夜(しんや)ひき逃(に)げされたと見(み)られる老人(ろうじん)が明(あ)け方(がた)に発見(はっけん)された。
  한밤중에 뺑소니를 당한 것으로 보이는 노인이 새벽에 발견되었다.

살맛 나다

生(い)きがいがある・生(い)きる楽(たの)しみがある

- 生(い)きがいのある町(まち)づくり。 살맛 나는 지역 가꾸기.

속 빈 강정

見掛(みか)け倒(だお)し

- 見掛(みか)け倒(だお)しにならないためには 속 빈 강정 안 되려면

시인하다 — **認める**

- 本人もそうだと認めた。
  본인도 그렇다고 시인했다.
- 一部の容疑に対しては本人も認めた。
  일부 혐의에 대해서는 본인도 시인했다.
- 否認する　부인하다
- 黙認する　묵인하다

실마리 — **糸口・手がかり**

- 糸口を探す。
  실마리를 찾다.
- 事件の手がかりがなく、捜査は難航している。
  사건의 단서가 없어 수사는 난항을 겪고 있다.

알부자

Tip 일본어에 해당되는 말이 없으므로 「堅実(けんじつ)な人(ひと)」 정도로 표현할 수밖에 없다.

액땜하다 — **厄よけする**

- 厄よけしたと思って　액땜한 셈 치고
- 不幸中の幸いと思って　불행 중 다행이라 여기고
- 事故を起こしたが、幸い誰もけがをしなかったので、不幸中の幸い(厄よけした)と思うことにした。
  사고를 일으켰지만, 다행히 아무도 다치지 않아 불행 중 다행이라 여기기로 했다. (액땜한 셈 쳤다.)

Tip '액땜하다'는 「この程度(ていど)ですんでよかった」(이 정도로 끝나서 다행이다)처럼 표현하는 방법도 있다.

어렵사리

やっとのことで

・やっとのことで準備(じゅんび)した授業料(じゅぎょうりょう)を引(ひ)ったくられた。

어렵사리 마련한 등록금을 날치기 당했다.

엉터리

はったり

Tip 허풍이나 허세를 말한다.

・彼(かれ)の言(い)うことは大部分(だいぶぶん)はったりだから、額面(がくめん)どおり受(う)け取(と)るわけにいかない。

그 사람이 하는 말은 대부분은 엉터리니까, 액면 그대로 받아들일 수가 없다.

見(み)かけ倒(だお)し

Tip 보기만 그럴 듯하고 내실은 없다는 뜻.

・この建物(たてもの)はひどい手抜(てぬ)き工事(こうじ)で、見(み)た目(め)は立派(りっぱ)でも、見(み)かけ倒(だお)しにすぎない。

이 건물은 아주 부실 공사로 지은 것이라 겉보기만 그럴싸하다.

でたらめ

Tip 엉터리로 하거나 아무렇게나(되는대로) 하는 것을 말한다.

・問(と)い詰(つ)められて、でたらめの住所(じゅうしょ)と名前(なまえ)を答(こた)えた。

추궁을 하길래 아무렇게나 주소와 이름을 댔다.

엽기직이다

猟奇的(りょうきてき)だ

・猟奇的(りょうきてき)な手口(てぐち)の犯罪(はんざい)が全国民(ぜんこくみん)を戦慄(せんりつ)させている。

엽기적인 수법의 범죄가 전국민을 전율케 하고 있다.

우기다

言い張る・意地を張る

Tip ‘잡아떼다’는 「白(しら)を切(き)る」「うそぶく」라고 한다.

- 最後までちがうと言い張る。 끝까지 아니라고 우기다.

우려

恐れ・憂慮

- 国内実績の悪化を恐れる(憂慮する)。
  국내실적 악화를 우려하다.

일자리

職場・勤め先

- 職場を失う。 일자리를 잃다.

일터

勤め先

- 両親が仕事をしている間、子供の世話をする人がいない。
  부모가 일터로 나가면 아이를 돌볼 사람이 없다.

자그마치

少なく見積もっても

- 少なく見積もっても100億円の負債がある。
  자그마치 100억엔의 부채가 있다.

조기교육

初期教育・英才教育

- 初期教育の弊害が指摘されることは少ない。
  조기교육의 폐해가 지적되는 일이 적다.

조기영어

英語の初期教育

・英語の初期教育の流行で、この頃では幼稚園でも英語を教える。

조기 영어 붐으로 유치원에서까지 영어를 가르친다.

집 값

住宅(の)価格

・住宅価格の下落　떨어지는 집 값

・家賃の高騰　치솟는 전세 값

・住宅の価格が下落しているので、マイホームを購入するなら今がチャンスだ。

집 값이 하락하여 자기 집을 구입하려면 지금이 기회다.

짭짤하다

Tip 「かなり良(よ)い·かなり結構(けっこう)だ」(꽤 좋다)와 같이 표현하거나 「かなり～だ」(꽤 ～하다)·「まずまずである」(그런대로 괜찮다)와 같이 표현할 수 있다.

・(もうけが)まずまずである·結構である。

벌이가 짭짤하다 · 꽤 된다.

・かなりの収入　수입이 짭짤

쪽박차다

乞食になる

Tip 乞食(こじき) : 거지

・食えなくなる。　먹고 살기가 힘들어지다.

・そんなふうに遊んでいたら食えなくなる。

그렇게 놀고만 있다간 쪽박차기 십상이다.

찬바람

寒風

・人員削減の寒風が吹き荒れる。　감원 찬바람이 몰아치다.

티를 벗다

~っぽさが抜(ぬ)ける・~くささが抜(ぬ)ける

- 新人(しんじん)くささがある。(= 素人(しろうと)っぽさがある。)
  신인 티가 난다.
- 新人(しんじん)くささが抜(ぬ)ける。
  신인 티를 벗다.

팽개치다

放(ほう)り投(な)げる

放(ほう)り出(だ)す

핑계

言(い)い訳(わけ)・弁明(べんめい)・弁解(べんかい)

Tip 「言い訳(いいわけ)」(핑계)는 자기의 실수 등에 대해 자기 탓이 아닌 것을 증명하기 위해 이것저것 설명하는 것, 「弁解(べんかい)·弁明(べんめい)」(변명)는 의심이나 비난에 대해 자기의 입장이나 정당성을 설명하는 것을 뜻한다. 「弁解·弁明」보다 「言い訳」 쪽이 궁색한 느낌이 드는 말이다.

- 弁明(べんめい)は一切(いっさい)聞(き)くつもりがない。
  변명은 일절 들을 생각이 없다.
- 弁解(べんかい)はまったく通(とお)らない。
  변명은 전혀 통하지 않는다.
- つべこべ言(い)い訳(わけ)するな。
  구차하게 변명하지 마.
- 言(い)い訳(わけ)をする。
  핑계를 대다.

한 우물을 파다

~一筋(ひとすじ)に生(い)きる

- わたしの恩師(おんし)は学問一筋(がくもんひとすじ)に生(い)きた人(ひと)だ。
  우리 은사님은 오로지 외길로 학문에만 전념해오신 분이다.

헐값

安値

投げ売りする

- 安値で買って、それに高い値をつけて売り、もうける。

  헐값에 사다가 거기에 비싼 값을 붙여 팔아 돈을 벌다.

- 安値をつけても買っていく人はいない。

  헐값에 내놓아도 사는 사람이 없다.

후끈하다

火照る

過熱する

熱を持つ

Tip 火照(ほて)る : 몸이나 얼굴이 화끈 달아오르다

- かかっと火照る。 후끈 달아오르다

- 興奮で顔がかっかと火照っている。

  흥분으로 얼굴이 화끈 달아올랐다.

Tip 過熱(かねつ)する : 분위기가 가열되다. 「過熱する」는 자동사이기 때문에 「過熱される」 처럼 고칠 수 없다.

- 有名幼稚園の人気が過熱しすぎて、問題となっている。

  유명한 유치원의 인기가 과열되어 문제가 되고 있다.

- インターネット教室の競争が過熱する。

  인터넷 학원 경쟁 후끈.

Tip 熱(ねつ)を持(も)つ : 열이 생기다

- 直射日光を浴びた車のボンネットは高い熱を持つ。

  직사광선을 쏘인 자동차의 본네트는 높은 열이 생긴다.

힘들다

大変だ · 苦しい · 貧しい

Tip 大変(たいへん)だ : 몹시 고생하다

- 生活が大変だ。
  생활이 [가난해서] 고단하다.

Tip 苦(くる)しい : 어렵다, 가난하다

- 苦しい生活·生活が苦しい。
  힘들게 살다·어려운 생활을 하고 있다.

Tip 貧(まず)しい : 가난하다

- 貧しく暮している。
  가난하게 지내고 있다.
- 経済的に厳しい。
  경제적으로 어렵다.

骨が折れる · 大変だ · 苦しい · しんどい

Tip '일(작업)이 힘들다'라고 할 때는「大変(たいへん)だ」,「骨(ほね)がおれる」를 쓰고 '정신적으로 힘들다'는「苦(くる)しい」또는「しんどい」라고 한다.

- 仕事が大変で徹夜続きだ。
  일이 힘들어서 계속 철야다.
- 今回の仕事はとても骨が折れる。
  이번 일은 정말 힘들다.
- 仕事のストレスでとても苦しい(しんどい)。
  일에 대한 스트레스 때문에 너무 힘들다.
- くるしいよ~。
  힘들어~!

~한 셈이다

~わけだ

Tip 필연적으로 어떤 결론이 나온다는 뜻을 나타낸다. '그럴 수밖에 없다', '당연히 그렇게 된다'라는 뜻.

- ソウルとバンコクは時差が2時間あるから、ソウルでは2時ですが、バンコクではまだ12時なわけです。
  서울과 방콕은 시차가 2시간 나니까, 서울에서는 2시지만 방콕에서는 아직 12시가 됩니다.

- 円とウォンのレートは1:10ですから、100円が1000ウォンになるわけです。
  엔과 원의 비율이 1:10이니까, 100엔이 1000원이 되는 셈입니다.

Tip '다시 말하면', '요컨대'와 같이 다른 관점을 제시할 때.

- 今回行けなくても、次には必ず行けるわけですから、辛抱してください。
  이번에 못 가더라도 다음에는 반드시 갈 수 있으니까 참으세요.

- いくら機能の多いケータイを持っていても、使い方がわからなければ何の役にもたたないわけです。
  아무리 기능이 많은 휴대폰을 가지고 있어도, 사용법을 모르면 아무 쓸모가 없는 법이다.

Tip 기존의 사실을 재확인할 때.

- わたしも会計士の資格を持っているわけですから、応募の資格はあります。
  나도 회계사 자격이 있으니까 응모 자격이 있습니다.

Tip '~할 만도 하다'라는 뜻으로 쓰여서 이유나 원인에 대해 납득할 경우에 쓰인다.

- おやつをあんなに食べたのですから、夕食が食べられないわけです。
  간식을 그렇게 먹었으니 저녁을 못 먹죠.
- そんなに歩いたのですから、足が痛くなるわけです。
  그렇게 많이 걸었으니 다리가 아플 수밖에 없지요.

~한 것이다

~ものだ

Tip '당연히 그렇게 되어 있다, 그런 것이다'라는 뜻으로 사회적인 습관이나 사물의 속성이 이미 그렇게 되어 있다는 것을 나타낸다. 회화체에서는 「~もんだ(もんです)」로 쓰인다.

- 幼稚園に行くまで、子供は手がかかるものだ。
  유치원에 갈 때까지는 애한테 손이 많이 가게 되어 있다.

Tip 놀라움이나 감탄을 나타낼 수도 있다.

- よくも、あんなに食べられるものだ。
  어떻게 저렇게 먹을 수가 있지?
- あの人のわがままにも困ったものだ。
  저 사람은 제멋대로여서 어쩔 수가 없다.

Tip 특히 「동사(연용형)+たい+ものだ」로 영탄(詠嘆)이 섞인 희망을 나타낸다.

- ひさしぶりに旧友と一杯飲みたいものだ。
  오랜만에 옛친구와 한잔하고 싶은걸.

Tip 「동사+た+ものだ」라는 형태로 과거를 회상하거나 그리워할 때 많이 쓰인다.(~하곤 했다, ~던 것이다)

- 小さい頃、よくあの川で泳いだものです。
  어렸을 때 자주 저 강에서 수영하곤 했습니다.

・中学生の頃は、よく先生に叱られたものです。

중학생 때는 자주 선생님께 혼나고 그랬습니다.

~한 바이다

~次第だ

Tip 이유나 사정을 설명하고 '그래서 이런 결과가 되었다'라고 표현할 때 쓴다.

・バスが遅れまして、少々約束の時間に遅れた次第です。

버스가 늦게 와서 약간 약속시간에 늦은 것입니다.

・こちらの手違いで誠に申し訳ないことになった次第です。

저희의 착오로 정말 죄송할 따름입니다.

~하기 나름이다

Tip '어떤 결과에 따라 결정되다'는 뜻이다.

・登山に行くかどうかは、明日の天気次第です。

등산을 갈지 안 갈지는 내일 날씨에 달렸습니다.

・計画を実行するかしないかは、あの人の判断次第です。

계획을 실행할지 안 할지는 저 사람이 판단하기 나름입니다.

~하는 대로

Tip 「동사의 연용형+次第(しだい)」 또는 「동작성 명사+次第」로 '~하자마자'라는 뜻을 나타낼 수도 있다.

・製品が着き次第、ご連絡いたします。

제품이 도착하는 대로 연락드리겠습니다.

03 방송 연예계에서 자주 쓰는 말

TV 일본어

MP3 8-03▸

NG	**NG(エヌジー)** · 緊張のために頻繁にエヌジーを出す。 긴장한 탓에 자꾸 엔지를 내다.
가명(예명)	**芸名** Tip 본명은 「本名(ほんみょう)」라고 한다. 또 유흥업소에 근무하는 종업원(주로 여자)이 쓰는 예명은 「源氏名(げんじめい)」라고 한다.
개그	**ギャグ(gag)** Tip 보통 '개그맨'이라고 할 때는 「お笑(わら)い芸人(げいにん)」이라고 한다.
관객을 사로잡다	**観客を魅了する** · 往年の演技で観客を魅了する。 왕년의 연기로 관객을 사로잡다.
그룹해체	**グループ解散** · HOTのグループ解散というニュースが伝わるや、ファンクラブからの抗議が所属事務所に殺到した。 HOT그룹해체 소식이 전해지자, 팬클럽으로부터 항의가 소속 사무실로 쇄도했다.

끼가 있다

才能がある・素質がある

- 親は自分の子供には素質があると思うものだ。
  부모란 자기 자식에게 소질이 있다고 생각하는 법이다.

노출

露出・ヌード(シーン)

- ヌードシーンのある映画は午後11時以降に放映される。
  누드신이 있는 영화는 오후 11시 이후에 방영된다.

단역

わき役

- いろいろな役をやってみて、経歴を積んでみたいです。
  여러 가지 역을 해보면서 경력을 쌓고 싶습니다.
- 時代劇にエキストラで出演したことがある。
  사극에 엑스트라로 출연한 적이 있다.

・わき役の俳優	단역배우
・子役	아역
・配役·キャスティング(casting)	배역
・カメオ(cameo) 出演	까메오 출연
・エキストラ(extra)	엑스트라

대박(흥행)

大当たり

- 映画の興行が大当たりして、無名の主演俳優が一躍有名になった。
  영화가 흥행에 성공해서 무명의 주연배우가 일약 스타덤에 올랐다.

대사

台詞(せりふ)

・あの人(ひと)は台詞(せりふ)のないエキストラでもいとわない。
그 사람은 대사없는 엑스트라라도 마다하지 않는다.

Tip 「いとう」는 '싫어하다', '마다하다'는 뜻.

대본

台本(だいほん)

・収録前(しゅうろくまえ)に台本(だいほん)を必死(ひっし)で覚(おぼ)えています。
녹화 전에 대본을 필사적으로 외우고 있습니다.

데뷔

デビュー(debut)

・中学生(ちゅうがくせい)アイドルのデビューが相次(あいつ)いでいる。
중학생 아이돌의 데뷔가 잇따르고 있다.

떴다 · 잘나가다

ヒット(hit)する・売(う)れる

Tip 최근에는 「ブレイク(break)する」, 「大(だい)ブレイクする」와 같이 표현한다.

루머

デマ(demagogue)

・デマに苦(くる)しむ。악성 루머에 시달리다.

마이크를 넘기다

マイクを返(かえ)す

・司会者(しかいしゃ)にマイクをお返(かえ)しします。
사회자에게 마이크를 돌려드리겠습니다.

많은 시청 바랍니다
많이 봐 주세요

多(おお)くの方(かた)に見(み)ていただきたいです。

ご期待(きたい)ください。

몰래카메라

どっきりカメラ

- どっきりカメラで本人(ほんにん)にもわからないよう撮影(さつえい)する。
  몰래카메라이므로 본인도 알지 못하게 촬영한다.

방송을 타다

電波(でんぱ)に乗(の)る

Tip '방송에 나가다'는 「放送(ほうそう)に出(で)る」라고 한다.

- 視聴者(しちょうしゃ)·テレビをご覧(らん)の皆様(みなさま)　시청자
- 聴取者(ちょうしゅしゃ)·リスナー(listener)　청취자

베드신

ベッドシーン

- 濃厚(のうこう)なベッドシーン。
  적나라한 베드신.

사생활

私生活(しせいかつ)・個人生活(こじんせいかつ)・プライバシー

- プライバシーを侵害(しんがい)される。
  사생활을 침해당하다.

생방송

生放送(なまほうそう)・ライブ(live)

Tip '생방송'을 「ライブ」라고 하는 경우가 많다.

- 生放送(なまほうそう)なのでスタジオには1時間前(じかんまえ)に来(き)てください。
  생방송이니까 스튜디오에는 1시간 전에 와 주세요.
- 有名(ゆうめい)なポップシンガーの歌(うた)をライブで聞(き)く。
  유명한 팝싱어의 노래를 라이브로 듣다.

소감 한말씀

(ご)感想[かんそう]を一言[ひとこと]。

(ご)感想[かんそう]を一言[ひとこと]お願[ねが]いします。

- ご感想[かんそう]は?
  소감이 어때요?

스캔들

スキャンダル(scandal)

- スキャンダルを起[お]こす。
  스캔들을 일으키다.

사극

時代劇[じだいげき]

Tip 大河(たいが)ドラマ : 대하드라마

신인

新人[しんじん]

Tip '원로(오래 되신 분)'는「大物(おおもの)」 또는「大御所(おおごしょ)」라고 한다.

- 芸能界[げいのうかい]の大御所[おおごしょ]
  연예계의 원로

애드립

アドリブ(ad lib)

- あまり台本[だいほん]を気[き]にしないで、アドリブでやってみてください。
  너무 대본 신경 쓰지 말고 애드립으로 해 보세요.

앵커

ニュースキャスター(news caster)

Tip 「アナウンサー(announcer)」라고도 하고, 여자 앵커의 경우「女子(じょし)アナ」(「女子(じょし)アナウンサー」의 준말)라고 한다.

연예인

芸能人(げいのうじん)

芸人(げいにん)

Tip 芸能人(げいのうじん)」은 연예인 전반을 가리키는 말이며 「芸人(げいにん)」은 「落語家(らくごか)」·「漫才師(まんざいし)」·코미디언·희극배우 등 개그 계통의 연예인을 주로 가리킨다.

전성기

全盛期(ぜんせいき)

ピーク(peak)

- あの女優(じょゆう)はピークを過(す)ぎたのか、映画(えいが)に出演(しゅつえん)してもいまいち映(は)えない。

  저 여배우는 전성기가 지나서인지, 영화에 출연해도 예전만 못하다.

처녀작

処女作(しょじょさく)**・デビュー作**(さく)

- デビュー作(さく)がいきなり大(だい)ヒットとなった。

  데뷔작이 갑자기 크게 히트했다.

카리스마가 있다

カリスマ(charisma)がある

- 彼(かれ)の演技(えんぎ)はカリスマが強(つよ)すぎて家族向(かぞくむ)けのドラマには合(あ)わない。

  그의 연기는 카리스마가 너무 강해서 가족 드라마에는 맞지 않다.

Tip 「カリスマ(charisma)」는 '그 분야에서 뛰어난 기능을 가진 사람'이라는 뜻으로도 쓰인다.

- カリスマ美容師(びようし)

  미용계의 달인

튀다

目立つ(めだつ)

- 目立つ(めだ)人(ひと) 튀는 사람

A この服(ふく)、目立(めだ)ちすぎじゃない。
이 옷 너무 튀지 않아?

B 大丈夫(だいじょうぶ)、そんなことないよ。
뭐 어때. 그렇지 않아.

A 派手(はで)すぎるような気(き)もする。
좀 화려한 것 같기도 하고.

팬

ファン(fan)

- 熱烈(れつれつ)なファン(fan) 열성팬
- ファンクラブ(fan club) 팬클럽
- ファンレター(fan letter) 팬레터
- ファンサービス(fan service) 팬서비스

표절시비

剽窃(ひょうせつ)・パクリ

Tip '표절하다'는 「パクる」라고 한다.

- 剽窃(ひょうせつ)が後(あと)を絶(た)たない。 표절시비가 끊이지 않는다.

프로그램

番組(ばんぐみ)

- 正月(しょうがつ)は同(おな)じような番組(ばんぐみ)ばかりで退屈(たいくつ)する。
설날에는 프로그램이 비슷비슷해서 재미없다.

해프닝

ハプニング(happening)

- ハプニングに終(お)わる。 해프닝으로 끝난다.

흥행에 성공하다

興行(こうぎょう)に成功(せいこう)する

・日本映画(にほんえいが)としては珍(めずら)しく興行(こうぎょう)に成功(せいこう)した。

일본영화로서는 드물게 흥행에 성공했다.

Tip '크게 성공하다(대박이다)'는 의미로 「大(だい)ヒット(hit)」(대히트), 최근에는 「大(だい)ブレイク(break)」라고도 한다.

영화의 종류

・アクション	액션
・ホラー	호러
・アダルト	어덜트(성인물)
・アニメ	애니메이션
・ドキュメンタリー	다큐멘터리
・映画館(えいがかん)	영화관, 극장
・予約(よやく)	예약
・座席(ざせき)	좌석
・売(う)り切(き)れ	매진
・上映(じょうえい)	상영
・封切(ふうき)り	개봉
・映画俳優(えいがはいゆう)	영화배우

04 학습의 장

한일 한자어 이렇게 다르다

MP3 8-04▸

탈의실(脱衣室)

きがえしつ
着替室

だついしつ
脱衣室

Tip 수영장 등의 탈의실은 「脱衣場(だついじょう)」라고 한다.

거래처(去來處)

とりひきさき
取引先

みつもりしょ　ないよう　　　　　きちょう　とりひきさき　うしな
・見積書の内容にミスがあり、貴重な取引先を失う。

견적서 내용 중에 미스가 있어서 귀중한 거래처를 잃다.

견적(見積)

みつもり
見積

Tip 한자는 같지만 훈독으로 읽는 경우이다.

　　　　　やす　ねだん　みつ　　　　ねが
・できるだけ安いお値段で見積もりをお願いします。

가능한 싼 가격으로 견적을 뽑아주세요.

경치(景致)

けしき
景色

あき　ふか　　　　　まど　み　けしき　こくこく　か
・秋の深まりにつれて窓から見える景色が刻々と変わる。

가을이 깊어감에 따라 창밖으로 보이는 경치가 시시각각 바뀐다.

계산(計算)

かんじょう
勘定

Tip 「計算(けいさん)」이라는 말도 있지만, 음식점 등 상점에서는 보통 「お勘定(かんじょう)」라고 한다.

- すみません。お勘定(かんじょう)お願(ねが)いします。
  여기요. 계산 부탁해요.

고객(顧客)

お客様(きゃくさま)

Tip ‘고객이 왕이다’는「お客様(きゃくさま)は神様(かみさま)」(고객은 신)이라고 한다.

고생(苦生)

苦労(くろう)

Tip ‘마음고생’은「心(こころ)の苦労(くろう)」「気(き)苦労(くろう)」라고 한다.

Tip ‘수고하셨습니다’는「お疲(つか)れ様(さま)でした」,「ご苦労様(くろうさま)でした」두 가지가 있다.「お疲れ様でした」는 직장에서 같이 일하고 있는 동료 등이 업무가 끝날 때 하는 인사말이고,「ご苦労様(くろうさま)でした」는 물건을 배달해 주거나 공적 업무를 보는 사람이 수고를 해 주었을 때 사용한다.

공부(工夫)

勉強(べんきょう)

Tip「工夫(くふう)」는 ‘궁리·연구’라는 뜻이다.

- 「勉強(べんきょう)しなさい」という両親(りょうしん)の小言(こごと)が一番嫌(いちばんいや)だった。
  ‘공부하라’는 부모님의 잔소리가 제일 싫었다.
- 様々(さまざま)な工夫(くふう)と改良(かいりょう)を重(かさ)ねて、新製品(しんせいひん)が完成(かんせい)した。
  다양한 연구와 개량을 거듭하여 신제품을 완성했다.

근처(近處)

近所(きんじょ)

- 夜遅(よるおそ)くまで騒(さわ)ぐのは近所(きんじょ)の迷惑(めいわく)になる。
  밤늦게까지 떠드는 것은 근처 사람들에게 피해를 주는 것이다.

남녀노소(男女老少)

老若男女

Tip 한국어와 순서가 다르고, 「ろうにゃくなんにょ」라고 읽는 점에 주의하자. 「老若男女(ろうにゃくなんにょ)を問(と)わず」(남녀노소를 가리지 않고)라는 형태로 쓰일 경우가 많다.

- 老若男女を問わず、皆がその行事に参加した。
  남녀노소를 막론하고 모두가 그 행사에 참가했다.

낭비(浪費)

むだ遣い

- 母は小遣いをくれるたびに「むだ遣いはするな」と言ったものだ。
  어머니는 용돈을 주실 때마다 '함부로 쓰지 마라(아껴서 써라)'라고 말씀하시곤 했다.

내일(来日)

明日(あした・あす・みょうにち)

Tip 보통 회화에서는 「あした」 「あす」라고 하고, 비즈니스회화에서는 「明日(みょうにち)-문어체」라고 한다.

뇌물(賂物)

賄賂

Tip 뇌물을 주는 것(증여)은 「贈賄(ぞうわい)」 뇌물을 받는 것은 「収賄(しゅうわい)」 뇌물을 주고 받는 것(뇌물수수 賂物授受 : わいろじゅじゅ)은 「贈収賄(ぞうしゅうわい)」라고 한다.

- 収賄の容疑で辞職した。 수뢰혐의로 사직했다.

단점(短點)

短所

Tip '장점(長点)'은 「長所」(ちょうしょ)라고 한다.

- どんな人にも探せば長所はあるものだ。
  어떤 사람이나 찾으면 장점이 다 있게 마련이다.

도리

道理(どうり)・原理(げんり)

- わたしも原理原則(げんりげんそく)どおりにしたいです。
  저도 도리를 다하고 싶어요.
- 原理原則(げんりげんそく)に(から)はずれる行動(こうどう)です。
  도리에 어긋난 행동입니다.

미혼(未婚)

独身(どくしん)

Tip 결혼했다가 이혼한 사람도 혼자 살 경우는 「独身」이라고 한다.

- 独身生活(どくしんせいかつ)が長(なが)すぎたせいか、結婚(けっこん)する気(き)が起(お)こらないようだ。
  독신생활을 너무 오래한 탓인지, 결혼할 마음이 생기지 않는 것 같다.

명분

名分(めいぶん)

Tip 신분(분수)에 맞게 갖추어야 하는 도덕적인 의무나 명목상의 이유를 가리킨다.

- 名分(めいぶん)を求(もと)める。　명분을 찾다.
- 大義名分(たいぎめいぶん)　대의명분
- 名分(めいぶん)が立(た)たない。　명분이 서지 않는다.

사전(辭典)

辞書(じしょ)

Tip 「字引(じびき)」라고도 한다.

설탕(雪糖)

砂糖(さとう)

성명(姓名)

名前(なまえ)・氏名(しめい)

Tip 성(姓)은 「名字(みょうじ)」, 이름은 「名前(なまえ)」.

성인(成人)

大人(おとな)・成人(せいじん)

Tip ‘성인용(비디오)’는「アダルト(adult)」란 말을 쓴다.

- アダルトビデオは18歳未満(さいみまん)の青少年(せいしょうねん)にはレンタルできません。
  성인비디오는 18세 미만의 청소년에게는 렌탈할 수 없습니다.

수첩(手帖)

手帳(てちょう)

- 取引先(とりひきさき)の電話番号(でんわばんごう)が書(か)いてある手帳(てちょう)を家(いえ)に置(お)いてきてしまった。
  거래처의 전화번호가 적힌 수첩을 집에 놓고 와 버렸다.

Tip 다기능 다이어리 수첩은「システム手帳」라고 한다.

수표(手標)

小切手(こぎって)

Tip ‘여행자 수표’는「トラベラーズチェック(travelers check)」라고 한다.

- 現金(げんきん)では面倒(めんどう)なので小切手(こぎって)で決済(けっさい)してください。
  현금으로 하면 귀찮으니까 수표로 결제해 주세요.
- トラベラーズチェックはなくしてもすぐ再発行(さいはっこう)してくれる。
  여행자수표는 잃어버려도 바로 재발행해 준다.

시절(時節)

時代(じだい)

Tip ‘시대’ ‘시절’ 두 가지 의미로 쓰인다.

- 高校時代(こうこうじだい)　고교시절
- 独身時代(どくしんじだい)　독신시절

Tip 명사형으로 '~시절'이라고 할 때는 「~時代」라고 하지만, '시절'이 다른 수식을 받고 단독으로 쓰일 경우에는 「ころ」나 「とき」를 쓸 경우가 많다.

- 小(ちい)さい頃(ころ) 어렸을 적
- 貧(まず)しかった時(とき) 가난했던 시절

신경

Tip 보통 '신경을 쓰다'라고 할 때 「気(き)を使(つか)う」 또는 「神経(しんけい)を使(つか)う」라고 한다.

신경에 관한 말

- 気(き)になる。気(き)がもめる。
  신경이 쓰인다.
- 気(き)にしないでください。
  신경 쓰지 마세요.
- 気(き)を使(つか)っています。
  신경을 쓰고 있습니다.
- 神経(しんけい)がするどい。
  신경이 예민하다.
- 神経(しんけい)をとがらす。
  신경이 날카로워지다.
- 神経(しんけい)が高(たか)ぶる。
  신경이 곤두서다.

신청서(申請書)

申込書(もうしこみしょ)

- 申込書(もうしこみしょ)に氏名(しめい)·住所(じゅうしょ)·電話番号(でんわばんごう)をご記入(きにゅう)ください。
  신청서에 성명·주소·전화번호를 작성해 주십시오.

Tip '성명'은 「氏名(しめい)」라고 하는 경우가 많다.

약혼(約婚)

婚約(こんやく)

Tip 한국말과 순서가 반대다.

애인(愛人)

恋人(こいびと)

Tip 「愛人(あいじん)」이란 단어도 있지만 이건 불륜 관계 내지는 내연 관계를 가리킨다. 일상회화에서는 「恋人(こいびと)」대신 「彼氏(かれし)」, 「彼女(かのじょ)」를 주로 쓴다.

- 彼女(かのじょ)とはうまくいっていますか。
  그 사람(여자)과는 잘 되어가요?
- 彼氏(かれし)、元気(げんき)? 그 사람(남자) 잘 있어?

엽서(葉書)

葉書(はがき)

Tip 한자는 같지만 훈으로 읽는 경우.

우체국(郵遞局)

郵便局(ゆうびんきょく)

• 書留(かきとめ)	등기
• 速達(そくたつ)	속달(빠른 우편)
• 小包(こづつみ)	소포
• 宅配(たくはい), 宅配便(たくはいびん), 宅急便(たっきゅうびん)	택배
• 現金書留(げんきんかきとめ)	현금 등기
• 小為替(こがわせ)	소액우편환

Tip '우편번호'는 「郵便番号(ゆうびんばんごう)」, '우편번호부'는 「ポスタルガイド」, '상호판(업종별) 전화번호부'는 「イエローページ」, '인명별 전화번호부'는 「ハローページ」라고 한다. '전화번호부'는 「電話帳(でんわちょう)」라고 하며 '전화번호 안내'는 「104(いちまるよん)」이다.

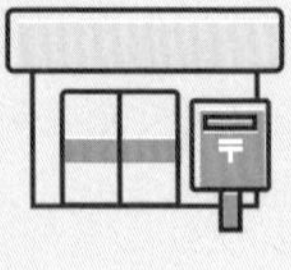

우표(郵票)

切手(きって)

- 返信用(へんしんよう)の封筒(ふうとう)と切手(きって)を同封(どうふう)してください。

  회신용 봉투와 엽서를 동봉해 주세요.

이구동성(異口同聲)

異口同音(いくどうおん)

- ほかのことには無関心(むかんしん)なくせに、そのことだけは異口同音(いくどうおん)に反対(はんたい)する。

  다른 일에는 무관심한 주제에, 그 일만은 이구동성으로 반대한다.

인사(人事)

挨拶(あいさつ)(greeting)

Tip 인사말을 하면서 인사하는 것을「挨拶(あいさつ)」라고 하며 보통 히라가나로「あいさつ」라고 쓴다. 가볍게 목례하는 것은「会釈(えしゃく)」라고 한다.

- 礼儀正(れいぎただ)しい。= はきはきしている。

  인사성이 밝다.

- ご挨拶(あいさつ)が遅(おく)れました。

  인사가 늦었습니다.

人事(じんじ)(personnel affairs)

- 人事異動(じんじいどう)

  인사이동

- 人事考課(じんじこうか)

  인사고과

일기예보(日氣豫報)

天気予報(てんきよほう)

일단(一旦)

一応(いちおう)・とりあえず

- とりあえず、こちらにお掛(か)けください。
  일단 여기에 앉아 주세요.

임원(任員)

役員(やくいん)

장점(長點)

長所(ちょうしょ)

- 短所(たんしょ)をあげつらうより、長所(ちょうしょ)をほめる方(ほう)が教育的(きょういくてき)効果(こうか)が高(たか)い。
  단점을 왈가왈부하는 것보다 장점을 칭찬하는 쪽이 교육적인 효과가 높다.

Tip 「장단점」은 「長短所(ちょうたんしょ)」라고 한다.

재수생(再修生)

浪人(ろうにん)

Tip 「浪人(ろうにん)」은 원래 번(藩 : 옛날 일본의 관할 구역)을 벗어나거나 영주(領主)를 잃거나 해서 관직을 잃은 무사를 가리키는 말이었다.

- 一年浪人(いちねんろうにん)してレベルの高(たか)い大学(だいがく)を目指(めざ)すつもりだ。
  일년 재수해서 더 좋은 대학을 목표로 할 생각이다.

접수(接受)

受付(うけつけ)

- 受付(うけつけ)で健康保険証(けんこうほけんしょう)を提示(ていじ)してください。
  접수처에서 의료보험증을 제시해 주세요.

주식회사(株式會社)

株式会社(かぶしきがいしゃ)

Tip 주식이나 1주, 2주 할 때의 '주(株)'는 「かぶ」라고 한다.

말조심(操心)

物言えば唇寒し秋の風

Tip 'ᄆᆞᆯ을 조심해야 한다'는 뜻. 마쓰오 바쇼(松尾芭蕉)의 「俳句(はいく)」이며 '근거가 희박한 말을 하면 남에게 원한을 사고 화를 자초한다'는 말로, 남의 흉을 잡으면 스스로의 기분도 언짢고 대인관계에도 금이 간다는 뜻이다.

- 言葉を慎む。

  말을 조심하다. (말을 삼가다.)

- 恐る恐る触ってみた。

  조심조심 손을 대어보았다.

진심(眞心)

本気

- 心からおわび申し上げます。

  진심으로 사과드립니다.

- 本気?·マジ?

  진심이냐?

Tip 「マジ」는 「まじめ(진지한 마음·태도)」에서 온 속어이다.

- 本気ですか。

  진심입니까?

- これまでは練習だったが、これからは本番だ。

  지금까지는 연습이었는데 이제부터는 진짜다.

- 本当はそう思わないんだけど…。

  속마음은 그게 아닌데….

탄로나다	**ばれる・ぼろが出(で)る** ・不正融資(ふせいゆうし)がばれて背任(はいにん)の容疑(ようぎ)で逮捕(たいほ)された。 부정대출이 탄로나 배임혐의로 체포되었다. Tip ぼろが出(で)る : 마각을 드러내다, 도색이 벗겨지다. 最初(さいしょ)はうまくとりつくろったとしても､そのうちにぼろが出(で)るだろう。처음에는 잘 얼버무려 넘어갔는지 몰라도 언젠가 탄로가 날 거야. Tip とりつくろう : (실수나 실패 등을)얼버무려 넘기다
편지(片紙)	**手紙(てがみ)**
편지지(片紙紙)	**便箋(びんせん)** ・普通(ふつう)、便(びん)せんは縦(たて)につかう。 보통, 편지지는 세로로 사용한다.
평생(平生)	**生涯(しょうがい)** ・生涯(しょうがい)、自分(じぶん)の主義主張(しゅぎしゅちょう)を曲(ま)げなかった人(ひと)だ。 평생, 자신의 주의주장을 굽히지 않던 사람이다.
현모양처(賢母良妻)	**良妻賢母(りょうさいけんぼ)** Tip 순서가 한국어와 다르다. ・理想(りそう)の女性(じょせい)は良妻賢母(りょうさいけんぼ)のようなタイプよりも友達(ともだち)のように何(なん)でも言(い)えるタイプだと思(おも)う。 이상적인 여성은 현모양처 같은 타입보다도 친구처럼 뭐든지 말할 수 있는 타입이라고 생각한다.

홍보(弘報)

広報（こうほう）

・取材の申し込みは広報(課)を通してください。

취재신청은 홍보과를 거쳐 주세요.

Tip ‘홍보물’은 「広報紙(こうほうし)」라고 하며 ‘전단지’는 「チラシ」 또는 「ビラ」라고 한다.

화투(花鬪)

花札（はなふだ）

・日本の花札は紙でできている。

일본의 화투는 종이로 되어 있다.

Tip 일본에서는 화투는 잘 하지 않고, 빠칭코나 마작(マージャン)을 많이 한다.

확실하다

確実だ（かくじつ）

確かだ（たし）

・当選が確実だ。

당선이 확실하다.

・確かな人です。

확실한 사람이에요.

Tip ‘확실한 사람이에요.’는 「ちゃんとした人です。」「信じられる人です。」와 같이 표현하기도 한다.

・大丈夫ですか。

확실해요? (괜찮을까요?)

・本当に効果があるみたい。

확실히 효과가 있는 것 같아요.

환(換)

為替(かわせ)

・株(かぶ)と為替(かわせ)の値動(ねうご)きをお伝(つた)えします。
주식과 환시세를 전해드리겠습니다.(뉴스)

Tip 「외환」은 「外国為替(がいこくかわせ)」 또는 「外為(がいため)」라고 한다.

환전(換錢)

両替(りょうがえ)

Tip 「両替(りょうがえ)」에는 '큰 돈(고액 지폐)을 작은 돈으로 바꾸다'라는 뜻과 '자국 돈을 다른 나라 화폐와 환전하다'라는 뜻이 있다.

・1,000ウォン札(さつ)を100ウォン10個(こ)に両替(りょうがえ)する。
1,000원짜리 지폐를 100원짜리 동전 열 개로 바꾸다.

・ドルを円(えん)に両替(りょうがえ)する。
달러를 엔으로 환전하다.

흑백(黑白)

白黒(しろくろ)

Tip 한국어와 순서가 반대다.

・黒白(こくびゃく)をつける。
흑백을 가리다.

흑백(黑白)TV

白黒(しろくろ)テレビ

Tip '흑백사진'은 「白黒(しろくろ)写真(しゃしん)」 또는 「モノクロ」(monochrome)라고도 한다.

그밖에 표현하기 어려운 말

- 가타부타

ああでもない。こうでもないと言う。

是々非々を論じる。

- 갈팡질팡

うろうろ, おろおろ, 右往左往

- 속전속결

速戦即決

- 엉거주춤

どっちつかず

- 오락가락

行ったり来たり(왔다갔다)

降ったり止んだり(비·눈이)

はっきりしない(정신이 오락가락)

- 우유부단

優柔不断

- 유야무야

うやむや

- 흐지부지

うやむや, あいまい

05 한일간에 다른 의성어 · 의태어 ①

의성어

MP3 8-05▸

꽝

どん・がん

・正面(しょうめん)から戸(と)にどんとぶつかった。

정면으로 문에 꽝 하고 부딪혔다.

끼익

きー・ききー

・車(くるま)がキキーという音(おと)をさせて止(と)まった。

차가 끼익 하고 섰다.

딩동

キンコーン・ピンポーン

・ピンポーンと呼(よ)び鈴(りん)が鳴(な)った。

딩동 하고 초인종이 울렸다.

따르릉

ジリリリリリーン

Tip 특별한 의성어는 없지만 「ジリリリリリーン」 정도가 적당하다. 전자음(電子音でんしおん)일 경우는 「プルルルルル」 정도가 적당하다.

・ジリリリリリーンと電話(でんわ)のベルが鳴(な)った。

따르릉 하고 전화가 울렸다.

똑똑

とんとん・こんこん

・ドアをトントンとノックした。 문을 똑똑 두드렸다.

부웅

ぶー・ぶうん・ぶるん

・車(くるま)がぶうんと音(おと)をさせて出(で)ていった。

차가 부웅 하고 떠났다.

삐리릭

ピピピピピ…

Tip 핸드폰 호출음은 여러 종류가 있으나 가장 일반적인 전자음은 「ピピピピピ…」 정도가 적당할 것이다.

・ピピピピピ…と携帯(けいたい)が鳴(な)った。

삐리릭 하고 핸드폰 울리는 소리가 들렸다.

스르륵

すっと・すうっと

・戸(と)がすうっと開(ひら)いた。

방문이 스르륵 하고 열렸다.

쏴

ざー(っと)・ざざー

・夕立(ゆうだち)がざーっと降(ふ)り始(はじ)めた。

소나기가 쏴 하고 내리기 시작했다.

주룩주룩

ざあざあ

・雨(あめ)がざあざあ降(ふ)っている。

비가 주룩주룩 내리고 있다.

째깍째깍

かちかち

・時計(とけい)がかちかちと音(おと)をさせる。

시계가 째깍째깍거린다.

짱그랑

ガチャン・パリン

・皿(さら)がガチャンと割(わ)れた。
접시가 짱그랑 하고 깨졌다.

짜악

ぱっくり・ぱかっ(と)

・スイカがぱかっと割(わ)れた。
수박이 짜악 갈라졌다.

찰칵

パチリ(と)

Tip 연속적으로 찍을 경우에는 「パシャパシャ」라고 한다.

・写真(しゃしん)をパチリと写(うつ)した(撮(と)った)。
사진을 찰칵 하고 찍었다.

쾅

バン・バタン

・ドアをバタンと閉(し)めて出(で)ていってしまった。
문을 쾅 닫고 나가버렸다.

쿨쿨

ぐうぐう

・正体(しょうたい)なくぐうぐう寝(ね)ている。
세상모르고 쿨쿨 자고 있다.

Tip 正体(しょうたい)ない : 술에 취하거나 정신이 흐트러져 본래의 모습이나 제정신을 잃은 상태를 말한다.

탕

バン・バーン・ダーン

・銃声(じゅうせい)がバーンと鳴(な)った。 총소리가 탕 하고 났다.

톡

ぽきっ・ぽきん・ぽきり

・木(き)の枝(えだ)がぽきりと折(お)れた。

나뭇가지가 톡 부러졌다.

툭

ぽとん(と)・ぽとり(と)・ぽたり(と)

・突然空(とつぜんそら)から何(なに)かがぽとんと落(お)ちてきた。

갑자기 하늘에서 뭔가가 툭 하고 떨어졌다.

풍덩

ボチャン・ドボン

・水(みず)の中(なか)にドボンと落(お)ちた。

물속으로 풍덩 빠졌다.

휙

ひゅうひゅう・びゅうびゅう

・風(かぜ)がひゅうひゅう吹(ふ)いた。

바람이 휙 불었다.

06 한일간에 다른 의성어 · 의태어 ②

동물들의 소리와 동작

MP3 8-06▸

꽥꽥	グワッグワッ	
	・アヒルはグワッグワッ。	오리는 꽥꽥.
음매	メーメー	
	・山羊(ヤギ)はメーメー。	염소는 음매.
꿀꿀	ブーブー	
	・豚(ぶた)はブーブー。	돼지는 꿀꿀.
음머	モーモー	
	・牛(うし)はモーモー。	소는 음머.
야옹	ニャーオ(ニャンニャン・ニャオニャオ)	
	・猫(ねこ)はニャーオ。	고양이는 야옹.
멍멍	ワンワン(キャンキャン)	
	・犬(いぬ)はワンワン。	강아지는 멍멍.
짹짹짹	チュンチュン	

・雀(すずめ)はチュンチュン。　참새가 짹짹.

꼬끼요

コケコッコー

・鶏(にわとり)はコケコッコー。　닭은 꼬끼요.

깡충깡충

ぴょんぴょん

・ウサギがぴょんぴょんと跳(は)ねます。
토끼가 깡충깡충 뛰어갑니다.

개굴개굴

ケロケロ

・カエルがケロケロと鳴(な)きます。
개구리가 개굴개굴 노래를 합니다.

엉금엉금 / 느릿느릿

のろのろ

・亀(かめ)がのろのろと這(は)っていきます。
거북이가 엉금엉금(느릿느릿) 기어갑니다.

흐느적흐느적

にょろにょろ・うねうね・ぐにゃぐにゃ

・みずたこの脚(あし)がにょろにょろ。 문어다리가 흐느적흐느적.

삐약삐약

ピヨピヨ

・ひよこがピヨピヨ鳴(な)きます。 병아리가 삐약삐약 웁니다.

킥킥

キキッ・キーキー

・猿(さる)がキーキー。　원숭이가 킥킥.

07 한일간에 다른 의성어 · 의태어 ③

그 밖에 의성어 의태어

MP3 8-07▶

보들보들

すべすべ

・子供(こども)の肌(はだ)はすべすべしています。

아기 피부는 보들보들 부드러워요.

미끈미끈

ぬるぬる・つるつる

・せっけんをいじると手(て)がぬるぬるします。

비누를 만지면 손이 미끈거려요.

꺼칠꺼칠

ちくちく

・お父(とう)さんの顔(かお)はひげのためにちくちくします。

아빠 얼굴은 수염 때문에 꺼칠꺼칠해요.

보글보글

ぐつぐつ

・なべの中(なか)で煮物(にもの)がぐつぐつ煮(に)えています。

냄비에서 찌개가 보글보글 끓고 있어요.

그밖의 소리

・すーすー	잠잘 때의 숨소리
・こつこつ	발소리
・ぽたぽた	물방울 떨어지는 소리
・ぴかぴか	바닥이나 머리가 반짝반짝
・ぐーぐー(ぐるぐる)	공복시 나는 소리

PART 9
문화소개의 장

01 요리에 관한 말

조리과정에 필요한 말

MP3 9-01▸

껍질을 벗기다

皮(かわ)をむく

- ミカンの皮(かわ)をむく　귤껍질을 까다
- 栗(くり)の皮(かわ)をむく　밤껍데기를 까다
- 蟹(かに)の皮(かわ)をむく　게껍질을 까다

끓이다

煮(に)る・沸(わ)かす

- 煮立(にだ)つまで煮込(にこ)む。　푹 한소끔 끓이다.

노릇노릇하게 굽다

こんがりと焼(や)く

다지다

細(こま)かく刻(きざ)む・ミンチ(mince)にする

Tip '마늘을 다지다'는「ニンニクをつぶす」,「ニンニクを細(こま)かく刻(きざ)む」,「みじん切(ぎ)りにする」 등으로 표현한다.

데치다

ゆがく

- 熱(あつ)い湯(ゆ)でさっとゆがく。　끓는 물에 살짝 데치다.

무침

和(あ)え物(もの)

물을 끓이다

お湯(ゆ)を沸(わ)かす

・カップラーメンに入れるお湯を沸かす。
컵라면에 넣을 물을 끓이다.

밑간을 하다

(あらかじめ)塩味をつける

바삭하게 튀기다

からっと(からりと)揚げる

볶다

炒める

Tip 볶기, 볶음 : ~炒(いた)め

・キムチと豚肉をフライパンで炒める。
김치랑 돼지고기를 프라이팬에 볶는다.

・ゴマを炒ると香ばしいにおいがする。
깨를 볶으면 고소한 냄새가 난다.

・野菜炒め 야채볶음

Tip 기름을 두르지 않고 볶는 것은 「炒(い)る」라고 한다.

볶음밥

チャーハン(炒飯)

Tip 「焼き飯(やきめし)」라고도 한다. 「炒(いた)めごはん」이라는 말도 있지만 잘 쓰이지 않는다.

살짝

さっと

・さっとゆでる。 살짝 삶다.

삶다

ゆでる

Tip '삶은 계란'은 「ゆでたまご」, '계란 프라이'는 「目玉焼(めだまや)き」 '푹 삶다'는 「じっくりゆでる」라고 한다. 「ゆでる」는 주로 계란을 삶을 때 쓰는 말이며 야채 등을 삶을 때는 「煮(に)る」를 주로 쓴다.

썰다	**(薄^{うす}く)切^きる**

・生姜茶^{しょうがちゃ}に入^いれる生姜^{しょうが}は薄^{うす}く切^きっておく。
생강차에 넣을 생강은 얇게 썰어둔다.

・細^{こま}かく切^きる 잘게 썰다

・ぶつ切^ぎりにする 토막 썰다

・ソルロンタンに入^いれるネギをみじん切^ぎりにする。
설렁탕에 넣을 파를 얇게 썰다.

양념 **薬味^{やくみ}・調味料^{ちょうみりょう}・タレ**

・タレにつける。 양념에 재우다.

Tip '양념을 넣다'는 「味付^{あじつ}けをする」, 「味^{あじ}を
つける」와 같이 표현할 수 있다.

익히다 **よく煮^にる**

Tip 「よく焼^やく」, 「火^ひを通^{とお}す」도 같은 표현이다.

・よく煮^にてから(焼^やけてから)食^たべてください。

・よく火^ひを通^{とお}してから食^たべてください。
익혀서 드세요.

전자렌지에 데우다 **電子^{でんし}レンジで温^{あたた}める・レンジでチンする**

Tip 「チン」은 전자렌지 타이머가 내는 소리.

조리다 **煮詰^{につ}める・煮込^{にこ}む**

・とろ火^びで・弱火^{よわび}で 뭉근히
・強火^{つよび}で 강한 불로

- 中火(ちゅうび)で　　중불에서
- 弱火(よわび)で　　약한 불에서

찢다　　ちぎる

요리에 관한 말

- 切(き)る　　자르다
- 焼(や)く　　굽다
- あぶる　　찌어굽다
- 蒸(む)す　　찌다
- 漬(つ)ける　　담그다
- 溶(と)かす　　녹이다
- 味(あじ)をつける　　간을 하다
- 盛(も)りつける　　담다
- 解凍(かいとう)する　　해동하다
- くんせいにする　　훈제하다

02 양념 만들기

양념도 여러 가지

MP3 9-02▶

양념	薬味(やくみ)・調味料(ちょうみりょう)
간장	醤油(しょうゆ) Tip 편의상 「正油」라고 쓰기도 하지만 옳은 표기는 아니다.
고추장	とうがらし味噌(みそ)
고춧가루	とうがらし(の粉(こな)) Tip 일본에서는 고춧가루 외에 여러 양념(깨·진피·앵속·평지·삼씨·산초)을 섞어서 「七味唐辛子(しちみとうがらし)」라는 양념가루를 만들어 우동이나 국수 국물에 넣어서 먹는다.
깨소금	胡麻塩(ごまじお) Tip 炒(いた)めたゴマに塩(しお)を混(ま)ぜてひいた調味料(ちょうみりょう)。볶은 깨에 소금을 넣어 빻은 조미료.
된장	味噌(みそ) ・味噌汁(みそしる)に入(い)れる味噌(みそ)は少(すこ)しずつ溶(と)いて入(い)れる。 된장국에 넣는 된장은 조금씩 풀어서 넣는다.
마늘	にんにく(ニンニク) ・にんにくのみじん切(ぎ)り 다진 마늘

맛술

みりん(味醂)

맛살

かにかま
蟹蒲ぼこ

물엿

みずあめ
水飴

Tip 薄(うす)く煮詰(につ)めた飴(あめ) : 약하게 조린 엿

설탕

さとう　　　　　　とう
砂糖・グラニュー糖

Tip 각설탕 : 角砂糖(かくざとう)

소금

しお
塩

Tip 味塩(あじしお) : 맛소금 / 粗塩(あらじお) : 굵은 소금

식용유

しょくようあぶら
食用油

Tip 「てんぷら油(あぶら)」, 「サラダ油(あぶら)」, 「サラダオイル」라고도 한다.

しょくようあぶら　うす　ひ　　　か ねつ
・フライパンに食用油を薄く引いて、加熱しておく。
프라이팬에 식용유를 얇게 두르고, 가열해 둔다.

식초

す　　す
酢・お酢

양파

たま
玉ねぎ (「ねぎ」는 '파'이고, 「ネギ」로 표기하기도 한다.)

참기름

ごまあぶら(胡麻油)

초장

す じょう ゆ
酢醤油

・こしょう	후추	・生姜(しょうが)	생강
・わさび	고추냉이	・マスタード	머스터드

03 맛에 관한 말

한 입 먹어본 소감은?

MP3 9-03▸

고소하다, 구수하다	**香(こう)ばしい**
군침이 돈다	**生(なま)つばが出(で)る・舌(した)なめずりをする** Tip 「生(なま)つばが出(で)る」는 '군침을 삼키다', 「舌(した)なめずりをする」는 '입맛을 다시다', '쩝쩝거리다'는 뜻이다.
달다	**甘(あま)い** Tip 「甘(あま)い」는 '후하다', '엄하지 않다'라는 뜻으로도 쓴다. ・あの先生(せんせい)は点数(てんすう)が甘(あま)い。 저 선생님은 점수가 후하다. ・課長(かちょう)は女子社員(じょししゃいん)だけには甘(あま)い。 과장님은 여직원한테만 잘해 준다.
달콤하다	**甘(あま)い・甘(あま)ったるい**
맛깔스럽다	**味加減(あじかげん)がよい・ほどよい味加減(あじかげん)** ・煮干(にぼ)しや昆布(こんぶ)でダシをとると味加減(あじかげん)がよい。 정어리 말린 것이나 다시마로 국물을 내면 맛이 좋다.
맛없다·맛있다	**まずい・おいしい**
맵다	**辛(から)い** ・青(あお)い唐辛子(とうがらし)が全部(ぜんぶ)辛(から)いというわけではない。 파란 고추가 전부 매운 것은 아니다.

매콤하다

辛(から)みがある・ひりひりする

・刺身(さしみ)にわさびをつけすぎて舌(した)がひりひりする。
회에 고추냉이를 너무 많이 쳐서 혀가 얼얼하다.

시다

すっぱい

・すっぱくなったキムチはキムチチゲを作(つく)るのにちょうどよい。 신 김치는 김치찌개를 만들기에 딱 좋다.

시큼하다

ややすっぱい・すっぱみがある

시원한 국물 맛

さっぱりとした汁(しる)の味(あじ)

・さっぱりした貝(かい)の鍋(なべ)をつまみに焼酎(しょうちゅう)を飲(の)む。
시원한 조개국을 안주로 소주를 마시다.

쓰다

苦(にが)い

・良薬(りょうやく)は口(くち)に苦(にが)し。 좋은 약은 입에 쓴 법.

엄청 맵다

とても辛(から)い

・鼻(はな)がつーんとする。 코가 얼얼하다.

고기가 질기다·연하다

肉(にく)が固(かた)い・柔(やわ)らかい

그밖에 맛에 관한 말

- 塩辛(しおから)い 짜다
- さっぱり 담백한
- こってり 진한
- 味(あじ)が濃(こ)い 맛이 진한
- 水(みず)っぽい 묽은
- 味(あじ)が薄(うす)い 맛이 약한
- 脂(あぶら)っこい 기름진
- 生臭(なまぐさ)い 비릿한
- まろやか 순한

04 먹는 방법

먹는 법도 가지가지

MP3 9-04▶

소스에 찍어 먹다	ソースにつけて食べる
김을 말다	海苔で巻く
덜어서 먹다	(取り皿に)分けて食べる Tip 「取(と)り分(わ)ける」라는 말도 있다.
말아서 먹다	おつゆに(汁に)ごはんを入れて食べる
비벼서 먹다	混ぜて食べる
상추에 밥을 싸서 먹다	菜っぱでごはんを包んで食べる
식혀서 먹다	冷まして食べる Tip 「冷(さ)ます」는 '식히다', 「冷(さ)める」는 '식다'. • 冷めないうちに召し上がってください。 식기 전에 드세요.

「うどん」いろいろ

일본의 대표적인 먹거리인 우동은 지역에 따라 맛도 여러 가지. 대표적인 우동을 소개하면 다음과 같다.

① 秋田(あきた) … いなにわうどん

이나니와우동은 300년 이상의 역사를 가지는데, 겨우 우동으로 분류될 정도로 면발이 가늘다. 옛부터 「まぼろしのうどん」이라고도 불려왔다. (まぼろし는 언젠가는 사라지는 허무한 것이란 뜻)

② 群馬(ぐんま) … 水沢(みずさわ)うどん

미즈사와우동은 400년의 역사를 가지고 있는데, 반투명하면서 윤기가 흐르며, 게다가 찰기가 있는 것이 매력이다. 주로 「ざるうどん」(모밀국수처럼 우동을 소스에 찍어 먹는 것)으로 먹는다.

③ 山梨(やまなし) … ほうとう

오랫동안 우려낸 국물에 야채를 듬뿍 넣어 먹는 우동. 된장으로 간을 맞춘다. 또, 관동지방으로 갈수록 국물 색깔이 검고, 관서지방으로 갈수록 국물이 투명한 것도 특징이다.

④ 名古屋(なごや) … きしめん

키시멘은 면이 평평하고, 꽃가다랭이와 잘게 썬 파가 듬뿍 들어 있는 우동. 진한 향과 감칠맛이 일품이다.

⑤ 三重(みえ) … 伊勢(いせ)うどん

이세우동은 면이 하얗고, 두툼한 게 특징. 양념은 새까맣기 때문에, 아주 매워 보이지만, 단맛이 더 강한 양념이다.

⑥ 大阪(おおさか) … きつねうどん

키츠네(여우)우동은 네모나게 썬 「あげ」(튀김), 맑은 색을 띠는 「だし」(국물), 그리고 「めん」(면)으로 구성된 대표적인 우동. 전국적으로 가장 친근하게 맛볼 수 있는 우동이다.

⑦ 香川(かがわ) … さぬきうどん

사누키우동은 뭐니 뭐니 해도 찰기와 목에 넘어갈 때 착 감기는 맛이 매력. 우동의 발상지인 만큼 여러 가지 우동을 맛볼 수 있다. 보통 우동에 간장을 약간 떨어뜨려 먹는다.

⑧ 福岡(ふくおか) … 丸天(まるてん)うどん

마루텐우동은 큐슈에서 볼 수 있는 동그란 「さつま揚(あ)げ」(생선을 갈아서 야채와 같이 튀긴 것)를 얹은 우동이다. 「さつま」는 가고시마현(鹿児島)의 옛날 이름이다.

⑨ 熊本(くまもと) … だんご汁(じる), だご汁(じる)

단고지루란 단고(경단-하얀 떡)가 들어 있는 국물을 말한다. 너무 부드럽지 않게 귓볼 정도의 느낌으로 반죽한 경단을 된장으로 맛을 내어 내놓는다.

05 한정식집에서

먹는 법과 재료에 대해

MP3 9-05▶

상을 차리다

お膳を整える

Tip 「食事(しょくじ)の仕度(したく)をする」와 같이 표현할 수도 있다.

갈비탕

カルビのスープ

Tip 「カルビ」는 이미 일본에서 통용하는 한국어 어휘이다.

- 牛のカルビ肉つきのあばら骨のスープ。
  소 갈비살이 붙은 갈비뼈 국물.

Tip あばら骨(ぼね) : 갈비뼈

게장

ケジャン

- 生きている蟹を辛く薬味で味付けしてそのまま漬けたもの。
  살아있는 게를 매콤하게 양념하여 그대로 삭힌 것.

누룽지

ヌルンジ

Tip 「おこげ」라고도 한다.

- 釜の底に焦げ付いたごはん(それを入れて煮たものをスンニュンという)。
  솥에 밥을 하고 나서 눌은 것(그것을 끓인 것을 숭늉이라고 한다).

불고기

プルコギ

- 牛肉をいろいろな薬味で味付けし、漬けておいてから焼いたもの。

소고기에 갖은 양념을 하여 재워놓았다가 구운 것.

비빔밥

ビビンバ

- ごはんに野菜、肉、コチュジャン(唐辛子味噌)などを入れて混ぜたもの。

밥 위에 나물, 다진고기, 고추장 등을 넣어 비벼먹는 것.

삼겹살

サムギョプサル

Tip 「三枚肉(さんまいにく)」란 말도 있지만 잘 안 쓴다.

- 豚肉の一種であるサムギョプサルを薄く切って(スライス[slice]して)鉄板の上で焼いたもの。塩を入れたごま油に浸けて食べたり、ちしゃ(レタス)の葉やごまの葉に包んで食べるとおいしい。

돼지고기의 부위 이름인 삼겹살을 얇게 썰어 불판에 구워먹는 것. 소금을 탄 참기름에 찍어먹거나 상추나 깻잎에 싸서 먹으면 맛있다.

생고기

生肉

Tip 「凍(こお)らせない肉(にく)」(얼리지 않은 고기)라고도 할 수 있지만 잘 쓰이지 않는다.

식혜

シッケ

- ごはんをふやかして飴を入れ、甘くした飲み物。

밥을 삭혀 엿물을 넣어 달짝지근하게 만든 음료.

설렁탕

ソルロンタン

- 濃い肉のスープにごはんを入れて食べる食べ物。いっしょに付いてくるカクテギキムチ(角切り大根のキムチ)も逸品である。

  진한 고기국물에 밥을 말아서 먹는 음식. 같이 나오는 깍두기 김치도 일품이다.

수정과

スジョンガ

- 桂皮と砂糖を入れて煮出した水に干しがきを入れた冬の飲み物。

  계피와 설탕을 넣어 달인 물에 곶감을 넣어 먹는 겨울 음료.

숯불구이

スップルクイ(炭焼き)

- 炭に鉄板をのせてその上で肉を焼く方法。

  숯불에 불판을 얹어서 그 위에 고기를 구워 먹는 방식.

쌈

サム

- チシャの葉やごまの葉、かぼちゃの葉などやさいの葉にごはんを包んで食べる。

  상추나 깻잎, 호박잎 등 야채 잎사귀에 밥을 싸 먹는다.

양념갈비

ヤンニョムカルビ

- あばらの肉カルビを薬味(=タレ)に付けて鉄板にのせて焼いた食べ物。単に「カルビ」ともいう。

  갈비살을 미리 양념하여 불판에 얹어 구워 먹는 음식. 흔히 '갈비'라고도 한다.

영양돌솥밥	## 栄養トルソッパブ（釜飯） えいよう　　　　　　　　　　　　かまめし ・ 一人前ずつ石の釜にきのこやなつめなどを入れて 　いちにんまえ　　いし　かま　　　　　　　　　　　　　　　　　　　　い 炊いた釜飯。 た　　かまめし 1인분씩 돌솥에 버섯이나 대추 등을 넣어 만든 솥밥.		
육회	## ユッケ ・ 火を通さず刺身のようにそのまま食べる生の肉。 　ひ　とお　　さしみ　　　　　　　　　　　た　　　なま　にく ただしいろいろな薬味にあえて食べたり、タレに 　　　　　　　　やくみ　　　　　　た 付けて食べたりする。 つ　　た 생고기를 익히지 않고 회처럼 먹는 것. 단 갖은 양념에 무쳐 먹기도 하고, 따로 양념장에 찍어먹기도 한다.		
전	## チョン ・ 材料によってパジョン(ネギ)，ノクトゥジョン(緑 　ざいりょう　　　　　　　　　　　　　　　　　　　　りょく 豆)、ヘムルジョン(海産物)などがある。小麦粉な とう　　　　　　かいさんぶつ　　　　　　　　こむぎこ どを水で溶いていろいろな材料を入れてフライパ 　みず　と　　　　　　　　ざいりょう　い ンで焼いたもの。 　や 재료에 따라 파전, 녹두전, 해물전 등이 있다. 밀가루 등에 물을 타서 만든 반죽에 여러 재료를 넣어 후라이팬에 부친 것.		
죽	## チュク(おかゆ) 	・ かぼちゃのおかゆ	호박죽

・ 松の実のおかゆ 　まつ　み	잣죽		
・ あわびのおかゆ	전복죽

| 전골 | チョンゴル |

・材料^{ざいりょう}によってナクチチョンゴル(タコ), セコギチョ
ンゴル(牛肉^{ぎゅうにく})、ククスチョンゴル(麺^{めん})などがある。
水^{みず}をたっぷり入^いれて煮^にた鍋物^{なべもの}。シャブシャブに当^あ
たる。

재료에 따라 낙지전골, 쇠고기전골, 국수전골 등이 있다. 국물을 넉넉하게
넣어 끓이면서 먹는 음식. 샤브샤브와 비슷하다.

| 주방장 | チュバンジャン(廚房長^{ちゅうぼうちょう}) |

・廚房^{ちゅうぼうちょう}(調理場^{りば})で料理^{りょうり}を作^{つく}る人^{ひと}。調理師^{ちょうりし}。

주방에서 요리를 맡아서 하는 사람. 요리사.

Tip 특히 일식 주방장은 손님과 마주보며 초밥을 만들어주곤
하는데, 도마 앞에 있다고 해서「板前(いたまえ)」라고도 부른
다.

| 주인 | チュイン(主人^{しゅじん}) |

・飲食店^{いんしょくてん}や店^{みせ}、商店^{しょうてん}などの経営者^{けいえいしゃ}を指^さす。直接呼^{ちょくせつよ}ぶ
ときには「サジャンニム」と呼^よぶが、普通^{ふつう}は「チュイ
ンアジョシ」「チュインアジュモニ」のように言^いう。

음식점이나 가게, 상점, 상가 등의 주인을 일컫는 말. 직접 부를 때는 사장
님이라고 부르기도 하고, 보통은 주인아저씨, 주인아주머니처럼 부른다.

お寿司屋(すしや)さんでは

일본의 초밥집에서 주문을 할 때는 초밥집에서만 쓰는 독특한 용어가 있다. 손님들도 알고 있는 전문용어이므로 상식으로 알아두자.

① ネタ … 밥 위에 얹는 「具(ぐ)」. 「具(ぐ)」란 건더기나 속, 고명 등에 해당하는 말.

② あがり … 「お茶(ちゃ)」를 말한다.

③ ガリ … 「しょうが」(생강)을 가리킨다. 생강을 얇게 썰어 저민 것인데, 썰 때 '가릿'하는 소리가 난다고 해서 붙여진 이름.

④ 涙(なみだ) … 「わさび」를 말한다. 문자 그대로 눈물이 나올 정도로 맵다고 해서.

⑤ しゃり … 초밥용 밥을 말한다.

⑥ むらさき … 「しょうゆ」(간장). 색깔이 보라색에 가깝기 때문에 붙여진 이름.

⑦ カッパ … 「きゅうり」(오이)를 말한다. 물가에 산다는 상상의 동물 かっぱ가 오이를 좋아한다는 얘기가 있다. 김말이 안에 오이를 넣은 것을 「カッパまき」라고 한다.

⑧ 鉄火(てっか) … 「まぐろ」(참치)의 「赤身(あかみ)」가 들어있는 「のりまき」(김말이). 「鉄火(てっか)まき」라고 한다.

⑨ げそ … 「イカ」(오징어)의 발. 원래 표기는 「下足(げそ)」. 「下駄(げた)」 같은 '신발'이란 뜻.

⑨ よばんもの … 신선함이 떨어지는 얹을 재료.

⑩ 光(ひかり)(もの) … 초밥 재료 중에 껍질이 파랗게 빛나는 것을 말한다. 「アジ」(전갱이), 「サバ」(고등어) 등.

06 일식 · 수산물

일식메뉴 일본어로는?

MP3 9-06▶

민물고기

川魚(かわざかな)・淡水魚(たんすいぎょ)

향어

あゆ(鮎)

Tip 은어과의 담수어(淡水魚). 알에 부화한 치어(稚魚)는 바다에 내려간 다음에 봄에 다시 강물로 돌아온다.

송어

ます(鱒)

Tip 연어과의 해수어(海水魚). 길이는 60센티이며 등은 짙은 녹색, 배는 은색이다. 옆구리에 검은 밤색의 반점이 많고 눈알에 검은 반점이 있다.

바닷물고기

海水魚(かいすいぎょ)

도미

たい

Tip 도밋과에 속한 해수어(海水魚)의 총칭.

- 腐(くさ)ってもたい。 썩어도 준치.
  (뛰어난 인물은 내버려져도 쓸모가 있다는 뜻.)
- たいの尾(お)よりニシンの頭(あたま) 도미의 꼬리보다 청어의 머리.
  (큰 단체의 부하보다는 작은 단체의 우두머리가 되라는 뜻.)

광어

ひらめ

Tip 두 눈이 몸의 왼쪽에 있다.

우럭

めばる(目張)

Tip 눈이 크고 몸에는 가로줄 무늬가 있다.

장어

うなぎ(鰻)

Tip 뱀장어과의 담수어(淡水魚). 배지느러미가 없고 잔비늘이 피부에 묻혀 있어 보이지 않는다.

あなご(海鰻)

Tip 먹풍장어과에 속하는 해수어(海水魚).

복어

ふぐ(鰒)

Tip 「河豚」라고도 쓴다. 복어과에 속하는 해수어(海水魚)의 총칭. 종류에 따라서는 난소(卵巣), 간(肝), 장(腸) 등에 맹독성 물질이 있다.

복매운탕

ふぐのメウンタン

Tip 「メウンタン」(매운탕) : 魚(さかな), 野菜(やさい), 豆込(とうふ)などと薬味(やくみ)コチュジャン(とうがらしみそ)を入れて煮(に)た鍋物(なべもの)。생선, 야채, 두부 등과 양념 고추장을 넣어 끓인 냄비요리.

복국

ふぐなべ

복지리

ふぐちり

Tip 복어의 양쪽 살을 발라낸 후 등뼈 부분(「中落(なかお)ち」라고 한다)과 살이 붙은 뼈(「あら」라고 한다), 미나리, 두부 등을 넣어 끓인 찌개 요리.

Tip ひれざけ : 건조시킨 복어 지느러미를 따끈하게 데운 술에 넣은 것.

산오징어	**いかの踊(おど)り(食(ぐ)い)** Tip 踊(おど)り : 살아 있는 생선을 날것으로 먹을 때 움직임을 보고 춤으로 표현한 말이다.
산낙지	**たこの踊(おど)り(食(ぐ)い)**
생선구이	**焼(や)き魚(ざかな)**
청어	**にしん**
꽁치	**さんま(秋刀魚)**
굴비(조기)	**いしもち(石首魚)** Tip 두골(頭骨) 안에 있는 이석(耳石)이 크고 돌과 유사하기 때문에 이 이름이 붙었다.
삼치	**さわら**
양식	**養殖物(ようしょくもの)**
쯔끼다시	**つきだし** Tip 전채(前菜). 식사 전에 먹는 가벼운 요리의 일종. 본 요리가 나오기 전에 나오는 간단한 요리. 「お通(とお)し」라고도 한다.
초밥	**すし(寿司)**
탕·지리	**鍋物(なべもの)** Tip 한 냄비에 어패류, 고기, 야채 등을 넣어 식탁 위에서 끓이면서 먹는 요리.

- 寄せ鍋(よせなべ) … 많은 재료를 하나의 냄비에 넣고 삼삼한 맛의 국물로 끓이면서 먹는 요리. 어패류, 야채, 두부, 버섯, 흰 곤약 등을 넣는다.
- 水炊き(みずたき) … 양념을 안 넣고 끓인 요리. 닭고기를 크게 썰어서 야채와 함께 끓이면서 초장에 찍어서 먹는다.
- 土手鍋(どてなべ) … 냄비 가장자리에 양념을 넣은 된장을 바르고 그 안에서 야채나 어패류를 놓고 끓인 요리. 주로 굴을 넣어 먹는다.

조개탕	貝(かい)の鍋物(なべもの)
대구지리	たらこのちり
해삼	なまこ(海鼠)
멍게	ほや Tip 한국, 일본 등지에 300여 종이 서식하고 있다.
게	蟹(かに)
바닷가재	ロブスター(lobster)・いせえび(伊勢海老)
활어 회	刺身(さしみ)・活(い)けづくり Tip 生(い)けづくり : 생선(도미나 새우)을 산 채로 썰어서 원래 모양으로 그릇에 담은 요리. 「活(い)きづくり」라고도 한다.

일본에서 즐겨먹는 생선

- いわし 정어리
- うに 성게
- まぐろ 참치
- あわび 전복
- かつお 가다랑어
- かれい 가자미
- さば 고등어
- ぶり 방어
- すじこ 연어알젓

07 가정에서 흔히 만들어 먹는 음식

고기부위

MP3 9-07▸

사태살	ひざの後ろ(ひかがみ)の肉
뼈	骨 Tip 닭 뼈는 「とりがら」라고 한다.
사골	牛の足の骨 Tip 薬用食(やくようしょく)に煮込(にこ)む牛(うし)の足(あし)の骨(ほね)。(약용식으로 삶는 소 다리 뼈)
꼬리	尾・しっぽ Tip 꼬리곰탕 : 牛(うし)の尾(お)を煮込(にこ)んだコムタンー。コムタンは牛肉(ぎゅうにく)を煮込(にこ)んだスープー。(소 꼬리를 삶은 곰탕. 곰탕은 소고기를 삶은 스프)
등심	ヒレ肉・ヒレ ・牛の背骨から取り出した脂身が多く、やわらかい肉。 소의 등뼈에서 발라낸 기름기가 많고 부드러운 고기.
안심	バラ肉・バラ
살코기	赤身 Tip 비곗살은 「あぶらみ」라고 한다.

육개장	**ユッケジャン** ・ <ruby>肉<rt>にく</rt></ruby>を<ruby>煮<rt>に</rt></ruby>て<ruby>適当<rt>てきとう</rt></ruby>な<ruby>大<rt>おお</rt></ruby>きさにちぎり、<ruby>薬味<rt>やくみ</rt></ruby>を<ruby>入<rt>い</rt></ruby>れて<ruby>濃<rt>こ</rt></ruby>く<ruby>味<rt>あじ</rt></ruby>つけしたスープ。 고기를 삶아 적당한 크기로 썰어, 양념을 넣어 진하게 간을 한 국.
갈비찜	**カルビチム** ・ <ruby>牛<rt>うし</rt></ruby>やカルビ(<ruby>肉<rt>にく</rt></ruby>のついたあばら<ruby>肉<rt>にく</rt></ruby>)を<ruby>薬味<rt>やくみ</rt></ruby>と<ruby>醤油<rt>しょうゆ</rt></ruby>で<ruby>煮<rt>に</rt></ruby><ruby>込<rt>こ</rt></ruby>んだ<ruby>料理<rt>りょうり</rt></ruby>。 소갈비를 양념과 간장으로 조린 요리.
장조림	**<ruby>牛肉<rt>ぎゅうにく</rt></ruby>の<ruby>佃煮<rt>つくだに</rt></ruby>**
국	**<ruby>汁<rt>しる</rt></ruby>・おつゆ** ・ 미역국 : わかめのおつゆ ・ 쇠고기국 : <ruby>牛肉<rt>ぎゅうにく</rt></ruby>のスープ ・ 야채국 : <ruby>野菜<rt>やさい</rt></ruby>スープ ・ 조개국 : <ruby>貝<rt>かい</rt></ruby>のおつゆ
나물	**<ruby>菜<rt>な</rt></ruby>っぱ・<ruby>青菜<rt>あおな</rt></ruby>** ・ 시금치　ほうれん<ruby>草<rt>そう</rt></ruby> ・ 도라지　<ruby>桔梗<rt>ききょう</rt></ruby> ・ 콩나물　もやし
닭고기	**<ruby>鶏肉<rt>とりにく</rt></ruby>** Tip 삼계탕(サムゲタン) : <ruby>若鶏<rt>わかどり</rt></ruby>の<ruby>内臓<rt>ないぞう</rt></ruby>を<ruby>取<rt>と</rt></ruby>り<ruby>出<rt>だ</rt></ruby>して<ruby>朝鮮人参<rt>ちょうせんにんじん</rt></ruby>、なつめ、もち<ruby>米<rt>ごめ</rt></ruby>などを<ruby>入<rt>い</rt></ruby>れて<ruby>煮込<rt>にこ</rt></ruby>んだ<ruby>料理<rt>りょうり</rt></ruby>。(영계의 내장을 빼고, 인삼, 대추, 찹쌀 등을 넣어 익힌 요리.) Tip 백숙은 「<ruby>鶏肉<rt>とりにく</rt></ruby>の<ruby>水煮<rt>みずに</rt></ruby>」라고 한다.

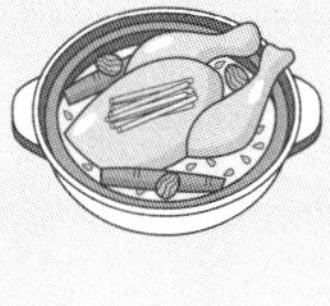

닭갈비	ダクカルビ ・骨(ほね)のついた鶏肉(とりにく)と野菜(やさい)などをからく味(あじ)つけして妙(いた)めた料理(りょうり)。 뼈가 붙은 닭고기와 야채 등을 매콤하게 양념하여 익힌 요리.
버섯	きのこ

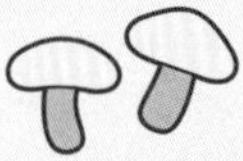

버섯의 종류

- 느타리버섯 平茸(ひらたけ) ・ 송이버섯 松茸(まつたけ)
- 표고버섯 椎茸(しいたけ) ・ 나팔버섯 初茸(はつたけ)
- 팽이버섯 えのきだけ

잡채	はるさめと野菜(やさい)の炒(いた)め物(もの)
젓갈	塩辛(しおから)
명란젓	たらこ・辛(から)し明太子(めんたいこ)
창란젓	すけそうだら(すけとうだら)のはらわたの塩辛(しおから)
찌개	鍋物(なべもの) ・김치찌개 キムチの鍋物(なべもの) ・된장찌개 みそ汁(しる)
해물탕	海産物(かいさんぶつ)の鍋物(なべもの)
꽃게탕	蟹(かに)の鍋物(なべもの)

일본 아이들이 좋아하는 음식

일본 출판사인 갓켄(学研)이 학습지 독자 300명(초등학교 1학년~6학년)을 대상으로 '좋아하는 음식'을 조사한 결과 거의 모든 학년(2학년~6학년)에서 1위는 생선 초밥이 차지했다. 2위 이하는 학년에 따라 약간의 차이는 있으나 라면, 스테이크, 피자, 햄버거, 카레라이스, 감자 튀김 등으로, 1986년의 조사와 비교하면 카레의 인기도가 현저하게 하락했고 피자와 스테이크의 인기가 크게 올라간 것이다.

한편 '싫어하는 음식'으로는 '생선구이'였으며 생선회, 야채 샐러드, 튀김, 계란 프라이, 스튜, 메밀국수 등이 차지했다. 일본의 전통적인 음식인 튀김이나 생선회 메밀국수를 싫어하는 아이들이 늘어났다는 사실은 기성세대와의 미각 차이가 커졌다는 것을 의미한다고 볼 수 있다.

일본 사람들이 자주 먹는 음식

• 라면	ラーメン
• 스테이크	ステーキ(steak)
• 피자	ピザ(pizza)
• 카레라이스	カレーライス(curry rice)
• 감자튀김	ポテトフライ(potato fry)
• 햄버거	ハンバーガー(hamburger)
• 튀김	てんぷら
• 생선구이	焼き魚(やきざかな)
• 스튜	シチュー(stew)
• 메밀국수	そば
• 생선회	刺身(さしみ)
• 야채 샐러드	サラダ(salad)

08 김치 만드는 법

김장, 김장철

MP3 9-08▸

굵은 소금을 뿌리다	粗塩(あらじお)をふる
김장	キムチの漬(つ)け込(こ)み
깍두기	カクテギ ・大根(だいこん)を小(ちい)さい四角形(しかくけい)に切(き)って塩(しお)であえた後(あと)、とうがらし粉(こ)などの薬味(やくみ)と共(とも)に漬(つ)けたもの。 무를 작은 사각형으로 썰어 소금으로 버무린 다음, 고춧가루 등 양념과 함께 절인 것.
맛이 들다	味(あじ)が染(し)み込(こ)む・味(あじ)がつく
물김치	水(みず)キムチ
배추김치	白菜(はくさい)のキムチ
버무리다	あえる
숨을 죽이다	水気(みずけ)を抜(ぬ)く
양념을 준비하다	薬味(やくみ)を準備(じゅんび)する
고춧가루	とうがらし(の粉(こ))

마늘	にんにく ・ニンニクをつぶす。 마늘을 다지다.
잔파	小(こ)ネギ
액젓	塩辛(しおから)の液(えき)
오이소박이	きゅうりのキムチ
익은 김치	キムチの古漬(ふるづ)け
신 김치	すっぱいキムチ 古漬(ふるづ)けのキムチ
장독에 포개넣다	キムチをかめに重(かさ)ねて漬(つ)ける
총각김치	チョンガクキムチ ・太(ふと)さが手(て)の指(ゆび)くらいの大根(だいこん)をそのまま薬味(やくみ)であえて漬(つ)けたキムチ。 굵기가 손가락 정도되는 무를 그대로 양념에 무쳐 담근 김치. ('총각'은 일본어로「チョンガー」)
헹궈서 물기를 빼다	ゆすいで水気(みずけ)をとる

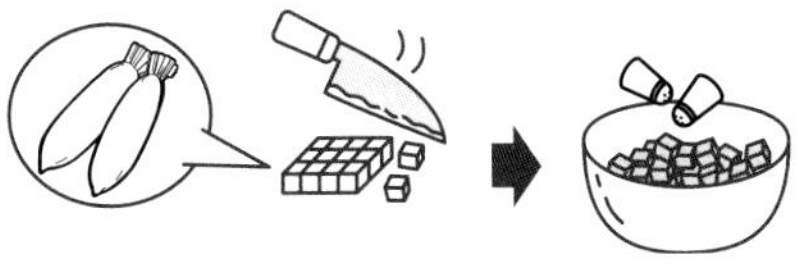

09

한국 고유의 생활문화

한국의 연중행사

MP3 9-09▸

기독교

キリスト教

Tip プロテスタント(protestant)라고도 한다. 천주교는 「カトリック(catholic)」 또는 「カソリック(catholic)」라고 한다.

도자기(백자, 청자)

陶磁器

Tip 焼き物(やきもの), 瀬戸物(せともの)라는 말도 있다.

돌

初誕生日

Tip 한국에서 돌잔치를 꼭 챙겨서 해주는 것처럼, 일본에서는 7·5·3(しちごさん)이라고 해서 여자 아이는 3살과 7살, 남자 아이는 5살이 되는 생일을 축하하는 풍습이 있다. 첫돌은 「初誕生日(はつたんじょうび)」와 같이 부른다.

마당놀이

マダンノリ

- 家の庭先で行われる民俗行事。特に歳時別に行われる行事の総称。こうした行事は農耕と密接な関係があるため、自然にマダンノリも農閑期や名節(祝祭日)に行われる。

집 마당에서 하는 민속놀이. 특히 세시별로 행해지는 행사의 총칭. 이런 행사는 농경과 밀접한 관계가 있기 때문에 자연스럽게 마당놀이도 농한기나 명절에 이루어진다.

일본의 전통극 가부키(歌舞伎)

화려한 무대예술로 일본의 전통극을 대표하는 가부키는 원래 서민들의 연극으로 에도시대때 시작되었다. 교토(京都)에 사는 「出雲(いずも)のお国(くに)」라는 여성이 노래를 부르면서 춤을 춘 것이 효시라고 전해지고 있다. 하지만, 여성이 하는 것은 품위가 없고 너무 요염하다고 해서 에도막부로부터 금지령이 떨어지게 된다. 그래서 여자 대신 남자(美男子びなんし)가 하게 되었다. 하지만, 이들 남자가 너무나 아름다워 남색이 생겨나자 또다시 막부가 금지령을 내렸지만, 노래와 춤은 추지 않고 연극만 하는 조건으로 허락을 받아 이때부터 연극만 하는 지금의 가부키로 전해내려오게 되었다.

백일잔치

御食初め(百日祝い)

おくいぞ　ももかいわ

Tip 생후 100일 내지 120일째 되는 날에 하는 통과의례이며 어른이 아이에게 밥을 먹이는 시늉을 한다.

불교

仏教

ぶっきょう

일본의 불교

일본의 불교에는 여러 종파가 있다. 서기 538년 백제로부터 금동(金銅) 불상이 일본에 전해져 먼저 지배층에 확산되었다. 奈良時代(ならじだい)에는 불교가 국교화되어 수도인 奈良(なら)에는 東大寺(とうだいじ), 지방에는 国分寺(こくぶんじ)와 国分尼寺(こくぶんにじ)가 건립되었다. 平安時代(へいあんじだい)에는 最澄(さいちょう)가 天台宗을, 空海(くうかい)가 真言宗(しんごんしゅう)을 열고, 이후 鎌倉時代(かまくらじだい)에는 불교가 민중 속에 널리 확산되면서 그 종파도 많이 생겨났다. 일본의 불교는 선조 공양을 주체로 한 장례 불교로서의 성격을 띠며 오늘에 이르고 있다.

사물놀이

サムルノリ

Tip かね(꽹과리), どら(징), チャング(장구), 太鼓(たいこ북) 네 가지를 가지고 하는 농악.

설날

正月

しょうがつ

Tip 일본은 모든 절기를 양력으로 지낸다. '구정'은 「旧正月(きゅうしょうがつ)」라고 한다.

설연휴

正月の連休

Tip 일본에서는 음력 8월 15일을 「中秋(ちゅうしゅう)の名月(めいげつ)」라고 해서 달맞이를 하는 습관이 있다.

유교사상

儒教思想

제사

祖先の祭り

Tip 일본에서는 '제사(祭祀)'라고 하지 않고 불교식으로 「法事(ほうじ)」라고 한다.

> 「法事」란?
>
> 法事란 장례식이 끝난 후에 고인을 추도하여 공양하는 불교 의식을 말한다. 「法要(ほうよう)」라고도 한다. 고인이 죽은 날로부터 7일째(初七日), 49일째(四十九日), 100일째(百か日), 1년째(一周忌), 3년째(三回忌)에는 승려를 부르고 독경을 올려 친척이나 고인의 친구 등을 초대하여 간단한 연회석도 마련한다. 三回忌 이후는 7년째(七回忌), 13년째(十三回忌), 17년째(十七回忌), 23년째(二十三回忌), 27년째(二十七回忌), 33년째(三十三回忌), 37년째(三十七回忌), 50년째(五十回忌), 100년째(百回忌)에 法事를 해야 한다. 그러나 최근에는 三十七回忌 이후는 생략되는 경우가 많다.

태권도

テコンドー

- 手と足を使って相手を打ったり蹴ったり倒したりする韓国固有の武術。
  손과 다리를 사용하여 상대를 치거나 발로 차거나 넘어뜨리는 한국 고유의 무술.

Tip 일본의 「空手(からて)」와 비슷하지만, 카라테에 비해 다리를 쓰는 기술이 더 많다.

판소리

パンソリ

・長い物語を太鼓に合わせて身ぶりと一定の台詞·歌を交えて演じる韓国固有の芸能。

긴 이야기를 북에 맞추어 몸짓과 일정한 대사와 노래를 섞어 하는 한국 고유의 예능.

한글

ハングル

Tip 「ハングル(한글)」은 글자(문자)이름이지만 '한글'이 한국어를 의미하는 말로 착각하고 있는 일본인이 많아 주의가 요망된다.

・朝鮮王朝4代目の王、世宗大王によって創製された韓国固有の文字。

조선왕조 4대째인 왕, 세종대왕에 의해 창제된 한국 고유의 문자.

한방

漢方・漢方薬

한방 관련어휘

• 녹용	鹿茸
• 감초	甘草
• 뜸을 뜨다	お灸をすえる
• 침을 놓다	鍼を打つ
• 한약방	漢方薬材店
• 한의사	漢方医

환갑잔치

還暦(かんれき)のお祝(いわ)い

Tip 환갑은 「還暦」라고 한다. 생후 61년째로 태어났을 때의 간지(干支)로 되돌아오는 것을 의미한다.

- 환갑　還暦(かんれき)　60세
- 고희　古稀(こき)　70세
- 희수　喜寿(きじゅ)　77세
- 산수　傘寿(さんじゅ)　80세
- 미수　米寿(べいじゅ)　88세
- 졸수　卒寿(そつじゅ)　90세
- 백수　白寿(はくじゅ)　99세

효

親孝行(おやこうこう)

Tip 효를 행하는 것 또는 그런 사람을 가리킨다. 반대말은 「親不孝(おやふこう)」. 「親孝行(おやこうこう)したいときには親(おや)はなし」(효도하고 싶을 때는 부모가 없다)

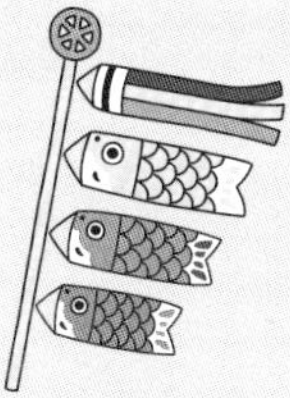

일본의 국경일

① 元日(がんじつ)
1월 1일. 「元旦(がんたん)」이라고도 한다. 설날. 元은 '처음', 旦은 '아침'이란 뜻으로, 원래 새해 첫 아침을 의미하는 것이다.

② 成人(せいじん)の日(ひ)
성인의 날. 원래는 1월 15일이었는데, 1월 두번째 월요일로 변경되었다. 20세가 된 청년들이 성인이 된 것을 축하해 주는 날.

③ 建国記念日(けんこくきねんび)
2월 11일. 건국기념일.

④ 天皇誕生日(てんのうたんじょうび)
일왕 탄생일. 2월 23일.(2023년 현재)해당 일왕의 생일에 맞추어 날짜가 바뀐다.

⑤ 春分(しゅんぶん)の日(ひ)
3월 21일. 춘분. 낮과 밤의 길이가 거의 같은 날.

⑥ 昭和(しょうわ)の日(ひ)
4월 29일. 쇼와시대를 회상하는 날.

⑦ 憲法記念日(けんぽうきねんび)
5월 3일. 일본 헌법이 시행된 날을 기념하여 제정된 날.

⑧ 緑(みどり)の日(ひ)
5월 4일. 5월 3일과 5일이 휴일이기 때문에 3일연휴로 쉬게 하기 위해 만들어졌다.

⑨ 子供(こども)の日(ひ)
5월 5일. 어린이 날. 원래는 「端午(たんご)の節句(せっく)」라고 해서, 남자 아이의 성장을 기원하였다.

⑩ 海(うみ)の日(ひ)
7월 셋째 월요일. 원래는 바다의 기념일이었는데, 1995년에 국경일로 정해져, 이듬해부터 시행되었다.

⑪ 敬老(けいろう)の日(ひ)
경로의 날. 2003년부터는 9월 셋째 월요일로 바뀐다.

⑫ 秋分(しゅうぶん)の日(ひ)
9월 23일(경). 추분절.

⑬ 体育(たいいく)の日(ひ)
체육의 날. 이전에는 동경올림픽이 개최된 10월 10일이었는데, 10월 둘째 월요일로 바뀌었다.

⑭ 文化(ぶんか)の日(ひ)
11월 3일. 문화의 날.

⑮ 勤労感謝(きんろうかんしゃ)の日(ひ)
11월 23일. 근로감사의 날.

10 자주 쓰는 한국 속담 일본어로는?

알아두면 유익한 고사성어 20

MP3 9-10▸

가는 날이 장날.

行(い)った日(ひ)が市日(いちび)。

Tip 우연히 예상 밖의 일을 만나는 것을 뜻한다.

가는 말이 고와야 오는 말이 곱다.

売(う)り言葉(ことば)に買(か)い言葉(ことば)

감기는 만병의 원인

風邪(かぜ)は万病(まんびょう)のもと

- たかだか風邪(かぜ)でも、風邪(かぜ)は万病(まんびょう)のもとというから、病院(びょういん)に行(い)かなければならない。

  감기쯤이야 하고 생각하겠지만, 감기는 만병의 원인이므로 병원에 가야 한다.

귀에 못이 박히도록

耳(みみ)にたこができるほど

- 母(はは)の小言(こごと)は耳(みみ)にタコができるほど聞(き)かされた。

  엄마의 잔소리는 귀에 못이 박히도록 들었다.

금강산도 식후경

花(はな)より団子(だんご)

- 「花(はな)より団子(だんご)」とは、花見(はなみ)で花(はな)を眺(なが)める風流(ふうりゅう)よりも団子(だんご)を食(た)べたほうがよいということである。

  '꽃보다 경단'이란 꽃구경에서 꽃을 바라보는 풍류보다도 경단을 먹는 것이 낫다는 뜻이다.

금란지교(金蘭之交)

金蘭(きんらん)の契(ちぎ)り

Tip 아주 가까운 친구사이를 가리키는 말. 우애의 돈독하기가 금을 자를 수도 있고, 그 아름답기가 난이 향기를 풍기는 것과 같다는 뜻. (역경)

낮말은 새가 듣고 밤 말은 쥐가 듣는다.

壁(かべ)に耳(みみ)あり障子(しょうじ)に目(め)あり。

- 壁(かべ)に耳(みみ)あり障子(しょうじ)に目(め)ありというから、人(ひと)の話(はなし)をする時(とき)には気(き)をつけなければならない。
  낮말은 새가 듣고 밤말은 쥐가 듣는다는 말도 있으니, 다른 사람의 이야기를 할 때는 조심해야 한다.

일석이조 / 꿩 먹고 알 먹기

一石二鳥(いっせきにちょう)

Tip 「一挙両得(いっきょりょうとく)」라고도 한다.

- エアロビクスを習(なら)えば、ダイエットにもなるし、シャワーも浴(あ)びて帰(かえ)れるから一石二鳥(いっせきにちょう)だ。
  에어로빅을 배우면 다이어트도 되고, 샤워도 하고 돌아갈 수 있으니 일석이조다.

다다익선

多(おお)ければ多(おお)いほどよい。

Tip 「多々益々弁(たたますますべん)ず。」라고도 한다.

- 多(おお)ければ多(おお)いほどいいのですから、いくらでも下(くだ)さい。
  다다익선이니 얼마든지 주십시오.

돌다리도 두드리고 건넌다.

石橋(いしばし)をたたいて渡(わた)る。

Tip 돌다리도 두드리고 건넌다. 안전에 안전을 기하고 매사에 신중하게 처신하라는 뜻.

뜻 있는 곳에 길이 있다.

意志(いし)のある所(ところ)には道(みち)がある。

말을 물가에 데려갈 수는 있어도 물을 마시게 할 수는 없다.

馬(うま)を水辺(みずべ)につれていくことはできるが、水(みず)を飲(の)ませることはできない。

Tip 말을 물가에 데려갈 순 있어도, 물을 마시게 할 수는 없다. 스스로가 하겠다는 의지가 없는 사람을 억지로 하게 할 수는 없다는 뜻.

못 오를 나무는 쳐다보지도 마라.

登(のぼ)れない木(き)は仰(あお)ぎ見(み)るな。

- 「登(のぼ)れない木(き)は仰(あお)ぎ見(み)るな」とは、高望(たかのぞ)みをするな、ということだ。 분수에 맞지 않게 높은 것을 바라지 말라는 뜻이다.

물에 빠진 사람 지푸라기라도 붙잡는다.

溺(おぼ)れる者(もの)はわらをもつかむ。

Tip 물에 빠진 사람은 지푸라기라도 붙잡는다.

믿는 도끼에 발등 찍힌다.

飼(か)い犬(いぬ)に手(て)をかまれる。

Tip 믿는 도끼에 발등 찍힌다. 기르는 개한테 손을 물린다는 말이므로, 평소 믿고 돌봐주던 사람에게 배신을 당했을 때 쓰는 말.

- 部下(ぶか)に裏切(うらぎ)られたのだから、飼(か)い犬(いぬ)に手(て)をかまれたようなものだ。
  부하에게 배신을 당했으니 믿는 도끼에 발등 찍힌 꼴이다.

밑 빠진 독에 물 붓기.

ざるで水(みず)をすくう。

Tip 소쿠리로 물을 뜨다.

발등에 불이 떨어지다.

足下(あしもと)に火(ひ)がつく。

Tip 위험이나 재난을 만났을 때.

발 없는 말 천리 간다	**足のない言葉が千里を行く。** Tip 일본어에 해당하는 표현은 없고 직역한 것이다. 「うわさははやい」(소문은 빠르다)라는 뜻.
백문이 불여일견	**百聞は一見に如かず。** • 百聞は一見に如かず、というから耳学問は信用できない。 백문이 불여일견이라 했으니 귀로만 듣는 학문은 믿을 수 없다.
부부싸움은 칼로 물 베기	**夫婦喧嘩は犬も食わない。** Tip 부부싸움은 남이 간섭할 성질이 못된다는 뜻도 있다. • あの夫婦、きのうは喧嘩していたのに今日はなかよく買い物している。「夫婦喧嘩は犬も食わない」とはこのことなんだ。 저 부부 어제는 싸우더니 오늘은 사이좋게 쇼핑을 하고 있네. '부부싸움 칼로 물 베기'란 게 바로 이런 거군.
비 온 뒤 땅이 굳어진다	**雨降って、地固まる。** Tip 비 온 뒤 땅이 굳어진다. 힘든 일을 겪은 후에 서로의 관계가 더욱 돈독해진다는 뜻. • いろいろといざこざがあったが、雨降って地固まるというように、今はかえってうまくいっている。 이래저래 일이 많았지만, 비 온 뒤 땅 굳는다고 지금은 오히려 잘 돼가고 있다.
새옹지마	**人間万事塞翁が馬。** Tip 인생사 길흉화복은 변화가 많아 예측할 수 없다는 뜻.

서당개 삼 년이면 풍월을 읊는다	もん ぜん こ ぞうなら きょう よ **門前の小僧習わぬ経を読む。** Tip▶ 문전의 소승이 배우지 않아도 경을 읽는다는 뜻.
세 살 버릇 여든 간다.	み ご たましいひゃく **三つ子の魂百まで** Tip▶ 어릴 때의 성격은 나이를 먹어도 바뀌지 않는다는 뜻.(幼いころの性格は、年をとっても変わらないということ)
소귀에 경 읽기.	うま みみ ねんぶつ **馬の耳に念仏。** かれ ちゅうこく き うま みみ ねんぶつ ・彼はどんな忠告も聞こうとしない。馬の耳に念仏だ。 그는 어떤 충고도 들으려 하지 않는다. 소 귀에 경 읽기다.
소 잃고 외양간 고친다.	どろなわ **泥縄** Tip▶ 도둑(泥棒 どろぼう)을 잡고 새끼(縄なわ)를 꼰다는 뜻.
식은 죽 먹기.	あさめしまえ **朝飯前** Tip▶ 「朝飯前(あさめしまえ)」는 아침을 먹기 전이라도 바로 해버릴 수 있다, 즉 그 정도로 간단한 일이라는 뜻이다. かれ し ごと あさめしまえ ・彼にかかれば、そんな仕事は朝飯前だ。 그 사람한테는 그런 일은 식은 죽먹기다. ちゃ こ **お茶の子さいさい** Tip▶ 일본에서는 아주 간단한 일, 손쉬운 일을 「お茶(ちゃ)의 子(こ)さいさい」라고 한다. 이 「お茶(ちゃ)의 子(こ)」란 차를 마실 때 곁들여 나오는 과자를 말하는데, 아무리 먹어도 배가 부르지 않는다는 뜻에서 큰 수고 없이 손쉽게 할 수 있는 모습을 나타낸다. 「さいさい」는 노래 사이에 넣는 추임새.

아니 땐 굴뚝에 연기 나랴.

火(ひ)のないところに煙(けむり)はたたぬ。

Tip 불씨가 없는 곳에서 연기가 날 리가 없다. '소문이 나돈 것은 반드시 그 원인이 있기 때문이다'라는 뜻이다.

- 火(ひ)のないところに煙(けむり)は立(た)たぬというから、彼(かれ)の悪(あく)評(ひょう)もまんざら理由(りゆう)がないわけでもないだろう。
  아니 땐 굴뚝에 연기 나랴. 그 사람에 대한 악평도 이유가 아주 없는 것은 아닐 것이다.

아침에 도를 깨치면 그날 밤에 죽어도 여한이 없다

朝(あさ)に道(みち)を聞(き)かば夕(ゆう)べに死(し)すとも可(か)なり。

Tip (논어) 아침에 도를 깨치면 그 날 밤에 죽어도 여한이 없다는 뜻.

압권

圧巻(あっかん)

Tip 가장 뛰어나다는 뜻. 옛날 과거시험에서 최우수 답안을 다른 답안지 위에 놓았던 것에서 유래한 말. 가장 뛰어난 답안이 다른 답안을 누른(圧) 격이다.

- 巨額(きょがく)の制作費(せいさくひ)をつぎこんだだけあって、その映画(えいが)の映像(えいぞう)は圧巻(あっかん)だった。
  거액의 제작비를 쏟아부은 만큼 그 영화의 영상은 압권이었다.

언어도단

言語道断(ごんごどうだん)

Tip 원래 뜻은 부처의 입으로도 표현할 수 없다는 뜻으로 '말도 안 되는 일'이라는 뜻이다({瓔珞経(영락경)}). '말로는 표현할 수 없을 정도로 심한 오류'라는 뜻으로 와전되었다. 이 경우 「言語」는 「ごんご」라고 읽는다.

- 地位(ちい)を利用(りよう)して利権(りけん)を貪(むさぼ)るとは、言語道断(ごんごどうだん)だ。
  지위를 이용해서 이권을 얻다니 언어도단이다.

Tip 貪(むさぼ)る : 탐하다, 욕심부리다

엎친 데 덮친 격 / 설상가상(雪上加霜)

泣(な)きっ面(つら)に蜂(はち)。

Tip 울고 있는데 벌이 와서 그 얼굴을 쏜다는 뜻.

・会社(かいしゃ)が倒産(とうさん)した上(うえ)に退職金(たいしょくきん)ももらえないなんて泣(な)きっ面(つら)に蜂(はち)だ。

회사가 도산한 데다 퇴직금도 못 받는다니 설상가상이다.

오는 사람 막지 않고 가는 사람 붙잡지 않는다.

来(く)る者(もの)は拒(こば)まず。

Tip 오는 사람 막지 않고 가는 사람 붙잡지 않는다는 말.(맹자) (= 去(さ)る者(もの)は追(お)わず。来(く)る者(もの)は拒(こば)まず。)

오합지졸

烏合(うごう)の衆(しゅう)

Tip 오합지졸(烏合之卒). 어떤 체계나 규율 없이 여기저기서 모인 사람들. 까마귀(烏)가 모여든 것처럼, 어중이떠중이 모여든 모양새.(후한서)

우물 안 개구리

井(い)の中(なか)のかわず大海(たいかい)を知(し)らず。

Tip 우물 안 개구리. 우물 안 개구리는 우물 바깥에 큰 바다가 있음을 알지 못하므로, 소견이 좁거나 세상을 모르는 것을 비유한 말.

원숭이도 나무에서 떨어진다.

猿(さる)も木(き)から落(お)ちる。

Tip 탁월한 사람도 때로는 실수를 범한다는 뜻. 「弘法(こうほう)にも筆(ふで)の誤(あやま)り」(명필가인 홍법대사라도 잘못 쓴 붓글씨)라고도 한다.

・猿(さる)も木(き)から落(お)ちるというように、時(とき)には先生(せんせい)もまちがうことがある。

원숭이도 나무에서 떨어지는 것처럼, 때로는 선생님도 틀릴 경우가 있다.

위기일발

危機一髪

Tip 한자에 주의. 아주 위험하고 다급한 상황을 일컫는 말. 머리카락 하나로 천근의 무게를 들어올려야 할 정도로 아주 위험한 일을 가리킨다. 요즘은 하나만 잘못되면 위험에 처하게 된다는 뜻으로 쓴다.

- 危機一髪のところで大事故を防ぐことができた。
  위기일발로 큰 사고를 막을 수 있었다.

유유상종

類は友を呼ぶ。

Tip 같은 경향이나 취미를 가진 자들은 자연히 서로 부르고 모이려고 한다. 선량한 사람은 선량한 사람을 만나고 악한 사람은 악한 사람끼리 모인다는 뜻으로도 쓰인다. 「類(るい)を以(も)って集(あつ)まる」(易経 역경)라고도 한다.

- 類は友を呼ぶというわけで、いつの間にか社内に囲碁クラブができた。
  유유상종이라고 어느새 사내에 바둑클럽이 생겼다.

유종의 미

有終の美

Tip 「有終(ゆうしゅう)の美(び)を飾(かざ)る」라는 형태로 쓰인다. 마지막까지 제대로 하고 훌륭한 성과를 올리는 것. 끝마무리를 잘 하는 것을 말한다.

- たとえ負けても、最後まで健闘し、有終の美を飾った。
  비록 졌지만, 마지막까지 건투하여 유종의 미를 장식했다.

이심전심

以心伝心

Tip 이심전심. 말을 하지 않아도 서로 통하는 것을 가리키는 말. 한자에 주의.

인과응보	いんが おうほう **因果応報** Tip 인과응보. 선한 일을 한 사람은 마땅히 그에 해당하는 보상을 받고, 악한 일을 한 사람은 그 대가를 치른다는 뜻.
일찍 일어나는 새가 먹이를 잡는다.	あさ お　さんもん　とく **朝起きは三文の徳。** あさ お　さんもん　とく ・早起きは三文の得。 일찍 일어나면 뭐든 좋은 일이 있다는 뜻. Tip 文은 옛날에 일본의 화폐단위.
지피지기면 백전백승.	かれ　し　おのれ　し　ひゃくせん **彼を知り己を知れば百戦あやうからず。** Tip (손자) 적을 알고 자신을 알면 아무리 싸워도 지지 않는다.
참는 자에게 복이 있다.	いし　うえ　さんねん **石の上にも3年。** Tip 차가운 돌이라도 3년 동안 앉아 있으면 따뜻해진다는 말로, 힘들어도 참고 견디면 반드시 성공하므로, 잘 참고 견디는 것이 중요하다는 뜻.
청출어람	あお　あい　で　あい　あお **青は藍より出て藍よりも青し。** Tip 스승보다 제자가 낫다는 뜻.
친구 따라 강남 간다.	うし　ひ　ぜんこう じ まい **牛に引かれて善光寺参り** Tip 친구를 좇아서 같이 뭔가를 한다는 뜻인데, 일본에서는 소를 좇아가다 善光寺(ぜんこうじ)에 간 것이 계기가 되어 신앙심을 갖게 되었다는 옛날 이야기에서 생긴 말로 남에게 이끌려 선행을 한다는 뜻으로 쓰인다.
침묵은 금.	い　はな **言わぬが花。** Tip 일본 속담에 나오는 꽃은 보통 벚꽃(さくら)을 가리킨다.

천고마비	**天高く馬肥ゆる**
타산지석	**他山の石**
하나를 들으면 열을 안다	**一を聞いて十を知る。**
회자정리	**会うは別れの始め。**
혹떼러 갔다가 혹 붙인 꼴	**やぶをつついて蛇を出す。**

천고마비

天高く馬肥ゆる

유래를 알고보면 깜짝?

천고 마비의 계절이라고 해서 보통 수확의 계절 가을을 묘사할 때 하늘은 높고, 결실의 가을이라는 평화로운 이미지지만, 이 말이 생겨난 중국에서는 무서운 뜻이었다고 한다. 기원전후 중국에서는 북방의 기마민족으로부터 침입을 받았는데, 기마민족은 풀을 배불리 먹고, 살이 오른 튼튼한 말을 타고 가을에 수확한 것을 약탈하러 오곤 했다. 본래는 가을에 경계를 게을리 해서는 안된다는 뜻으로 쓰였다고 한다.

타산지석

他山の石

하나를 들으면 열을 안다

一を聞いて十を知る。

Tip (논어)하나를 들으면 열을 안다.

회자정리

会うは別れの始め。

Tip 만남은 헤어짐의 시작. 만남이 있으면 반드시 헤어지는 법 (= 회자정리 会者定離 えしゃじょうり)

혹떼러 갔다가 혹 붙인 꼴

やぶをつついて蛇を出す。

Tip 일부러 덤불이나 수풀을 건드려서 뱀을 나오게 하여 물리게 만든다. 즉 불필요한 일을 저질러 뜻밖의 재난을 당한다는 뜻이다. 줄여서 「やぶ蛇(へび)」라고 한다.

- 下手なことを言うと、かえってやぶ蛇になる。
  잘못 말했다간 혹 떼려다 혹 붙인 꼴이 된다.

Note

INDEX
색인

저자소개

水野俊平

일본 北海道에서 출생
일본 天理大學 朝鮮學科 졸업
전남대학교 대학원 국어국문학과 박사과정 수료
일본어교사능력검증 합격
現 일본 북해 상과대 상학부 교수
저서 [일본어 작문플러스](제이플러스) [액션 일본어회화 1·2](제이플러스)
감수 [쑥쑥 주니어 일본어](제이플러스) [스타트 일본어회화1·2](제이플러스)

퍼펙트 일본어 회화사전

초판2쇄	2024년 7월 20일
저자	水野俊平
발행인	이기선
발행처	제이플러스
주소	경기도 고양시 덕양구 향동로 217 KA1312
영업부	02-332-8320
편집부	02-3142-2520
등록번호	제10-1680호
등록일자	1998년 12월 9일
홈페이지	www.jplus114.com
ISBN	979-11-5601-227-6

Printed in Korea

값 19,500원(음원QR포함, MP3 무료다운로드)

- 음원수록내용 : 한국어+일본어
  (표제어는 한일녹음, 예문과 대화문은 일본어만 녹음)
- 파본은 구입하신 서점이나 본사에서 바꾸어 드립니다.

이 책은 "한권으로 끝내는 일본어회화사전"의 개정판으로 제호가 바뀌었음을 알려드립니다.

Note